JN258237

植民地がつくった近代

植民地朝鮮と
帝国日本の
もつれを考える

尹海東
Yun Haedong
沈熙燦・原佑介：訳

三元社

植民地がつくった近代　もくじ

第三章　親日と反日の閉鎖回路からの脱出……91

第六章　韓国民族主義の近代性批判……169

日本語版序文

私は「植民地」の子である。植民地を経験した国家に生を享け、その国家のとある「大学」で人生の多くの時間をすごした。その大学の学部と大学院に通い、また長いあいだ非常勤講師生活を送った。私が通い、講義した大学は、「大日本帝国」の「帝国大学」のひとつだった大学の遺産をある程度は受け継いだ。植民地から解放された後、帝国大学の建物があった場所には「国立大学」が設立されたが、その国立大学は、帝国大学に通っていた人びとを非公式に大学の「同門」と認めていた。帝国大学の遺産は、物的、人的に、知ってか知らずか国立大学の伝統として継承された。旧帝国大学に勤めたり通ったりしていた帝国本国の人びとも、自分たちの昔の大学をぼんやりと、そしてうつくしく回顧した。かれらは、栄光に満ちた植民地支配を通じて、自分たちが新たに独立した国家の国立大学の設立に大きく寄与したとひそかに自負していた。

植民地独立から長い歳月がすぎた後、いい換えれば国立大学が設立されてから三〇数年もすぎた後、私はその大学に入学した。ところが私には、その国立大学は、巨大な矛盾と奇妙な逆説に満ちているようにみえた。とりわけ、かつての帝国主義本国あるいは帝国大学に関わる問題において、その矛盾と逆説の度合いはいっそう深刻なのだった。この大学が帝国大学の後身だとは到底いうことができないのに、その帝国大学がもっていたある種のアウラ（aura）は、自分たちの品格と威厳を高めるのに役立った。帝国大学のもつ学問的な蓄積と風土は、自分たちの貧相な学問をこっそり支えてくれる資産だったが、みせることは到底できなかった。かつての帝国大学が標榜していた教養と自治は、新たにあらわれたヘゲモニー国家（アメリカ）の科学的な学問と融合しなければならなかった。

私は、大学に通うなかで、国立大学の演出する矛盾と逆説の危険な曲芸にぼんやりと気づいていた。学問の道を本格的に選ぶようになったとき、私はその危険な曲芸の本質を確認することができた。その曲芸とは、「追いつくこと」と「隠すこと」のあいだを行ったり来たりする綱渡りであった。旧帝国本国は、新生独立国が追いつくべき対象であり学ぶべきモデルだったが、自分たちがかれらから学んでいるという事実をみせることは到底できなかった。この「追いつくこと」と「隠すこと」の曲芸は、私が選択した歴史学において、いっそう深刻な形で進んでいるようにみえた。本国の歴史学研究をこっそり学習していたが、だれもその事実をみせることはできなかったし、まして論文や資料を引用することなどできなかった。旧帝国本国の学問は、こっそり学んで追いつくか追い越すかすべき対象であったが、自分たちの学問的な土台がどこにあるのかを隠すべきも一緒に学ばなければならなかったのである。これは精神分裂症的な態度だといわざるをえないだろう。だが、普通の患者は、自分の病理現象を自分では認めることができないものである。

「追いつくこと」と「隠すこと」の矛盾した逆説的な態度がイデオロギー的にあらわれるとき、これは普通「民族主義」と呼ばれる。一般的に、民族主義が帝国主義本国に追いつく力として表現されれば、それは肯定的なものになる。その反面、それが隠す方向に転じると、民族主義はすぐさま否定的な力になりうる。民族主義には、往々にしてこのような強い両面性がある。したがって、民族主義がもつ肯定性を正しく発揮することができるようにする力も、民族主義に内在しているといえるだろう。私の歴史学は民族主義から出発したが、私はその矛盾した逆説から普遍性を導き出そうと努めた。植民地の民族主義がもつこのような両面性を見抜き、そこにある肯定性が歴史的な普遍主義に寄与することができるようにすること、それを自分の学問的な旗にしたかった。

二〇世紀を通して植民地が地球を覆い尽くしたが、植民地は、西欧がなしとげたようにみえる近代を下支えする頑丈な土台となった。一般的に「文明化の使命」を唱える「文明主義」とともに、大部分の地域は植民地に転落した。だがその植民地は、個性と特殊性を掲げる「文化主義」とともに再起しつつあった。「植民地は文明とともに崩壊し、文化とともに再起する力を得たのである」。私は、この命題をみずから練り上げていったが、その訓練は、普遍的な思考がもつ力を私に教えてくれた。民族主義から出発した私に、歴史学は普遍主義への道をふたたび示してくれた。それは、ほかならぬ植民地に立ちかえることだったのである。

私が考えてきたことの暫定的な結論をあらかじめ述べておくなら、「あらゆる近代は、すべからく植民地近代（colonial modern）である」ということになる。これは、植民地を解釈する枠組みとして大きな影響力をもっている植民地近代性（colonial modernity）理論とは異なるものである。植民地近代性理論は、植民地の経験のなかから近代性（modernity）を抽出しようとするものであり、それによって植民地を解釈しなおすのに大きく貢献した。しかしながら、近代性を見出すことによって植民地を再定義するという方法論は、もうひとつの「西欧中心主義」、もっといえば「近代中心主義」なのではないか、という批判は免れられないだろう。

しかし、「植民地近代」論は、植民地を通じて近代をとらえなおそうという意図をもった理論である。近代批判に重点を置いたものであり、近代を新しい方法で規定する理論なのである。植民地近代論においては、植民地がむしろ普遍となり、近代が特殊となる。したがって、次のような命題が可能となる。「植民地は普遍である」。植民地は具体的な普遍であり、特殊な普遍である。普遍とは、矛盾としてのみ表現されうるものなのかもしれない。一方、「近代は特殊である」。近代とは、西欧あるいはせいぜい日本をふくむ国家が具現した人間の生のあり方の特殊なあらわれにすぎない。特殊は、これまで近代とみなされてきた西欧近代において典型的にあらわれる。だからこそ植民地という普遍によって支えられる近代が普遍となりうるのである。植民地近代こそが、普遍を担保する近代となる。このように、人類の普遍的な生は、「植民地近代」という形式によってうまく表現することができるのである。

「植民地」に生まれ、「国立大学」に通った私の目下の到達点はここにある。「植民地が近代をつくった」。本書に収録された論考が、日本の読者にとって、植民地経験を通じてみる新たな近代像を吟味する機会になることを願ってやまない。また、日本での翻訳出版が、私の思考が新たな地平へと進んでいくきっかけになると固く信じている。


本書に編まれた九編の論考は、一〇数年にわたって書いてきたもののなかから、私の個人的事情を考えあわせて便宜的に選んだものである。半分ほどはすでに日本に翻訳・紹介されているが、日本の苦しい出版事情を勘案して決めた。とはいえ、本全体の独自の「歴史像」を描こうという努力は怠らなかった。

さて、日本の読者に、論文の選定と編集の過程で注意を払った二、三の事柄について特記しておく。まず、植民地認識においてグレーゾーン（grey zone）の存在に着目したのは、植民地を通じて普遍主義を確認したいという関心あるいは願いのためであった。グレーゾーンに関する議論のなかで、その内容を特定するためにつくられた「植民地公共性」という概念が、議論の表面に浮かび上がってきた。現在、韓国では、私的な国政の壟断をめぐって大統領が弾劾の瀬戸際にあるが、このように公共性はいつでもすぐに危機におちいるものである。だから、時代の変化とともに、公共性の内容と境界も変わらずにはいない。これについては、すでに拙稿が一編日本に紹介されている（「植民地近代と公共性——変容する公共性の地平」島薗進・磯前順一編『宗教と公共空間——見直される宗教の役割』東京大学出版会、二〇一四年）。また、「植民地近代」に関する議論も翻訳されているので、参照されたい（「植民地近代と大衆社会の登場」宮嶋博史ほか編『植民地近代の視座』岩波書店、二〇〇四年）。

本書に収録されたポスト民族主義（post-nationalism）についての論考は、民族主義批判を通じて近代批判へと進む道を探し求めていた痕跡をはっきりとどめている。そのなかでとくに言及しておきたいのは、申采浩についての論考である。申采浩は、韓国の近代民族主義歴史学の鼻祖と呼ばれる人物であるとともに、有名なアナキスト独立運動家でもあった。また、かれは非妥協的な民族主義思想を代表する思想家とされ、韓国の学界と社会において、韓国近代史の英雄・偉人として尊敬されてきた。しかし私は、アナキストに転向したかれの後期思想のうちにみられる思考の裂け目から、民族主義を超越しようとする思想的な契機を読みとろうとした。民族主義イデオロギーの両面性を読みとってその否定性を制御することができなければ、民族主義はすぐさまある種の「怪物」に姿を変える。だが、民族主義に備わった活力と肯定性を普遍主義的な思考へと導いていくことができるとしたら、その圧倒的に大きい現実的な力を、新しい可能性の領域へと飛躍させることができるだろう。民族主義の現実的な力をただ無視してしまうのではないトランスナショナルな思考が必要なのは、そのためなのではないだろうか。

本書は、磯前順一日文研教授の御厚意なくしては出版できなかっただろう。磯前教授は、韓国史研究者ではないにもかかわらず、私の偏屈な研究に深い御関心を寄せてくださっただけでなく、私の研究成果を出版するためにさまざまに惜しみなく尽力してくださった。この場を借りて、深い謝意を表したい。また、論文翻訳の労をとってくださった沈熙燦、原佑介両氏にも併せて感謝する。この御二人は、論文の翻訳と校閲、そして校正に至るまで、すべて引き受けてくださった。なんの代価もなくこのような労をとってくれるようなことは、人間的な友誼がなければありえないだろう。最後に、困難な出版事情があるにもかかわらず、真心をこめて本書をつくってくださった三元社の石田俊二社長と編集担当の上山純二氏にも、心より感謝申し上げる。

第一章

私の近代——絡みあうアイロニーの世界

実験と挑戦としてのエッセイ

「韓国的近代の起源を系譜学的に探究」する作業の一環として、「「今」の「私たち」を形づくっている韓国的近代の形成過程」についての「自伝的エッセイ」を執筆することが、本稿に対する編集者からのおおよその要望であった〔1〕。この依頼を受けて、内心ためらいと好奇心が錯綜したが、とりあえず応諾することにした。ためらいは、「自伝的エッセイ」という形式だけでなく、「韓国的近代」という内容に対するものでもあった。

まず、「自伝的エッセイ」という形式について簡単に述べておきたい。「自伝的エッセイ」というのは、「「韓国」において「近代歴史学」を「専門」」にする人にとって、二つのタブーを破らなければ接近しえない叙述形式だと思われる。史料批判や厳密な因果関係にもとづいて、対象となる時代像を法則正しく構成することができるという信念に即した文章だけを書かなければならない、というのが一つ目のタブーである。二つ目のタブーは、歴史学界の元老でもない者に自伝という形式は許されないだろうという思いである。これは、もしかすると、すでに今日においては外部から押しつけられるタブーや強制というより、内面のタブーになっているのかもしれないが、私にとってそのような文章を書くことが、依然として一定の勇気を要するものであることはまちがいない。要するに、個人的な来歴と生活感情を土台にして心のままに書き連ねる「自伝的エッセイ」は、史料にもとづいた厳密な文章を書かなければならない歴史研究者にとっては、ふさわしくないのはもちろん、許されるはずもなかろう、というわけである。

次に、「韓国的近代」という主題から感じるためらいとはどういう事情によるものなのかについて述べたい。最近、歴史認識をめぐって周辺国との外交的な摩擦が頻繁になり、とりわけ植民地支配の経験、さらに韓国近代の経験をいかに認識すべきか、ということに対する関心がかなり高まっている。一方で、植民地認識に関する「古典的」な理論である「収奪論」と、これを批判すべく登場した「植民地近代化論」との論争に有意義な進展がなかった理由として、「近代批判の不在」を挙げる指摘も登場してきた。論争のいきづまりを突破する契機として「植民地近代」の概念が注目されるのはそのためであろう。つまるところ、学界の内部であれ外部であれ、「韓国の近代をどのようにとらえるべきか」ということが、焦眉の現実的課題になっているのである。このように、「近代」という問題の解明が重要であるにもかかわらず、「韓国的近代」なるものが特殊な形態として存在しうるのかという疑問を消し去ることは容易ではない。近代とは、そもそも一国的な現象ではなかった。韓国の近代も、世界資本主義との接触や日本による植民地化の現象を度外視しては理解することができない。それゆえ、私には、対象化しうる「韓国的」近代なるものがそもそも存在しないのである。

韓国的近代ではなく、「韓国における近代」とあえて区別しようとする理由はどこにあるだろうか。これについてもう少し詳しく説明しておきたい。韓国でも、近代の学問、さらには近代的な知の体系が危機に瀕しているということは、早くから指摘されてきた。広い意味では、人文学の危機を云々したり、学際的研究の必要性を強調したりすることなども、そうした危機意識にもとづくものだといえよう。近代的な知や学問の体系は、西欧において一八世紀以降形成され、おもに帝国日本を通じて朝鮮に輸入された。だとすれば、近代的な知の体系に危機が迫っているというとき、その危機とはなにを意味するのだろうか。端的にいえば、近代(的な現象)について、一八世紀以降西欧で形成され発展してきた近代的な概念を用いるだけでは、もはや説明ができなくなったという状態を指しているだろう。たとえば、国家-社会-個人という位階による概念的な枠組みでは、これ以上近代を説明することができないというジレンマが指摘されているのである。近代を構成する「過去」さえもが、近代的な概念の解体・再構成を経なければ説明できなくなった、というジレンマをどうやって克服すればいいだろうか。私は、近代あるいは――歴史学をふくむ――近代的な知が陥っているこのジレンマをあらわすために、あえて「韓国的近代」ではなく「韓国における近代」、すなわち「植民地近代」という概念を用いるのである。

さて、「韓国的近代」について「自伝的エッセイ」という形の文章を書こうとする決心を私にもたらした好奇心について述べよう。それはおそらく、既存の歴史叙述の形式に縛られていた内面のタブーを壊し、「韓国的近代」ではない、韓国における「近代」を自由な形で記述してみたいというものであっただろう。このように、「韓国的近代」についての「自伝的エッセイ」を書くという行為は、私にとってためらいと好奇心をともなうものであったが、このやや相反する感情は、ひょっとしたらコインの両面なのかもしれない。禁断の果実はいつも甘美だということだろうか。

とりわけ、近代を生きるということ、近代を思考するということは、こうした相反する要素で成り立つのかもしれない。今の私に、近代はある種のアイロニーとして迫ってくる。だから、「私にとっての近代」を記述することは、私にはひとつの実験であり、大きな挑戦でもある。

『戦場にかける橋』とリー・クワンユー――植民地をみる二つの視角

タイの首都バンコクから車で二時間ほどのところにあるカーンチャナブリーは、名作『戦場にかける橋』で有名な場所です。第二次世界大戦当時、日本軍はこの地域を占領し、連合国捕虜収容所を建て、ビルマ（ミャンマー）に入る鉄橋をつくったのです。ここには当時犠牲になった連合軍の墓地が設けられており、参戦した諸国にちなんだＪＥＡＴＨ戦争博物館があります。ＪＥＡＴＨとは、日本 Japan、イギリス England、オーストラリア Australia、タイ Thailand、そしてオランダ Netherland を意味します。……それから、クワイ川の橋のすぐとなりには、もうひとつの第二次世界大戦博物館があって、その庭にはさびついた古い機関車が一台展示されています。ところで、その機関車には戦争に関わった国々の国旗が掲げられているのですが、意外にも太極旗があったので驚きました。[1]

私がはじめてみた朝鮮人たちは、日本の軍服を着ていた。そのためか、朝鮮人に対する私の最初の印象はかならずしもよいものではなかった。その朝鮮人たちは、日本軍がシンガポールを占領するさいに連れてきた二つの外人部隊のうちのひとつであって、もうひとつの外人部隊は台湾人たちで構成されていた。日本軍を手伝っていた朝鮮人たちは非常に荒っぽくふるまっており、日本の軍人に劣らぬほど高圧的な態度をとっていた。台湾人部隊の兵士たちは、シンガポール人のあいだで通用する主要な中国方言である福建語の通訳係として使われていた。[2]

この二つのエピソードは、帝国日本の支配を受けていた植民地朝鮮が、帝国日本の外にいた人びとの目にどう映っていたのかをよく物語っている。私は、帝国日本の侵略により苦しみをあじわった東南アジア地域の住民たちが、朝鮮に対してとったであろう態度を、おぼろげながらも理解しているつもりであった。しかし、最近この二つの文章を読み、そうした私の主観的な理解が、いかに根拠がなく現実性のとぼしいものであったのかを痛感した。

ある地方都市の中学校に通っていたころ、中間試験と期末試験が終わるたびに、いわゆる「文化教室」という名目で、市内の映画館で映画を観る機会がもらえた。割引価格で映画を観ることができる文化教室は、町はずれに住んでいた学生たちにとっては、「高級文化」を経験できるたいへん貴重な機会であり、私もなるべくその機会を逃さないようにがんばっていた。中学生のときに観た壮快なハリウッド戦争映画『戦場にかける橋』を、私はその軽快な主題曲とともに今もよくおぼえている。これほど鮮明におぼえているくらいなので、おそらく中学校を卒業してからもテレビの「名画劇場」などでさらに二、三回は観たのではないかと思われる。ということは、韓国の映画評論家たちが『戦場にかける橋』を「名画」とみなしたのだろう。私は、ハリウッド戦争映画のオリエンタリズムを今さらここで論じるつもりはない。しかし、現実のクワイ川の橋に関する前述のルポ記事は、またちがう意味で私たちに衝撃をあたえる。韓国は第二次世界大戦におけるビルマ戦闘の当事者であると「今も」みなされているのだ。これを単にタイ人たちの勘ちがいだと軽く流すことはできないだろう。

韓国近代史を専攻する者として勉強をはじめて以来、最初から関心をもって注目していた領域のひとつは、植民地支配末期における総動員体制下の朝鮮人強制動員の問題だったような気がする。一九八〇年代後半、図らずもある月刊雑誌からの依頼を受け、朝鮮人強制動員に関する文章を準備していたのだが、まず強制動員問題に対する韓国社会の無関心に驚き、次に学界における無責任さに驚愕したことは、今もなまなましく心に焼きついている。百万人以上、否、もしかすると数百万人が強制的に戦争へ動員され、多くの人びとがその動員の傷を負ったまま生きていたにもかかわらず、韓国の社会と学界は、いかにもこの問題について無関心・無能力であるように思えた。従軍慰安婦問題が社会的な議題として浮上するよりはるか前のことだから、当時の無関心がどれほどのものだったかが推測できるだろう。ところが、勉強が進めば進むほど、朝鮮人強制動員の問題がそれほど簡単なものではない、ということがわかってきた。映画『戦場にかける橋』に登場する、連合軍捕虜を橋梁工事に動員し、虐待する日本軍の捕虜監視兵のうちには、朝鮮人も混じっていたのである。

日本軍の捕虜監視兵に混じっていた朝鮮人たちは、そもそもどのような人びとで、その後どうなったのだろうか。私は韓国近代史を専門にしながら、なぜそのような事実を知らなかったのだろうか。一九三七年、帝国日本が中国関内地域を侵略した事件、すなわち日中戦争が勃発すると、東アジアにおいて日本軍がつくりだす戦線は拡大の一途をたどり、戦争に必要な人材と物資を充当するため、植民地朝鮮でも総動員政策が施行されたことは周知のとおりである。「内鮮一体」というスローガンのもとで、朝鮮人と日本人はもはやまったく同じ「皇国臣民」になったと主張し、朝鮮人を戦争に動員しようとするものの、かれらを軍人として動員するさいに呼び起こされるためらいやおそれは、日本人にとってはほかのどんな感情より先立つものであった。一九三八年から施行された「陸軍特別志願兵制度」は、このようなおそれの産物であり、朝鮮人徴兵のための試金石であった。一九四一年、日本がアメリカと開戦し、太平洋戦争に拡大すると、四四年から四五年までの二年間、朝鮮人は日本軍として徴兵されるようになった。

志願兵と徴兵に加えて、多くの朝鮮人が軍属としても動員された。軍属とは、民間人の身分で徴集された人のことだが、一九四一年からまず朝鮮人の海軍軍属としての徴集がはじまった。日本海軍には工兵隊がなかったため、朝鮮人軍属を募集して施設部隊として活用したのである。その後、日本陸軍も朝鮮人を軍属に動員した。朝鮮人の海軍軍属の数は、一九四四年の時点で三万八千人あまりであり、これに陸軍軍属を加えた朝鮮人軍属の総数は、一五万五千人あまりに達したという。ところで、それぞれの動員を区分してみると、犠牲者数がもっとも多かったのは、海軍軍属であった。戦闘中に死亡するか、工事中に事故死した人が多数を占めるが、連合軍捕虜監視兵を務めていた朝鮮人のうち第二次世界大戦の後に戦犯裁判にかけられ処刑された人も犠牲者にふくまれている。連合軍は、戦争が終結すると、東南アジア各地で日本軍戦犯を逮捕して裁判にかけたが、そのなかでもっとも苛酷な処罰を受けたのが、ほかならぬ捕虜収容所の監視兵たちであった。日本軍の連合軍捕虜の虐待は公然のことであったが、連合軍はこれに憤慨していたのである。朝鮮人軍属のなかでも、BC級戦犯として処刑、あるいは懲役刑に服した人が多かった（陸軍軍属として関東軍に務めた後、ソ連軍の捕虜となりシベリアに連れていかれた朝鮮人の数が一万人あまりにのぼるという説もあるが、これについてもあきらかになっていないところが多い）。映画『戦場にかける橋』に登場する日本軍捕虜監視兵のなかに朝鮮人がふくまれていたのは、このような理由によるものであった。だとすれば、タイの人びとが第二次世界大戦博物館に太極旗を掲揚し、依然として韓国を戦争の当事者とみなしているという事実は、どう理解すればいいだろうか。

朝鮮戦争の休戦交渉が進められていた一九五二年、アメリカの主導のもとで、第二次世界大戦を公式的に終結させるサンフランシスコ講和条約が発効した。これをもって日本政府は、日本に居住していた朝鮮人たちの国籍選択の自由を一律に剥奪した。一方、連合国の統制から自由になった日本政府は、戦争被害者のためのさまざまな援護法を制定するが、強制的な動員により帝国日本の臣民に編入されざるをえなかった朝鮮人の軍人・軍属については、日本国民ではないとの理由で援護法の対象から除外した。しかしながら、B級戦犯として処罰された朝鮮人たちは、日本の国籍を剥奪された後もなお懲役に服したのであり、日本政府の援護法による利益を受けることもなかった。日本軍に強制的に動員され勤務させられた朝鮮人が、戦犯として連合軍に処刑・処罰されたにもかかわらず、日本人ではないとの理由で日本政府からなんの支援も受けることなく、日本で困難な生活を営んでいったという数奇な人生の流転をどう考えたらいいだろうか。また「名作」『戦場にかける橋』を観て、連合軍捕虜を虐待する日本軍捕虜監視兵に感じていた憤りは、どうしたらいいのだろう。それに、韓国近代史を専門にする者が、捕虜監視兵のなかに朝鮮人がふくまれていたという事実さえ知らなかったという、研究者としての自責の念からは、どうすれば免れられるのだろうか。韓国の政府や社会、ひいては学界でさえ、かれらになんの関心も寄せなかったという事実からなぐさめを受ければいいだろうか。

二つめの引用文は、シンガポールの元首相リー・クワンユーが自伝のなかで、一九四二年の日本軍によるシンガポール「陥落」の後、日本軍に属していた朝鮮人たちから受けた印象を述べたところである。リー・クワンユーだけでなく、もしかしたらほとんどの東南アジアの人びとが朝鮮人をはじめてみたのは、日本の軍服を着た姿であったかもしれない。しかも、朝鮮人たちは高圧的で乱暴だ、という印象をもったことだろう。マレー半島の南端に位置するシンガポールは、「大英帝国」の東アジアにおける植民地支配の前哨基地として重視されていた。したがって「鬼畜米英」帝国主義の打倒を唱えた日本の東南アジア侵略戦争においても、シンガポール陥落は記念すべき勝利とみられていた。

シンガポール陥落は、朝鮮人たちにもある種の衝撃をあたえた。到底太刀打ちできそうにみえなかった「大英帝国」の前哨基地を一挙に陥れる力を、帝国日本がもっているように思われたからである。その意味で、シンガポール陥落以後、朝鮮の有名な知識人たちが日本帝国主義の力を称賛し、帝国主義戦争をほめたたえ、朝鮮の若者たちに戦争協力を要求しさえした事実も、かならずしも理解できないことではない。刃向かうことのできない強圧の下で、その力を行使する相手に圧倒されてしまう場合、そうした強圧的な力に屈服するのが人間の性だからである。「大英帝国」を制圧する「大日本帝国」の力に圧倒されるとき、朝鮮の被植民地民たちは、帝国内で「二等国民」になりうる可能性を垣間みていたのである。リー・クワンユーが証言するシンガポールでの朝鮮人たちの姿は、まさにこのような二等国民への可能性をいだいて侵略戦争に乗りだした人びとであっただろう。ただし、かれらの多くは強制的に動員されたのであって、みずから願いでて戦争に参加したのではなかった。

要するに、先に挙げた二つの引用文は、いずれも「植民地」としての朝鮮が、ただ「植民地としてのみ」とどまっていたわけではなかったということを示しているのである。朝鮮は植民地だったが、同時に帝国日本の一部でもあったのだ。韓国人たちは朝鮮が植民地だった「だけ」だと思っているのに対して、日本の侵略を受けていた東南アジアの第三者にとって、朝鮮は帝国日本の一部であり、侵略の当事者として憎悪されていた。被植民地民であった朝鮮人は、乱暴で高圧的な日本軍の態度をそっくりくりかえす「子分」帝国主義者だと他者たちに認識されていたのである。帝国日本の内部で二等国民の可能性を垣間みていた朝鮮人たちは、帝国主義者としての欲望を懐にかくした「子分」帝国主義者であった。この時期にすでに朝鮮人たちは、その「強制された」片手を「血」に染めていた。強制されて侵略戦争に加わるという重荷を背負わざるをえなかった人びと、そうして片手を血に染めてしまった人びとが、植民地下の朝鮮人たちであった。そうだ！　植民地とは、分裂症そのものだったのである。

植民地分裂症と植民地近代

植民地分裂症は、同一化を掲げたイデオロギーや政策に由来するものである。そしてそれは、植民地近代の基底をなす枠組みとなる。分裂症を根幹とする近代が、植民地近代だといえよう。ここからは、植民地分裂症とはなにか、さらにそれにもとづく植民地近代とはどのような性格をもっているのかについて論じてみたい。

帝国日本の植民地支配政策の核心的性格だとされる同化政策は、同一化のイデオロギーを基盤としていた。被植民地民を支配民族と同一のものにつくりあげ、最終的にはその領土を帝国の内部に組みこむことを目標としていたのが同化政策だったから、これに至る過程で同一化のイデオロギーが強調されるということを理解するのはそうむずかしくない。同一化のイデオロギーが極端になると、支配民族と被支配民族が完全に同じ人種、あるいは民族だと強調されるようになるが、そのような段階に達してしまうと、同一化はあらゆる差異を否定し、人種または民族の抹殺を図るイデオロギーとなる。しかも、この時点になると、細かい差異や差別を認めようとするスローガンすらことごとく消えていく（むろん現実的な差別がなくなるということではない。むしろ、実感できる差別はさらに激しくなっていただろう）。社会的排除や物理的抹殺ではなく、社会的差異を否定し、完全に同一だと認めさせようとする社会的強要がもたらす抑圧的な側面が、人種的・民族的属性の抹殺を意味するのであり、それゆえ同一化のイデオロギーとは、人種－民族抹殺のイデオロギーとなるのである。内鮮一体、あるいは日鮮同祖論のスローガンの抑圧性は、極端な同一化のイデオロギーから生まれるのである。ただ、この人種－民族抹殺のイデオロギーが、ナチスのユダヤ人に対するいわゆる「最終的解決」とはまったく異なるやり方でその役割を果たすという点に注目しなければならない。

民族「抹殺」という場合の暴力性は、物質的暴力をともなうものではあるが、「文字どおりの」野蛮な暴力を意味するものではなかった。資源の収奪を一次的な目的とする原始的暴力のほうが、暴力的支配を受ける者たちにとっては、かえってましなものかもしれない。一次的で物理的な暴力については、その暴力を受け入れる以外に選択しうるほかの手段がないためでもあるが、殴る者に比べて殴られる者のほうが、むしろ心が軽い場合もあるだろうからである。一次的・物理的暴力よりもさらにおそろしい暴力は、同一化という暴力である。他者を自己と同一化しようとすることは、他者を物理的に絶滅させる行為よりももっと根源的な苦痛をあたえかねないからである。みずからのアイデンティティが外部の強制によって変えられてしまうことのほうが、もっと耐えがたいのである。

帝国日本の同一化政策は、内鮮一体を強調する段階に至ると、ある一定の水準における「国民主義」的な支配の形式を借りざるをえなくなった。徴兵、つまり血税を強要するようになると、それに相応する権利を被植民地民にもあたえなければならないからである。日本政府が朝鮮人に義務教育のすみやかな実施を約束し、参政権をあたえるという意志を表明したことも、そうした理由によるものであった。戦争への動員のため、朝鮮人に対する差別を否定して日本人との同一性を強調するさい、朝鮮人は内面の分裂を甘受しなければならなくなる。強制された手を血に染めざるをえないという状況は、つまるところ、同一化のイデオロギーを掲げた植民地同化政策における究極の目標だったともいえる。このように、被植民地民の立場からすれば、被支配と他者への侵略を一つの体に具有することを要求する植民地動員体制とは、人間的な侮蔑に曲がりなりにも耐えた上で、同じような人間的侮蔑を他者におこなうよう強いるという点で、まさに「近代の野蛮」だったのである。

動員の過程にあらわれるこうした――社会的、個人的な層位の両方での――内的分裂は、戦後の韓国社会の分裂として、そのまま継続していった。だとすれば、動員の過程における内的分裂の様相を、さらに詳しく掘り下げてみる必要があるだろう。朝鮮における戦時動員体制の構築は、一九三七年の日中戦争以来本格的に推し進められるが、この過程で注目すべきなのは、朝鮮人の中間支配層を刷新しつつ、かれらを同化政策の尖兵として押し出した点である。そのため、動員のほとんどは、強力な総動員体制の構築とともに、その体制にさまざまな形で包摂された朝鮮人の中間支配層によって遂行された。したがって、動員された朝鮮人は、その不満を一次的には朝鮮人の中間支配層に向けるほかなかった。このような植民地分裂症は、解放後の民間人虐殺を理解するためのキーワードにもなりうる。これに関しては、ある程度の研究成果がある[3]。

私は以前発表したある論文で、植民地の分裂症状を次のように表現したことがある。「近代的合理性は、日常生活の中の無意識や潜在意識の中に沈潜し、また無意識化や内面化の機制を通じて発現する。さらに合理性の無意識的内面化は植民地的な分裂現象を構成する。すなわち合理性は無意識に内面化するが、同じ近代的合理性に根差しているはずの植民地権力の支配方式には強力に拒否したり抵抗したりするのだ。これがまさに「無意識の植民地化」であり、脱植民地が脱近代の問題意識につながるのはまさにこのような理由のためであろう」[4]。植民地支配下で形成される近代的合理性が無意識のうちに内面化するにもかかわらず、表面的には植民地的な合理性を拒むという分裂症状を、私は「無意識の植民地化」と表現した。要するに、植民地的分裂現象とは、植民地支配が総動員体制として展開していく植民地末期の状況にかぎられるものではなく、つねに被植民地民の意識を構成する根源的な現象だったのである。

私の母親は一九二七年生まれで、植民地期に高等普通女学校（通称「高女」）を卒業した。成人する前に植民地統治は終わったものの、帝国日本のもとで中等教育を受けたため、今でも日本語を母国語のように駆使できるし、日本式の生活様式にもかなり慣れている。幼いころから日本の植民地統治期に関する母親の昔話を聞かされたが、いぶかしく思ったことがひとつあった。それは、かなり矛盾しているように思えるいくつかの事実が、ごく自然に語られることであった。日本人の植民地統治や教育のやり方は朝鮮人にとってきわめて悪辣で差別的なものだった、とかさねがさね語りながらも、ほとんどの日本人はたいへん正直で、勤勉・誠実な生活を営んでいた、ときまっていい足すのである。植民地統治の差別と苛酷さについては非難を浴びせながら、かれらの合理性には敬意を表するこうした態度を、どう理解したらいいだろうか。日本人は植民地を運営する資格と能力を備えていたとでもいうべきか。学校教育を通して形成された植民地像をもっていた私には、じつに理解しがたいことであった。

大学に入ってからは、植民地期に高等教育を受けた韓国の上層部の人たちが、公式の場で日本人と会うと日本語を使ったり、晩餐後の酒の席では日本の軍歌を歌ったりした、という話を幾度も耳にするようになった。学界の権威として知られるある教授が、公的には非常に反日的な態度をとり、学生たちが日本語書籍を読むことを禁じながら、自分は大量の日本語書籍を購入して読むどころか、かれの知識の源泉そのものがじつは日本にある、という噂を又聞きして、私はさらに複雑な気持ちになった。知識層のこのような二律背反の態度は、いったいなにを物語っているのだろうか。

植民地を回想する私の母親の態度が、二律背反でありながら無意識的なものでもあったとすれば、公的な地位についている知識層の態度は意識的なものであり、きわめて偽善的だといわなければならない。しかしながら、双方に共通しているのは、植民地について非常に分裂的な認識をもっているということである。これこそが植民地分裂症なのである。植民地期を専門にして勉強するなかで、私はかれらの態度について以下のような結論をくだすことになった。韓国人の内面は、無意識において植民地化されているのだ、と。私は、それが植民地近代を構成する特性であるとみるようになった。

こうして私は、植民地近代を次のように考えようとした。「西欧で生産した近代観を、一方的に受容したやり方に対する反省としての意味をもつのが、まさに「植民地近代」という発想だ。西欧はつねに植民地を対象化し、これを自らの近代観の中に編入して思考してきた。植民地を除外したまま、西欧近代を理解できないのはこのためだ。しかし植民地は、いつも西欧近代を対象化できずに、自己の外部として追従し追いつかねばならない目標とみなしてきた。このような西欧近代に対する理解の仕方において、西欧近代とは、植民地自身の中に内在化されるべき外部であり、従っていつも外部化され得ない内部である。それに対して、「植民地近代」という発想は、植民地から西欧近代を対象化しようとする試みだ。西欧近代は、いつも植民地に内部化されているが、常に外部化されるしかない内部として思惟しようとする」。要するに、植民地においても近代、とりわけ近代的合理性は内面化していたのだが、それを対象化してとらえようとするこころみから流用した概念が植民地近代である。このように私は、既存の学界における植民地国家への関心から「社会」へ、民族に対する関心から「公共性」へと、自分の問題意識を移していこうとしたのである。

分離した世界から絡みあう世界へ

韓国において植民地近代がどのようにあらわれるかは、共時的な側面と通時的な側面にわけて考えることができると思う。植民地近代の共時的な側面は、帝国と植民地の相互作用および相互連環という側面から、通時的な側面は、植民地支配の効果の連続性という側面から考えてみることができる。まず、植民地近代の共時的な側面について、あれこれと思いつくままに書いてみよう。

前述のように、帝国日本の支配政策は、基本的に同一化のイデオロギーにもとづいており、時期別に性格を異にする各種の支配政策の底流に一貫していたのは、なによりも同一化のイデオロギーであった。この同一化のイデオロギーをもっとも的確に表現しているスローガンは、「内地延長」であった。内地延長という政策的基調は、基本的には内地（帝国主義の本国である日本）で実験されたもろもろの近代化政策を、植民地においても適用しようとしたことを指す。日本の植民地が全面的に近代の洗礼を受けたということは、もちろんそうではない。ただ、日本によって近代の洗礼を受けたということには、二つの大きな問題がある。一つ目は、その近代がどのような近代であったのか、という点である。資本主義産業化の達成、近代国家の建設、そして帝国主義を実現する過程は、日本の近代化における三脚の動力であった。この三本の脚を利用して、日本は急速な近代化を進めたのである。それゆえ、日本の近代化は、植民地を除いては解明することのできない問題となる。ここから、二つ目の問題が浮かんでくる。植民地に内地の政策が延長されるさい、その政策がそのまま植民地にも適用されるという保証はない。もちろん、近代的政策に対する植民地の抵抗も問題となるのだが、そもそも植民地は日本と異なる社会だからである。したがって植民地での政策は、実験的な性格を帯びるようになる。ある政策を植民地に適用して効果があった場合、それが日本に逆輸入されることもあったのである。だとすれば、帝国と植民地は、内地延長を媒介にして相互作用するひとつの体系を形成していたといえるだろう。

このことは、植民地とは文字どおり帝国に従属した「植民地」であって、ひとつの独立した政治的・経済的単位として思考したり分析したりしてはならないということを意味する。植民地朝鮮が政治的・経済的に独立した実体ではなかったということを指し示す政策的スローガンは多い。それらを三つの水準で羅列してみよう。まず、植民地本国日本と朝鮮の相互連環を示すスローガンとして、内鮮融和や内鮮融合、内鮮一体がある。第二に、日本と朝鮮をふくめ、その他の植民地を包括するものとして、日鮮満ブロック、大東亜共栄などのスローガンがある。第三には、植民地間の連環をあらわすものとして、鮮満一体、鮮満支一体、満蒙一如などがある。これらのスローガンは、おもに一九三〇年代以降、日本の侵略戦争の拡張につれて提起された政策的なものであったが、植民地が帝国またはほかの植民地とのあいだに連関する世界の一環をなしていたという事実を物語っているのである。

植民地朝鮮が相互連環する世界の一部だったという事実は、その典型としての「満洲国」を中心に検討することができるだろう。植民地の形態上の特徴を基準にするなら、朝鮮は世界史的に最後の「植民地」であり、「満洲国」は最初の「傀儡国家」であった。朝鮮は、第一次世界大戦の前に植民地となった最後の独立王朝国家であった。これに対して、一九三一年に満洲を侵略・占領した日本は、その地を植民地化するのに難渋した。第一次世界大戦後に台頭した二大強国のソ連とアメリカは、植民地を認めない立場をとっていた。それが時代の趨勢だったのである。ソ連のレーニンは、孤立無援の状態で植民地の民族解放運動の力を借りようとしていたし、同様にアメリカのウィルソン大統領も「民族自決」を時代的な正義として用いていた。国際連盟は、リットン調査団を派遣し、日本に満洲からの撤収を要求した。日本は国際連盟から脱退することでこれに応えた。清の最後の皇帝溥儀を新たな皇帝に推戴して誕生した傀儡国家「満洲国」は、日本が選択した状況的な「苦悩」の産物だったのである。その結果、満洲国は、表面的には日本の植民地ではないこととなった。満洲国は、軍隊と警察、官僚機構を有する独立国家の外観をよそおっていたのである。最近、満洲国の国家的自律性をめぐって論争が起きているが、第二次世界大戦後の新帝国主義と冷戦によってつくられたいわゆる衛星国家（satellite state）よりも、国家としての自律性の程度においては満洲国のほうが高かったという主張が提起されるほど、満洲国の傀儡国家としての性格も、簡単に規定できるような問題ではない。

一方、日本の満洲侵略を主導し、その思想的背景を提供しながら、一九二九年から三二年にかけて関東軍の作戦参謀としても活動した石原莞爾は、「朝鮮ノ統治ハ満蒙ヲ勢力下ニ置クコトニヨリ初メテ安定スヘシ」と述べているが、このように満洲国は朝鮮における植民地統治の矛盾を解決する場として期待されていた。「植民地帝国日本に内在する諸矛盾を転嫁する場所として、「満洲」という「外」が新たに作り出されたのである」[6]。石原は、満洲での果敢な軍事行動を通じて、一九二〇年代後半以降日本社会が直面していた難局をのりきろうとした。かれは、満洲を利潤追求のための資本主義の市場にするのではなく、社会的平等と国家への忠誠という原則にもとづいた新しい社会を創造する「実験室」として用いようとした。満洲で成功した実験はあとで日本内地にも適用しうるだろうし、それによって日本の国力も強くなるとかれは信じていた。

その後、実際に満洲は各種の政策がこころみられる実験室になった。満鉄（南満洲鉄道株式会社）で社会経済政策を開発していた左派のイデオローグのみならず、東京帝国大学を卒業した有能な官僚たちが満洲国に派遣され、さまざまな社会政策の「実験」に従事するようになった。かれらは、東洋の古代社会的な理想にもとづいたさまざまな社会政策を開発したのはもちろん、国家主導の計画に立脚した統制経済政策を立案・施行することにより、満洲国の公式スローガンだった「王道楽土」を地上に築きあげようとした。かれらが施行した計画経済政策のことを、後の研究者たちが「一九四〇年体制」と命名したこともある。また、こうした政策の施行において核心的な役割を果たした人びとの一人である岸信介は、戦後A級戦犯として起訴されるも、結局釈放され、執権与党の自由民主党出身の首相として奇跡的な戦後経済成長を導く主役となった。戦争では敗北したものの、石原莞爾の「満洲実験室」の構想があえなく終わったわけではなかったのである。満洲国における経済実験は、岸信介を通じて戦後日本で実現したといえよう。

満洲ブームは、一九三〇年代初頭、植民地朝鮮でも登場した。朝鮮人たちは満洲国に進出して「一山当てよう」とした。満洲国は、朝鮮人の資本家たちにとって魅力的な市場のように思われた。五族協和、つまり満洲人、漢人、蒙古人、日本人、朝鮮人の協和を唱えていた満洲において、朝鮮人は日本人につづく「二等国民」としての待遇を受けることができた。朝鮮人たちは、満洲国の軍人・警察・官僚としても多数務めていた。かれらは、満洲で武装闘争をおこなっていた朝鮮人たちと対峙していたのである。

解放後、韓国の大統領のうち二人は、満洲国で軍人ないし官僚として働いていた者であった。朴正熙《パク・チョンヒ》は満洲軍官学校を出て満洲国で将校を務めており、崔圭夏《チェ・ギュハ》〔2〕は満洲国の官吏養成機関である大同学院出身で、満洲国の官吏を務めていた。朴正熙や崔圭夏のみならず、韓国の官僚、軍部、財界、学界などで主役として活動した人びとの多くが満洲国出身である。かれらの公式的な履歴では満洲国での活動の経歴はほとんど空白になっているため、こうした事実はあまり知られていないが、解放後の韓国の経験は、満洲――あるいは満洲国――でのそれと切り離して考えることができないほど密接につながっているのである。総動員体制下の朝鮮にしろ、計画経済が進められていた満洲にしろ、そのなかで戦時期を生きていた朝鮮人たちの意識には、「統制」と「計画」という単語および概念が深く刻まれるようになっただろう。一九五〇年代の戦後〔朝鮮戦争休戦後〕復興の過程、もしくは六〇年代の経済成長の過程で、「統制による計画経済」という成長政策の原型を過去の経験から思い起こすことが、さほどむずかしいことではなかっただろうということも容易に推測できる。

満洲国の事例が物語るように、帝国と植民地は、ただ単に支配と被支配という一方的な関係だけを結んでいたのではない。帝国は植民地に、そして植民地は帝国に影響をおよぼしていたのであり、さらには、ある植民地とほかの植民地も互いに絡みあう世界として結びつけられていたのである。すなわち、植民地近代は雑種性(hybridiry)という語を用いて表現することができるのであり、「植民地近代」が雑種化するという運命は、必然的に「帝国主義近代」(日本)の雑種化へとつながっていく。「植民地近代」と「帝国主義近代」の雑種性は、近代の歴史的な特性だともいえよう。こうした認識を基盤としつつ、あらためて近代を考察することによってのみ、歴史研究における民族主義および帝国主義の単純な構図を、互いに解き放ちうるだろう。

韓国ではまだこのような問題意識が深まっていないため、ここでは西欧で最近登場してきた帝国史研究の問題意識を紹介しておきたい。帝国主義史から帝国史に移行しようとする新たな研究の傾向について、リンダ・コリーは次のように述べる。

このようなアプローチをとることはまた、さまざまな帝国が互いに密接に関係し対応しながら勃興、変容、衰退したがゆえに、重要である。近年ドミニク・リーベンが論証したように、ハプスブルク、ロシア両帝国の盛衰と拡がりを長期的に理解するには、それらが近接のオスマン帝国の不安定によっていかに影響を受けていたかについての認識ぬきには不可能なのである。一七五〇年以降のインドにおけるブリテンの領土的影響力の拡大は、ムガール帝国の長引いた衰退と密接に結びついていたが、その有様についていまだ激しい論争となっている。二〇世紀初頭以降の世界各地でのアメリカ非公式帝国の勃興は、ブリテンの帝国権力の後退などと関連づけて検討すべきである。現在、そして、これまでも、世界は相互に結びついており、それが、いかにして、かつ、何ゆえにそうであったかを示すことは、帝国史家の仕事の一部である。

しかし、これは時々忘れ去られているのだが、ブリテン帝国の文脈で関係性を探究することは、ブリテン史家への挑戦にとどまらない。ブリテン人学者は、帝国が何であったのか、そして何をしたのかについて多角的に理解し、かつまた、ブリテンによって影響を被った社会の自律的な過去についても理解する必要がある。実際、これは正しい。だが、同様に、アジア、北アメリカ、カリブ海、アフリカ、そして太平洋の歴史家たちも、帝国におけるブリテン的特質についての最新で多様で微に入った理解を深めなければならない。彼らには、ブリテンの力や社会が特定の時代ごとに実際どうだったかについて、そう思われていたこと、もしくは、今なお広く信じられていることと区別して、根拠ある知識が必要である。7〔傍点

は原文〕

リンダ・コリーは、帝国と帝国、帝国と植民地における相互連関の関係を把握すべきだと力説している。これに、ある植民地とほかの植民地も相互連関の関係を結んでおり、それも重要な研究テーマにするべきだとつけ加えることができるだろう。

近代世界の普遍性と連続性——一六年戦争

次に、植民地近代の通時的な側面について検討してみよう。これは、植民地と解放後の社会に連続性があることを指摘するものだが、植民地支配を経験した人びとにとって、植民地後の社会が植民地とは断絶しており、またその社会が植民地とは異なるものだということを強調するのは、一般的な傾向であり、いうなれば自然なことでもある。植民地後の社会が植民地とは異なるということを強調することによって、人びとは内面の安定と自分の社会に対する自負をもつことができるからである。韓国の場合、このような断絶の認識がとりわけ強いように思われるが、ここには日韓関係の歴史性および植民地支配期に形成された植民地分裂症が反映されているだろう。言説の上では、李承晩《イ・スンマン》政権期に反日民族主義がもっとも強烈だったのもそのためであろう。

いわゆる植民地近代化論〔3〕が——植民地をめぐる認識に部分的には理論的寄与をしたにもかかわらず——韓国の歴史学界を越えて一般人にまで非難と憎悪の対象にされたのは、解放後の韓国社会、それもその近代化と経済成長が、部分的には日本の植民地支配に由来しているという主張、つまり植民地支配期と解放後の韓国社会における連続性を重視する主張に対する強い反発によるものだったと思われる。要するに、韓国人は、植民地と解放後の社会が連続性をもつという主張に「アレルギー」反応を起こすほど、植民地と植民地後の社会が断絶しているという認識に順化しているのかもしれない。

しかしながら、こうした認識を自然な現象として片づけるには、疑わしいところが多い。先述したように、公的な立場の表明と私的な態度が一致しない韓国人が多いこともあるが、断絶を強調する理解そのものにも分裂的なところがあるからである。周知のように、新生独立国家が国民的統合をなしとげていく上で、もっとも大きな認識論的寄与をするもののひとつとして、民族史（national history）を挙げることができる。民族史、すなわち国史というものが、ある国家の歴史を自民族集団の歴史として再構成しようとするこころみによって成立するものだとすれば、民族史を記述する上でなによりも深刻な支障をきたす時期が植民地期であるということは、多言を要しないだろう。植民地期における統治の主体は帝国主義者だからである。自民族が統治の主体ではなかった時期を、民族史の一環に収めるにはどうすればいいだろうか。抵抗の歴史を強調することがその方法となろう。植民地期の歴史は、こうして自国民が主導した抵抗民族主義を中心に再構成され、抵抗の側に立たなかった民族構成員は民族から排除される。親日の民族反逆者を国家が主導して調査するための特別委員会が設けられている韓国の現状は、このようなポストコロニアリズムのジレンマをよくあらわしているといえよう。

このように、抵抗民族主義を基底として構成される国史は、植民地期に対するほかのあらゆる記憶を抑圧するとともに、それを民族の記憶に収斂させる。こうして、多様な個人的記憶と集団的記憶は、ことごとく民族の記憶、国民の記憶として動員される。これを「記憶の国民総動員」ということもできるだろう[8]。抑圧された個人的・集団的記憶は、公的な場では表明される機会をえられない。内面の分裂にもかかわらず、公的な言説の上では、記憶の「民族的統一」が抵抗民族主義の名のもとにおこなわれるのである。酒席の酔った勢いで日本の植民地支配をほめたたえたり、自分だけ日本の知識界にコネをつけたりといった、一見すると分裂的・虚偽的な知識人たちの態度は、逆説的にもきわめて一貫したものになる。個人的・集団的記憶は、国民的な次元で総動員されるため、もっぱら無意識や偽善の次元でのみ許されるものになる。これは単に一部の「親日派」にかぎられることではない。

このように植民地との断絶を強調する認識は、公式の国史によっておこなわれた「記憶の国民総動員」という「作為的な動員」の所産でもある。つまり、植民地との断絶を強調する認識は、ポストコロニアリズムの状況によって生みだされた自然なものでもあるが、国史がなしとげる記憶の国民総動員の産物でもあるのである。したがって、植民地との断絶を強調する認識もまた、植民地分裂症の所産だといわざるをえないだろう。

解放は、朝鮮人たちが戦って勝ちとったものではなく、連合国が戦争に勝利することによってあたえられた贈り物にすぎなかった。このような贈り物としての解放には、かならずみじめな反対給付がつきまとうものである。米ソ両軍による分割占領が、まさにそれであった。とはいえ、朝鮮人たちの目には、米ソ両軍の分割占領がかならずしも克服しえない不可抗力とは映らなかった。アメリカが主導する信託統治構想に朝鮮の右派は激しく抵抗したのであり（反託運動）、アメリカはこれを受け容れる姿勢をとっていた。分割占領が分断につながったことには、戦後の冷戦の影響がもっとも大きかったが、一方で、分断を固定化することによって、アメリカとソ連は朝鮮半島における互いの利害を一致させることができた。とはいえ、その分断は冷戦の分割線を境界としたものであり、熱戦の可能性を秘めていたということも事実である。

朝鮮では、一九三七年から四五年までの帝国主義戦争と、一九四五年から五三年までの内戦（内燃としての内戦と、熱戦としての内戦）の展開としての「一六年戦争」がおこなわれた。二〇世紀の歴史は、韓国の現実を呪縛している冷戦–分断論の上で一般的に理解されてきたが、その断絶した認識を克服するため萌芽的に展開してきた議論を、ひとつの戦争概念として統合し、「一六年戦争」と呼ぶことはできないだろうか。一六年戦争は、国民形成、国家形成のための戦争であった。もちろん、帝国主義戦争である日中戦争–太平洋戦争に朝鮮人たちが参加していたことと、新しい国家を形成する過程で長期にわたっておこなわれた内戦である朝鮮戦争を経験したことのあいだには、大きな隔たりがある。ただ、帝国主義戦争に参加することで朝鮮人たちが深刻な植民地分裂症をあじわうようになり、この分裂症が解放後における韓国社会の亀裂につながっていっただけでなく、結局は内戦にまで飛び火したという点を想起すれば、連続した面もあるといわねばならない。また、この一六年戦争という概念は、韓国史において断絶を強調する理解がもたらす深刻な弊害を克服するためのものでもある。断絶を重視する理解が、植民地支配と分断の現実を、国民国家の完成という近代的課題を達成する「単線的」過程で生じた歪められた現実とみなすことで、国民国家的な閉鎖回路から抜けだす可能性をみずから遮断してしまった論理である、とおおまかに定義することができれば、これを克服する方法は、閉鎖回路を支配している国民国家の論理、とりもなおさず国史の論理を再考することから見出されるであろう。

ところで、こうした内戦のもとでは、国家は戦時総力戦体制が強いるすべての動員の要素を拒むことができないのであり、新たにつくられた国民化の枠組みのなかで韓国と北朝鮮の両国家は、その動員のシステムを最大限に利用した。ただ、このような植民地動員型社会の形成において、南と北でそれぞれ採用されたアメリカとソ連型の民主主義および国家主義のシステムは、大きな影響をおよぼしていた。帝国主義戦争と、それにつづく長期の内戦は、「二つの国民国家」という結果をもたらした。二つの国民国家は、世界的な冷戦体制のもとで日常的な戦争状態を維持しているといえるだろうが、このように「敵対的依存」をもって持続する「分断状況」の論理的な連鎖を打ち砕く道は、内戦の結果によって定着した恒常的戦争の状態を終結させ、二つの国民国家体制へと移行することにあるだろう。

李承晩政権は、社会全般にわたる脱植民地化の要求を拒否し、親日派を多く登用したために批判されているが、親日派の登用は、李承晩にとって道徳的な次元で考慮すべき事柄ではなかった。植民地動員型のシステムをよく体得している親日－テクノクラートたちは、内戦と戦後復興の遂行に必要な動員システムの稼働においてもっとも重要な人びとであった。しかしながら、李承晩は同時に民族主義の言説をも非常に効果的に活用したが、それは動員型社会の構築に必要な楯の役割を反日民族主義に求めようとしたからである。李承晩が日韓の修交を拒み、もっぱらアメリカに依存する政策をくりひろげたことによって、韓国の経済は、アメリカを媒介にして一九五〇年代から構築されはじめた日本の経済システム（円経済圏）と一定の距離を保つようになるが、それは、六〇年代に圧縮成長〔4〕を追い求めていた朴正煕政権にとっては、輸入代替の基盤が設けられたという点で幸運なことであった。このように、李承晩にとって親日の経歴をもつ者の登用と反日民族主義の活用は少しも背馳するものではなかったし、むしろ、いずれも動員型社会システムの構築に重要な役割を果したといわなければならない。五〇年代の韓国社会は、戦争の野蛮と直接的なテロの恐怖に支配されていた。これを下敷きにして、六〇年代の開発独裁期以降、福祉システムの欠如した、いわゆる第三世界型動員体制が構築されるようになったといえる。

このように、植民地の総力戦体制と解放後の韓国における動員型社会の形成、そしてそれらを媒介するものであり、世界戦争の一環として朝鮮半島で連続的に展開した「一六年戦争」というものを想定してみると、朝鮮の解放を断絶の論理のみで構成することは不可能に近いということがわかる。もちろん、こうした議論は、解放の断絶的な側面がもたらした同時代史としての現代史の意味を矮小化しようとするものではない。

こうした戦争の連続性と動員型社会の形成について、詩人の高銀《コ・ウン》は『一九五〇年代』という回顧録で次のように述べている。

「戦争はかれらの運命を決めた」

そして、この世代〔戦争世代、もしくは戦後世代─引用者〕の主人公たちは、生まれたときから世界は争いの場だという風聞を聞かされ、そのことを信じるようになった。日帝〔5〕の植民地政策により、鉄鋲をボタンのごとく打ちこんだ軍靴の音を聞かされたのであり、満洲事変・日中戦争のニュースを幼いころに聞き、いわゆる大東亜戦争という第二次世界大戦の渦中で日本の戦時教育を受けながら育てられた。そうして、一九四五年の解放は左翼と右翼の戦線となり、徐廷柱《ソ・ジョンジュ》の「帰蜀道」をやっと一節覚えたところで終わってしまったのである。その後、なにかを顧みる間もなく、六・二五〔6〕が押し寄せてきたのだ。[9]

西欧の日本歴史学界では、こうした連続性の問題を、貫戦期（transwar）という概念を用いてあきらかにしようとする。貫戦期という概念は、一九二〇年代後半の大恐慌から、三一年の満洲侵略を皮切りに、四五年の太平洋戦争での敗戦で終止符が打たれた長期の戦争、つまり一五年戦争を経て戦後に至る日本社会の政治・経済・社会制度にみられる連続性を強調するものである。つまり、この貫戦期という概念は、前述した「一九四〇年体制」の概念と比べるなら、時間的対象をさらに拡張しようとするものだといえる[10]。

アイロニーの世界としての植民地近代

私にとって植民地、そして近代とは、両義性の世界をも越えて、アイロニーの世界として迫ってくる。イマニュエル・ウォーラーステインは、技術の近代による解放の近代に対する抑圧が近代の属性だと述べたが、近代はそうした両義性だけで構成されるものではないだろう。西欧近代は、その裏面に植民地をもっていたが、被植民地民をモデルとしての西欧近代に追従させるよう仕立てることで、自分たちの世界についてみずから考えることを不可能にさせたのである。近代とは、そのようなものではないだろうか。西欧人と被植民地民の両者は、みずからを欺き、みずから疎外されてしまったのではないだろうか。近代とは、もっとも堅固であると信じて疑わなかった世界に欺瞞され疎外されてしまう世界、あるいはその価値観なのではないだろうか。近代を生きるということ、近代を思考するということは、つねに自分の信頼により疎外されてしまう、そのようなものだろう。
もはや近代は、近代がつくりだした思考や概念によるかぎりは解明しえない世界になってしまったようである。近代的な概念を用いても、自分が生きている世界を少しも解明し前進させることのできない、そういう世界になったのである。近代的な学知の一環としての近代歴史学が築いてきた概念や世界もまた、もはやみずからを裏切ってしまう時代となった。それゆえ、私にとっての近代とは、アイロニーの世界にほかならない。しかも、アイロニーの世界が絡みあっている世界なのである。

原注

1 金東周（キム・ドンジュ）「콰이강의 다리에서 본 태극기（クワイ川の橋でみた太極旗）」『朝鮮日報』二〇〇五年五月三一日。

2 リー・クワンユー『리콴유 자서전: 내가 걸어온 일류국가의 길（リー・クワンユー自伝——わたしの歩んできた一流国家の道）』文学思想社、二〇〇一年、六七二頁。

3 たとえば、尹澤林（ユン・テクリム）の『인류학자의 과거여행（人類学者の過去旅行）』（歴史批評社、二〇〇三年）は、現地調査にもとづく人類学の報告書としてよい参考になる。解放後のイデオロギー対立も、イデオロ

ギーそれ自体によるものより、村落社会内部の亀裂に起因するものが多数を占めており、朝鮮戦争前後の民間人虐殺も、村落内部の長きにわたる怨恨関係によるものが多かった。

4 尹海東「植民地近代と大衆社会の登場」河かおる訳、宮嶋博史他編『植民地近代の視座——朝鮮と日本』岩波書店、二〇〇四年、六〇―六一頁。

5 同右、五一頁。

6 駒込武『植民地帝国日本の文化統合』岩波書店、一九九六年、二一九―二二一頁。

7 リンダ・コリー「いま帝国史とは何か」細川道久訳、デイヴィッド・キャナダイン編『いま歴史とは何か』平田雅博他訳、ミネルヴァ書房、二〇〇五年、二二〇、二二二―二二三頁。

8 「記憶の国民総動員」については、テッサ・モーリス＝スズキ『批判的想像力のために——グローバル化時代の日本』(平凡社、二〇〇二年）を参照。

9 高銀（コ・ウン）『1950 년대（一九五〇年代）』饗宴、二〇〇五年、二八頁。

10 貫戦期という概念については、アンドルー・ゴードン『日本の200年——徳川時代から現代まで』(上・下、森谷文昭訳、みすず書房、二〇〇六年）の一二～一四章を参照。

訳者注

〔1〕この文章は、韓国で二〇〇六年に刊行された『한국 근대성 연구의 길을 묻다（韓国近代性研究の道を問う）』(돌베개）に載せられ、その後、尹海東『식민지 근대의 패러독스（植民地近代のパラドクス）』(휴머니스트、二〇〇七年）に転載されたものである。

〔2〕崔圭夏（チェ・ギュハ、一九一九―二〇〇六）は、大韓民国の第一〇代大統領である（一九七九年一二月～一九八〇年一〇月）。一九四一年に東京高等師範学校を卒業し、一時教職についた後、満洲の大同学院に入学した。解放後は官僚となり、朴正熙の執権期に国務総理に就任した。一九七九年一〇月二六日に朴正熙が暗殺され

たため、一二月に大統領に就任するも、全斗煥（チョン・ドゥファン）のクーデタにより、わずか八ヵ月で辞任することになる。

〔3〕植民地近代化論とは、簡単にいうと、植民地期に朝鮮の近代化が進められたという議論であり、九〇年代以来、帝国日本の暴力的な収奪を強調する既存の「収奪論」との激しい論争を呼び起こした。より詳しい説明としては、本書の第二章と第九章などでの議論を参照されたい。

〔4〕圧縮成長とは、政治的権力の掌握を基盤として短期間に経済成長をなしとげようとする国家社会主義的な政策を指す。

〔5〕韓国では、「日本帝国主義」を略した「日帝」という単語が、帝国日本の植民地朝鮮支配を指すものとして幅広く使われている。「日帝」はおもに解放期から使われるようになった単語であり、今日でも「日帝強占期」「日帝支配」「日帝侵略」などのように一般的に用いられている。

〔6〕韓国では、朝鮮戦争のことを一般的に「六・二五」と称する。

第二章　植民地認識の「グレーゾーン」
――帝国日本支配下の「公共性」と規律権力

はじめに――なぜグレーゾーンか

日本帝国主義の悪辣で無慈悲な支配による収奪と、これに対する朝鮮人の広範な抵抗運動という二つの軸を中心に帝国日本支配下の朝鮮社会を認識し叙述するのに、私たちはかなりなじんでいる[1]。この二つの認識軸は、ひとつの歴史像を構成するために相互に作用する概念であるが、ひとつの社会はそのような形の二分法では構成されえないため、それはどこまでもある種の「レトリック」であり「神話」として機能していると考えるしかない。解放後、分断国家の民族主義と情熱的な民族意識が、そのような神話の「事実性」を高める背景となったのであろう。民族主義的情熱は、民族主義的認識を通じた実践行為を当為とみなし、ある種の「規範としての歴史学」を生みだしていく。これをひとまとめにして、いわゆる「植民地収奪論」と呼ぶことができるだろう。このように、収奪論は規範としての歴史学の性格をもつが、とりわけ解放後の民族主義の性格によって規定されている。戦後の民族主義歴史学は多様なスペクトラムをもつが、その大部分は、近代的な民族国家の樹立に向かう道程として韓国近代史を解釈し、このような近代民族国家の樹立過程としての韓国近代史は、分断国家の統一によって完成されるものとされている[2]。

ちなみに、帝国日本の支配下の社会像を構成する上でも、二つの相反するイメージ、すなわち一九一九年の三・一運動の前後にみられる「全民族的抵抗」のイメージと、一九三七年前後の戦時体制の成立以降日常化する「全民族的協力」のイメージが共存している。あえてつきつめるなら、植民地収奪論の立場からは「全民族的協力」のイメージは許されないものだろうが、戦時体制期に抵抗の雰囲気がほとんど消えていくことを否定しうる根拠もないようである。したがって、民衆の断片的な抵抗を挙げてはみるものの、全体的なイメージを転換するには力不足のようにみえる。抵抗と協力の境界をどこに設定すべきかを真剣に再考すべきだろう。

このような二分法的認識を批判するなかで登場したのが、いわゆる「植民地近代化論」である。帝国日本の植民地支配下であれ朝鮮社会が近代化していたということは否定しえないとすれば、このような主張にはある程度の妥当性があるといえよう。しかし、収奪論と植民地近代化論はするどく対立しているが、じつは認識論的な基盤を共有しているという指摘が提起されている。植民地収奪論と植民地近代化論には、民族主義と近代化という共通の認識基盤があるというのである[3]。そのような点からみれば、植民地近代化論が収奪と抵抗という二つの軸を中心とした植民地認識を根本的に変化させたと考える根拠は薄弱である。

植民地収奪論と植民地近代化論の対立構図を乗り越えるには、民族主義と近代化という二つの問題意識に、どのようなやり方であれ、正面から向き合わなければならない。一方で、収奪と抵抗という二分法的な枠組みのもつ単純さを乗り越えるためには、帝国主義が課した認識論を被植民地民がどのように受容していたのかを理解する必要がある。帝国主義の植民地支配は、収奪と抵抗という二分法では説明しえない部分があまりにも多い。かといって、帝国主義の支配とそれに対する抵抗の論理を、近代化という単純な図式のなかに埋めこんでしまうことはなおさらできない。私たちの帝国主義認識にはあまりにも幅広い「グレーゾーン」が存在しているはずだが、それをどのようなやり方で理解すべきなのか。しかし、私たちはこのグレーゾーンを意識することができないまま、もっぱら私たちに都合のよいやり方で植民地支配に対する抵抗、または近代化の問題のみをとりあげ、植民地を好みにあわせて再構成しようとしていたのではないのか。民族主義というプリズムや近代化というプリズムだけではとりだすことができない、植民地支配期の大部分を貫いてきた広範なグレーゾーンを理解するために、私たちは新たなプリズムを用いる必要がある。ただし、新たなプリズムが別の図式を強要することもあるだろうが、私たちはそのプリズムを相互作用の枠組みのなかに位置づけることで、そのような図式を避けて通る義務を負ってもいる。そしてそのプリズムは、民族主義、あるいは民族（国民）国家という枠組みや、近代化という枠組みを疑う道具とならなければならない。このように、私たちの植民地認識には、広範なグレーゾーンが存在している。このグレーゾーンの人びとを抵抗か協力のどちらか一方に引き入れようという努力は、認識の暴力にすぎない。協力と規律権力という概念を通じて被植民地民の世界を再認識することは、認識の暴力に対抗する作業でもあるだろう。

帝国主義の植民地支配は、帝国主義支配者の一方通行の支配でなく、被植民地民との相互作用によって維持される。だから、帝国主義の支配に対する「協力」の問題が提起されるのである。これと関連する問題でもあるが、もう一方では、植民地近代化の裏面、つまりウェーバー的合理性、あるいは官僚主義や制度的合理性の増加がもたらす理性の道具化が問題となる。これは、植民地認識において朝鮮の「民衆」を「行為者」として回復する作業と関わっている。積極的な形の抵抗のみならず、サボタージュや協力を中止する行為など、無抵抗的な抵抗や内面的な抵抗といった多様な抵抗の形を設定し、これを植民地統治に対する「協力」と対応させてみようと思う。このようなやり方は、協力と抵抗が植民地における近代的合理性の増加とどのような関係を結んでいるのかという問題へのアプローチを可能にする。私たちは、これを植民地規律権力がどのように作動するかという問題とつなげて理解することができるだろう。

抵抗と協力の弁証法——植民地的公共性の意味

収奪と抵抗の二分法においては、抵抗の対立概念として親日という概念が一般的に用いられる。植民地支配の当時も親日派、排日派という二分法的な認識が一般化していたが、内地人と同様の日本人、つまり隷属させられた日本人ではなく、ほんとうの日本人になるという目標に向かう朝鮮人は親日派であり、ほんとうの日本人にはなりえないから民族自決による独立を図る道しかないと考える朝鮮人は排日派であると考えられていた。そのほかに、両者をともに疑問視する——親日派でもなければ排日派でもない——いわゆる灰色的存在があるが、それはやがて親日派へと変わっていく存在だと考えられた[4]。二分法的な分類方式は植民地支配期にはじまり現在に至るが、相変わらず支配的な分類方式として利用されているといえよう。しかし、このような分類方式は、評価の尺度が民族(または民族主義)のみであるため、社会の変化を積極的に反映しにくい。国家または民族という尺度でなく、個人と「社会の分化」という尺度をもって帝国主義の統治に対する抵抗行為を評価するとすれば、親日と抵抗(排日)という対応方式にはかなりの問題があるというほかない。

だとすれば、植民地下における抵抗とはなにを意味するのか。帝国主義の植民地支配を否定し、帝国主義権力に正面から対応することを抵抗というなら、利益集団の階級葛藤や階級闘争を帝国主義に対する抵抗の一形態と規定することは、抵抗運動の外延を広げる積極的な認識となるだろう。総じて植民地下の階級運動や少数者運動を民族解放運動に引きつけて認識することは、一方では積極的に評価できるだろうが、民族主義の尺度でのみ評価することでもたらされる否定的な面も、やはり軽視するべきではない。これまで、労働運動や農民運動の研究は大きく進展してきた。しかしながら、労働運動や農民運動がもつ半封建的な面や階級的集団運動としての性格が社会の分化と関連して独自に評価されてきたとはいいがたい。衡平運動〔1〕に代表される身分撤廃運動や女性運動、青年運動、学生運動なども、民族解放運動の側面を中心に評価され解釈されてきたし、植民地支配期に続出した新興宗教も、ほとんどは民族主義的な評価の対象とされてきただけであった。このような傾向は、ほかの文化的部門についても同様に貫徹されてきた。

しかし、民族主義という尺度のみをもって植民地支配期の抵抗運動をみることによってでは、それぞれの運動が近代社会への移行の過程を通じて備えるようになった集団としてのアイデンティティを理解し、アイデンティティの確認の過程としての運動の意味をとらえることはきわめてむずかしい。そのため、集団のアイデンティティの確認の過程がどのような基盤をもって民族主義へと収斂されるのか、そしてその過程で排除される少数者のアイデンティティがどのように抑圧されていたのかを確認することはできないのである。労働運動や農民運動といった階級運動、青年運動や学生運動、さらに女性運動などは、社会の近代的な分化の過程においてのみ、その集団としてのアイデンティティの基盤があたえられうるのである。要するに、あらゆる部門の運動は、近代化の産物であるとともに植民地支配期の社会分化の産物であるわけだが、このような運動の発生の近代的な面を民族主義にのみ帰してしまうと、固有の運動性をきちんと解明することはむずかしいのである。

さらに、民族主義という尺度によってはとらえにくい日常的抵抗というカテゴリーがある。植民地支配下の日常的抵抗を、私たちは「犯罪行為」を通じて検討することはできないだろうか。ひとつの例として、一九二〇年代の朝鮮の一般犯罪件数と検挙件数をみると、以下のとおりである。両者ともに増加しているが、一九一二年には犯罪件数四万三二九七件、検挙件数三万二七八二件だったのが、二五年には犯罪件数一三万三三三〇件、検挙件数一二万一五五七件に達し、犯罪件数では約三倍、検挙件数では約四倍に増加している。検挙人員を民族別にみると、内地人と外国人の約一・五倍の増加に対して、朝鮮人は約四・五倍の増加である。人口の数から犯罪の比率をみれば、日本人と外国人に比べて朝鮮人の犯罪率はまだはるかに低いが、その増加傾向は顕著である[6]。ここで詳細に分析する余裕はないが、朝鮮人の一般犯罪の増加傾向を通じて、私たちは多くのことを読みとることができる。一次的には、社会の分化と個人化がいちじるしく進んだことにともなう現象であるが、それは帝国主義の支配体制をおびやかすひとつの要素ともなるだろう。官僚や警察を中心に近代的制度化の水準が高まることは、このような犯罪率の増加と緊密に相互作用していたのだろう。

ちなみに、もうひとつの例として、戦時体制下の「経済犯罪」の増加を挙げることができる。

一九三七年の日中戦争の勃発以降、四二年まで全朝鮮の検事局に受理された経済事件は、総数三万八三二〇件、八万八六四五人に達した。これを年度別にみると、三七年と三八年は、事件数は微々たる水準であったが、三九年には受理件数一一六八件、二五八三人に達し、四〇年になると受理件数八〇八五件、二万一八五八人へと激増した。四一年には一万二七九八件、三万二五七八人、四二年には一万六〇〇三件、三万三〇四人に達し、経済犯罪は戦時体制期に持続的に増加していた[7]。産業経済に対する統制範囲の拡大にともない、犯罪の範囲も拡大していったためである。しかも、検事局に受理されず、警察が諭示放免した経済事犯も多かった。一九四二年の例をみると、検事局に受理された経済事犯が三万三〇四人だったのに比して、警察が諭示放免した人数は三万一四八八人であったが、このように経済事犯全体は検事局に受理された人数の二倍ほどに達するとみてさしつかえないだろう[8]。経済犯罪を類型別にみると、一九四〇年以降「価格等統制令」違反が圧倒的に首位を占めていたが、その理由を朝鮮総督府は、食糧や繊維など生活必需品の末端配給機構において多くの違反が一般的にあふれているためだと分析している。このように、経済犯罪が激増するにつれて植民地権力の側では重罰主義を採るしかなくなったのだが、卵四〇〇個を買い占めた労働者に懲役六ヵ月を科したとか、公定価格を超えて胡瓜などの野菜を販売した行商に懲役四ヵ月を科したとかいう例がある[9]。

統制経済と社会の分化にともなう犯罪行為の場合、戦時体制そのものをおびやかすという意味ではきわめて反体制的な意味をもつといえるが、だとすれば、これを民族主義の視点からはどのように評価すべきだろうか。帝国日本の警察官僚は、これを次のように評価している。

経済統制の高度化するに伴ひ統制諸法令の違反が漸次多きを加へて来つつあることは非常時日本の為洵に嘆かはしき次第である。殊に最近に至つては数字的にも夥しき激増を示せるのみならず、質的にも悪性巧妙化しつつある。これは統制諸法令の範囲、内容が甚だ広汎複雑多岐である上に直接間接に日常の生活に重大密接な関係を持ってゐるから不和不識の間に違反してゐる者もあるであらう。然し多くのものは法令を熟知し乍ら利己的利潤追求のみを考へて法令の網を潜つて私腹を肥さんとする者と目される。而も時局をはつきり認識し乍ら従来の自由主義経済の甘味を忘れえず逃れて儲けやうとする者が相当あるのは遺憾千万と申すべきであろう。かうした悪質重大犯は非国民的行為であり一種の利敵行為と極言しても好いと考へる。10

生活に密着した日常的な経済犯罪が利敵行為になりうるというのだが、それは民族主義的な評価基準に当てはめてみても、非常に重要な行為になるはずである。しかし、このような行為が帝国主義支配に協力する者のみがおこないうる抵抗行為であることはまちがいない。

戦時体制下の経済犯罪の性格に関連して、次のような事例にも注目したい。一九三九年以降、朝鮮では日本人中小商工業者が減少し、これに反して朝鮮人中小商工業者が増加するという現象が顕著になるが、商工会議所の会員数だけをみても、四一年には朝鮮人会員が五八パーセントに達するほど、中小商工業者の経済力は朝鮮人が優位を占めるようになる。ところで、日本人中小商工業者が減少し、朝鮮人中小商工業者が「驚異的」に発展したのは、どういう理由によるものなのだろうか。統制経済が強化されたためでもあるが、「朝鮮人は朝鮮人の商店で」という民族主義的な雰囲気が醸成され、日本人の商圏を蚕食したことも重要な原因である、と植民地権力は分析している[11]。この時期に朝鮮の戦時経済体制は自己完結的な生産構造へと転換し、自給自足化していく動きをみせるが、こうした朝鮮経済の離脱など、帝国日本の経済圏が急激に解体する傾向があったという指摘も念頭におくならば、朝鮮人の経済犯罪が民族主義的な情緒とむすびついて朝鮮人による中小商工業の発展をうながしていたと考えることも、さほど無理な話ではない。

日常的抵抗についての議論がやや長引いてしまったが、このように、抵抗と協力を対立的な概念とみることは困難だといわねばならないだろう。抵抗と協力の境界を行き来する行為は、戦時体制に入ると、いっそう日常的なことになる。抵抗行為のひとつの形態として注目されることもある流言蜚語の流布やビラ・落書きなどのような、「低い水準の抵抗」も同様である[12]。

私たちが抵抗の範囲を、民族主義の尺度のみを用いることで不当にせばめてきたとするなら、これに対応する概念としておもに使用される親日という概念もまた、相当な問題をはらんでいると考えざるをえない。収奪と抵抗の二分法的構図において、親日はおおよそ次のように用いられてきた。親日とは、主体的条件を喪失した盲目的・事大主義的な追従であり、さらには売国の意味までもふくむ概念だというのである[13]。このような形で親日という概念を用いると、李朝末期の親米・親露・親清、そして解放後の親米などの用語との区別がむずかしくなり、その歴史性を失うことになってしまう。同様に、親日という概念を事大主義とむすびつける発想は、ある種の被害妄想やコンプレックスのためだろうが、逆説的に朝鮮の近代民族主義のひとつの様相を見事に示してもいる。事大主義とは、現実をつくりだしていく概念であるとともに直接的な現実でもあるからである[14]。このように親日とは、民族主義的な発想に由来する概念であるため、感情的な怒りにもとづいているのみならず、外延がきわめて不分明であるというもろさもかかえている。民族反逆であれ、親日附逆であれ、あるいは附日協力といっても、曖昧であることに変わりはない。

このような曖昧さを避けるために、親日の概念を「協力」という概念に置き換えて理解する必要がある。協力という概念は、支配体制または支配戦略との連関のなかでのみ思考しうる概念である。また協力は、支配体制に変化をもたらしもする[15]。たとえば、一九二〇年代に自治制を実施するという総督府の戦略と自治運動は、相互作用しつつ影響力を行使していた。植民地を支配する勢力は、それに協力する勢力の効果がなくなったらば、協力のパートナーを変えなければならない。三・一運動以後の親日派育成政策と地方制度改正により導入される諮問機関の設置、そして三〇年代はじめの地方制度改正などは、協力体制のパートナーを変えようという政策の変化の過程であった。総督府によっていったん自治制の実施が撤回されるも、朝鮮人のあいだで自治制の発想は三〇年代を通じて絶えることなく維持された。にもかかわらず、三〇年代に自治運動を推進した勢力が大きな影響力を行使しえず消滅していったのは、協力政策の変化のためである。したがって、協力を植民地の伝統社会における既得権と関連づけて概念化する方式も、問題をはらんでいるといわなければならないが、こうした方式はあまりに広範なだけでなく、帝国主義が既得権勢力をすべて敵に回す理由もないことを考えれば、現実性も低いからである。

このような方式で抵抗と協力の構造を簡単に描いてみるなら、同化政策が推進されるなか、帝国日本は朝鮮人協力体制の構築を多面的にこころみるが、これによって朝鮮人の協力が構造化し日常化したといえる。これは構造的協力、あるいは日常的協力と呼べるだろうが、逆に協力体制が構造化し日常化するということは、完全な意味での同化体制が構築されなければ、むしろ多様な形の抵抗が構造化し日常化するということを意味するということでもある。支配体制に同調する様態と、その支配を内面化する様態には差異があるため、構造化された協力を、構造化された抵抗から完全に断絶させることはできない。つまり、同化または体制内化する姿をみせるということは、表面的には協力の様態を帯びつつ同調していくことのようにみえるが、それが支配を内面化することまでを意味しはしないのである。その意味で朝鮮の被支配民衆は、絶え間なく動揺しながら、協力し抵抗する両面的な姿をみせていたのではないだろうか。ここが、植民地認識のグレーゾーンが発現する地点である。

要するに、抵抗と親日の二分法は、一方で抵抗の範囲を不当にきりつめ、もう一方で抵抗と親日を直接対応させることで、植民地期の政治史の不在とも呼ばれるような政治史の貧困をもたらすことなった。このような現象は、ある意味きわめて逆説的だというしかないのだが、被植民地民のあらゆる行為が相当強い政治的意味をもつことが一般的なことだとしたら、いっそう理解しがたい。民族主義的な視点により、帝国日本の支配下にあった朝鮮社会が屈折した形で認識される現象の典型的なひとつの例だといえるだろう。

韓国の歴史学において政治史を構成する方式は、植民地支配期を経たために非常に大幅な屈折を経験しなければならなかった。先述のとおり、韓国の民族主義歴史学には、近代民族国家形成のための過程として植民地支配期を理解することにより、民族解放闘争を新たな国家形成のための運動と規定するという圧倒的な政治史優位の認識がある。とはいえ、そのような民族解放運動史中心の政治史理解は、民族主義というプリズムにのみ政治的行為を投射することで、あらゆる政治的行為を民族解放運動史にだけ集中させる役割に忠実であった。いい換えるなら、圧倒的な政治史優位の認識の枠組みをもっていたにもかかわらず、政治史の構成において貧困を免れがたい構造をもっていたわけである。

それゆえ、抵抗の行為を新たに概念化し、「政治史」を復元しなければならない。植民地支配期の政治史を正当に復元するために、私たちは「政治的なるもの」の意味を吟味しなければならない。植民地支配期の「政治的なるもの」とはなにか。植民地支配期に被植民地民の日常を構成するあらゆる行為が「政治的なるもの」たりうる。日常の領域は、私的なものと公的なものがまじりあっている領域である。私的な領域と公的な領域は、両者とも人間の欲求と性向を表に出すことのできる固有の生活領域である。しかし、公的な領域においては、私的な利害関係は後景に退き、共同の生に関わる問題だけが残る。日常の領域における「政治的なるもの」とは、まさに「公的なもの」である[16]。ゆえに、日常における「政治的なるもの」の意味構造を通じて政治史を復元する作業は、「公的領域」の意味を再解釈する作業とつながっている。

抵抗と協力が交差する地点に、「政治的なるもの」としての公的領域がある。私たちは、植民地支配下の公的領域の拡大を、地方制度の改正、すなわち地方選挙における参政権の拡大過程をみることによって検討することができる。一九二〇年代から三〇年代にかけて、帝国日本は地方制度を改正し、道協議会、府会、邑会、面協議会など、一連の諮問機関を設置して選挙をおこなった。国税納付を基準に選挙権と被選挙権を制限したため、朝鮮人の参与はきわめて制限的であった。一九三一年の状況をみると、選挙人名簿に記載された朝鮮人選挙権者は、府会、邑会、面協議会をあわせて三二万人であり、人口一〇〇人当たり一・六人にすぎず、朝鮮人の当選者一人が八三九人の朝鮮人を代表していた。棄権者は全体有権者の一四パーセントで、有権者の参与はかなり高かった[17]。諮問機関は、朝鮮人の自治要求や帝国議会への参政権の要求に対応するために設置された。しかし、諮問機関の設置がきっかけとなって――非常に制限された範囲とはいえ――地方選挙における朝鮮人の参政権が認められ、このようにあたえられた空間において、公共の問題提起を通じて公的領域が拡大していく現象を確認することができる。

一九三〇年代はじめに起こった京城地域の電気事業府営化運動を事例に、このことを検討してみよう。三一年から本格化した京城電気事業府営化運動は、電気をめぐる日常の地域的な利害関係にもとづき、京城府の財源確保とともに電気事業の公共性の拡大を目標にしていた。公共事業である電気事業を民間企業が独占し暴利をむさぼるのは不合理であるだけでなく、利益が日本に流出するため、府営化しなければならないというのが運動を推進する論理であった。また、運動の指導層は府会議員の一部と町洞〔2〕の総代だったが、府会がおもな活動空間だったことはいうまでもない[18]。一九三四年、釜山の朝鮮人府会議員が、朝鮮人の集住する貧村に道路を敷き、ゴミと糞尿も日本人と同じ水準で処理してくれるよう要求し、闘争したこともある[19]。このように、府会を通じて日常の利害関係を公共化しようというこころみがつづいていた。

これとはやや文脈が異なるが、各種の「大会」からも、公共領域の拡大を確認することができると思われる。一九二〇年代から三〇年代にかけて、道・府・郡・面などの行政区域を単位にして道民大会・府民大会・郡民大会・面民大会などの大会が開催されていたが、それがデモにつながる場合もあった。このような各種の大会は、地方行政に対するさまざまな不満や課税の公正さ、官庁の移転など、地域の利害がかかった問題を中心に、植民地権力や行政機関に対して請願をおこなう形をとっていた[20]。地方行政諮問機関ばかりでなく、民衆の自発的な大会も、日常の利害関係を共同の問題として提起していた。

植民地支配下だったとはいえ、参政権の拡大や地域民の自発的な発議によって、公的領域は拡大していたのである。そして、一部ではあれ公的領域の拡大を通じて日常における共同の問題を提起し、一定の影響を維持することができた。植民地認識のグレーゾーン、すなわち抵抗と協力が交差する地点に、「政治的なるもの」＝公共領域があったのである。私たちはこれを「植民地的公共性」と呼びたい。植民地的公共性は、植民地権力によって支配されており、それを転覆させる力はもっていなかったが、植民地権力との対峙線を引くことはできたし、日常において提起される共同の問題を通じて、政治の領域を拡大していたといえる。

このようにみるなら、自治運動は、帝国日本の支配下の政治史を構成するにあたって、ひとつの試金石となるだろう。自治運動は抵抗運動なのか、それとも協力運動なのか。ガンディーが率いたインドの国民会議は、自治を重要な運動の目標に掲げ、ついにはなしとげた。また、植民地台湾でも自治運動は相当な支持をえて推進された。インドと朝鮮の距離はどれほどのものだろうか。解放後の韓国では、自治運動を「民族改良主義」運動と規定しているが、これは民族主義の皮をかぶったひとつの変種のように登場したものの、実際は日本の植民地主義者の政治的道具になり、独立運動を否定するイデオロギーとして利用されただけだったと評価している[21]。このように自治運動は、民族改良主義と規定されることによって、民族主義運動でもなく、かといって協力としての意味も明確でない、なんともはっきりしないものになってしまった。自治運動を協力の形態と規定するとしても、その意味は時期によって変わるものだということを認めるなら、あえて民族改良主義という曖昧模糊とした形で規定する必要もなくなるだろう。

近代化と規律権力

植民地期の政治を復元し、公的領域の意味を再解釈する作業は、規律権力の問題とつながっている[22]。次に、全民族的抵抗と全民族的協力という二つの矛盾するイメージをめぐって展開される抵抗と協力の様相をみることによって、この問題に迫ってみよう。三・一運動にさいして帝国日本の警察は、朝鮮民衆の人心は予想以上に険悪で、貴賤貧富や老若男女の別なく皆が独立を望んでいるとみていた[23]。たしかに全民族的抵抗の姿である。このような観点から三・一運動を認識するのは一般化しているともいえるだろうが、この「全民族的抵抗」のイメージおよび三・一運動に対する観念は、とりわけ解放の前後にかけて、国家建設のイデオロギーを独占しようとする各政治勢力によって強調された面が強い。解放後、三・一節記念式をめぐって左右のイデオロギー闘争が激化したことや、さらに三・一節が祝日に指定されたことも、同じ発想に由来するものであろう。

しかし他方で、転向した社会主義者印貞植《イン・ジョンシク》〔3〕は、日中戦争以降朝鮮人は「民族としての転向」を敢行したと主張した。

今日の政治的態勢を大正八年〔一九一九年三・一運動—引用者〕当時のそれと比べてみるなら

ば、われわれはその天壌のごとき差異に驚かずにはおられぬであろう。個々の主義者が転向したのでなく一個の民族としての朝鮮人が忠実な転向を示したのである。ただ帝国の大陸政策に最後まで協同する忠実な国民としてのみ個々の朝鮮人の幸福と繁栄を期待することができ、したがって今日の朝鮮人の政治的路線とはこの道以外にありえないということを、かれらは事実このたびの事変において直観的に悟ったのである。かれらにこのような直観的自覚をうながしたのは、東亜の情勢に対するかれらの正確な観察ないし批判が原因ではなかった。……各自の地位が一歩一歩悪化するのでなく、むしろ向上していることを直覚した。[24]

つまりかれは、植民地支配を通じた日常生活の向上が民族としての転向の原因だと主張したのである。満洲侵略以降、満洲ブームへの朝鮮人ブルジョアジーの期待が朝鮮人の抵抗をぎりぎりまで弱めたとするなら、戦時体制期の大陸侵略にともなう福利の向上や繁栄を期待する朝鮮民衆の自発的な意思が内鮮一体の重要な契機となった、と印貞植は主張しているのである。

一方、このような認識の差異は、解放後の親日派の処断における論理の差を生む母胎となった。親日派処断の範囲を広範に設定すべきか、それとも狭めるべきかという点をめぐって論争が起こったのは、この問題とつながりがあるはずである。朝鮮のすべてのものが、政治的なものであれ経済的なものであれ文化的なものであれ、帝国日本的でないものはほとんどなかったといっても過言ではなく、朝鮮人のほとんどは、きわめて少数の革命的な分子以外は、程度の差はあれ、帝国日本に依存せずにはいられなかったほどに、帝国日本の根は深いと感じていた[25]。しかし一方で、南朝鮮過度立法議院〔4〕に上程された親日派・民族反逆者の処理に関する法案の草案が、その適用範囲はきわめて広く、制裁は三年間の公民権剥奪にとどまるというかなり寛大なものであったため、できればその適用範囲は相当せばめ、二〇年程度公民権を剥奪する制裁をくだすことによって一日も早く帝国日本の残滓を永遠に抹殺しなければならない、という主張もあった[26]。立法議院の草案は、附日協力者の規定において、洞長・里長・区長・班会長・町理事長・書記など、最末端の行政官吏をふくむ行政部門のすべての官公吏を処罰の対象としており、はなはだしくは日本人と結婚した者や、生活用語を常用化した者までも対象にふくめている。また、日本軍に志願従軍した者も、戦犯として処罰の対象とした。処罰規定として――処罰のあらゆる条項に最低刑を設ける――「以上主義」を採択し、附日協力者については三年以上一〇年以下の公民権の剥奪を規定した。実際に立法議院の草案が実現されることはまったくなかったが、適用範囲を広くし制裁を寛大にしようとする草案の立場は、帝国日本の根がきわめて深いという立場と無関係ではなかった。

帝国主義の支配は、一方的な収奪の過程なのか、それとも民衆の生活の向上をもたらすものなのか。どちらでもなく、植民地支配を通じた生活の向上を民衆が期待していたとみるべきだろうか。朝鮮民衆の実際的な生活は全体的に向上したのか、あるいは現実における生活水準の向上が、個々の主義者でなく、一個の「民族としての転向」を可能にするほどのものだったのだろうかという問題は、その問題の性格と同様に、微妙な地点に立っている。

それでは、植民地下における朝鮮人の実際の生活はどうであり、またどうであると感じられていたのか。植民地以前の時代、最低水準の経済のもとにあった人口の大多数の生活水準が、植民地支配下の近代的経済がもたらしたものより高かったと信じるのは「ロマンティックなノスタルジア」でしかない、というのが多くの研究者の結論である、と朴枝香《パク・チヒャン》はイギリス帝国主義研究の傾向を紹介しているが[27]、このような問題提起がきわめてイデオロギー的だという点は同じである。しかしながら、朝鮮の場合も、いわゆる「マルサス的状況」に対しては注意を払う必要がある。産業化以前の農業体制における農民の日常の生は、きわめて高い出生率と五〇パーセント以上の幼児死亡率、四〇歳未満の平均寿命、ほとんど毎年くりかえされる飢饉と周期的にくりかえされる餓死によって特徴づけられる[28]。前近代の朝鮮社会もこの例外でなかったとするなら、右の指摘は朝鮮社会においても妥当性をもつだろう。

現実としては、植民地下の経済成長にみられる計量的な側面は、さまざまな点において、ほかの国が経験したものと類似しているといえるだろう。朝鮮でも、ほかの植民地と同様に、全体的・個人的な生産が実質的に上昇する一定の傾向があり、これに急速な人口成長と都市化がともなったのである。しかし、朝鮮とほかの国の成長モデルには相違点がはるかに多かったが、それは極端な二重構造が創出されたという点である。生産と所得分配における二重構造は、朝鮮人の経済生活における深刻な分裂を半永久的なものにしたのである[29]。このように、植民地下の生活水準を測定することは、その二重構造のために偏差が大きくなりうるし、またそれだけにイデオロギー的でありうるのである。

当時、安在鴻《アン・ジェホン》〔5〕のような民族主義者は、朝鮮の発展が日本人を主人とした発展によるものであるため、郷土の主人である朝鮮人は完全に地位が逆転した立場にあるとみていた。日本人の発展と朝鮮人の衰退という対立関係の生長発展は、政治的に朝鮮人の上に君臨する日本官民の尊大な、または侮蔑的な態度とともに、朝鮮人に「表現されない怨嗟」と絶望的な暗黒心理をいだかせるというのである[30]。かれは、帝国日本の物質的な高圧政策はむしろ朝鮮人をさらに困窮させるが、それがやがて朝鮮人をして民族運動に熱狂的に向かわせるだろうと楽観してもいる[31]。民族主義者たちは、朝鮮人の物質的向上を認めはしなかったものの、植民地経済の総量的成長を否定することもなかった。したがって、植民地下の経済成長自体を否定するとか、経済の後退を想定するとかいったことは、事実に反するともいえる。この問題の鋭敏な側面をよく示している植民地官僚の回顧を引用してみよう。

朝鮮人の若い層のなかに「進歩派」というグループがあったのだが、会いたいという話がきた。警察当局はかれらを相当な色眼鏡でみていた。私はそんなことにこだわらなかった。公職にあった若い日本人同僚十数人とともにかれらに会ってみたところ、考えが私たちとは大ちがいだった。私たちは合邦前よりは朝鮮人の生活と教育が随分よくなり、より文化的になったのではないかといった。するとかれらは、物質的な幸福は第二、第三の問題だ。心の幸福を希望している。生活がたいへんでも、食糧が不足しても、自分の国は自分の手でやっていきたいというふうに迫ってきた。[32]

これは植民地に対するきわめて一般的な認識を示す例であるが、興味深いのは、朝鮮人の青年たちが植民地支配を通じて朝鮮人の生活と教育が進展したと認めていることである。このように、植民地主義がもたらした精神的な苦痛を除くなら、植民地支配を通じた経済的生活の向上という問題は、非常に両面的・論争的なものになるのである。帝国主義は、植民地の経済を世界経済に強力に統合しつつ、非常に不均等で複雑な経済的効果をつくりだすものだといわなければならないだろう。

しかしもう一方で、帝国主義者の政策の変化をふくむ認識の変化をみれば、朝鮮人の帝国主義に対する認識と現実の生活の変化との距離を測ることもできるだろう。例をひとつ挙げるなら、有名な親日派である金悳基《キム・ドッキ》〔6〕は、農村振興運動の成果をもとに朝鮮人に内鮮一体を強要する基礎ができたと判断し、これを土台に朝鮮に対する土地政策を変化させなければならないという果敢な主張を展開している[33]。つまり、帝国日本の植民地支配が相当な成果を収めたために、支配政策の変化を図ることができると考えていたのである。

このような植民地支配に対する認識の変化は、近代化とつながっていたが、近代化の進展は規律権力の問題を提起する。植民地期の初等教育と志願兵－徴兵制度の形成をみることによって、規律権力の問題にアプローチすることができる。まず、初等教育の形成について検討してみよう。一九世紀以降、近代国家は一般的に「非宗教的で無料の義務教育」を実施していた。近代国家は、初等教育を通じて児童に市民や労働者になるための基本教養を学習させ、国家の枠内で社会化させることで、究極的には国家の統合を目指していた。帝国日本による植民地支配下でも、初等教育は量的に拡大しつづけていた。植民地権力は一九一九年から三面一校制を実施し、三〇年代には三度にわたって初等教育拡大政策を実施した。二九年から三六年まで初等教育の拡大のための一面一校制(第一次計画)を実施し、三四年には簡易学校制を実施して、三六年から四二年までは第二次初等教育普及拡充計画を施行している。四二年には、四六年から義務教育制を実施すると発表した。

一方、一九二〇年代はじめから朝鮮人のあいだで強く起こりはじめた向学熱(教育熱)は、初等教育機関への入学難を深めたが、こうした朝鮮人の近代教育に対する熱望は、植民地権力の初等教育拡大政策とかみ合っていた[34]。各種の地方行政諮問機関においても、朝鮮人義務教育はもっとも重要な議題のひとつとして提起されていた。各種の諮問機関での会議において、国家の教育費予算の拡充、初等教育機関の増設、授業料の引き下げ、教育機会の拡大を通じて、究極的には早い時期での義務教育の実施を目指そうとした朝鮮人議員の発言は枚挙にいとまがない[35]。しかし、植民地下における朝鮮人の初等教育への欲求は、教育に対する民族主義的な熱望だけでは説明することができない。被植民地民の初等教育に対する欲求が、近代教育に対するものでもあったという点を考慮するなら、それが近代化の進展、すなわち伝統的な社会関係の解体過程とも無関係でないことがわかる。伝統的な社会のネットワークと人間関係が維持されているなら、近代教育に対する欲求は生じない。

しかしながら、教育の機会が拡大することで、教育はすぐさま規律権力化する。植民地期の近代的な初等教育は、同化−皇民化政策とどういう関係があったのだろうか。戦時体制期の皇民化政策は、朝鮮における民族集団の伝統的な生活様式とアイデンティティ、すなわち文化を体系的に破壊することによって、朝鮮人を帝国臣民として皇民化することを目的とするものであった。ゆえに、皇民化政策は、同化を目的とする民族抹殺（ethnocide）政策なのである[36]。ところが、初等教育の拡張は、ほかならぬ民族抹殺政策となじむものであった。帝国日本の支配下における初等教育の規律は、全体主義的な意識の訓育、権威主義的な位階意識の涵養、そして天皇制権力に対する宗教的な崇拝意識の強調によって編成されていた[37]。だとすれば、朝鮮人の教育に対する欲求は、まさに植民地規律権力と地続きだったともいえよう。

次に、いわゆる陸軍特別志願兵制度を検討してみよう。一九三八年から陸軍特別志願兵令が施行されると、多くの朝鮮人青年が軍隊に志願した。志願資格は一七歳以上の男子で、国民学校四年修了程度以上の学力を有し、品行方正にして志操堅固かつ家計が困窮していない者となっていたが、志願者は毎年激増した。三八年には二九六四人であったが、四〇年には八万四四四三人に、最後の年である四三年には一気に三〇万人に達した[38]。中流以上の家庭や金持ちの家庭からは志願者が全然でておらず、中等学校卒業者もきわめて少ないという批判が提起されていた。その代わり、自発的志願者よりは強制または功利的な動機による者や、種々の支援政策を期待して志願する者が多かったようである。これをみるに、志願兵制度は朝鮮人中・下層民の身分上昇の機会として利用されていたにすぎないといってもよかろう。もちろん、この機会は大きな危険をともなうものでもあった。しかし、一般的な協力の概念から考えるならば、日本軍に志願するという行為は、重要な協力のモチーフだったといわざるをえない。なぜなら、広く知られているように、志願兵制度は徴兵制度実施のための前段階としておこなわれていたからである。一九四三年の志願者数は、四四年と四五年の徴兵対象者の数とほとんど変わらないが、志願兵制を徴兵制のための準備だったとみなすのは、このような点からも妥当だといえよう。こうした身分上昇のための下層民の軍隊志願を、協力という地平からはどのように評価すればよいだろうか。朝鮮の大衆（下層民）は、少なくとも身分上昇のためなら、日本の軍隊に協調する行為にもためらいがなかったのである。帝国日本が徴兵制の実施とともに、朝鮮人に対して義務教育を一九四六年から実施し、参政権を一九六〇年から付与すると公言したのは、その代償であった。

志願兵―徴兵制は、真の日本人への要求、すなわち皇国臣民としての最高の義務であり、最高であると同時に公共性の顕示者としての帝国（国家）のための「最高の奉公」という意味をもっていた。朝鮮の民衆に対する帝国統治のヘゲモニーを貫徹していたのは、最高の、そして唯一の公共性を体現している帝国への奉公というメカニズムであったが、これは日常的な規律化を強要するのでもあった。近代的なヘゲモニーは、皇国臣民、つまり近代的な国民というよりは封建的な臣民のメカニズムを通して規律権力を強要するものであったがゆえに、互いに衝突する価値を内蔵せざるをえなかった。しかし、植民地権力はこのように公共性を媒介に私生活の領域に広範に浸透するようになるが、これが技術的近代の絶頂をなすことになる。

この点は、国民総力連盟における末端組織だった愛国班と仕奉隊という二つの次元の組織をみてもわかる。愛国主義や国民であることを強調する愛国班の組織は、国民を組織する方式の問題を提起しているが、個人を組織するのでなく、個人の集合である家を単位として家を組織することを標榜していたということは、大きな意味をもっている。家を単位とするのが「国民」であって、ここに近代的主体としての個人が入りこむ余地はない。国民は西欧的な意味における個人が主体となる市民によって構成されるのでなく、家の集団によって構成されるものであり、個人は家の一構成員として受動的で隠された存在にすぎない。ここで、国民は本来的な意味でのそれではなく、天皇またはは国体の対象としての前近代的な存在となり、したがって「皇国臣民」となるのである。臣民は国家という最高の公共組織に奉公することが求められ、このような過程を通じてすべての国民が規律化されるが、ここには同時に大いなる盲点があった。

結論にかえて

本章では、収奪論や植民地近代化論ではとらえられない植民地認識のグレーゾーンがもつ意味を追究してきた。つまり、日常的抵抗というカテゴリーを通じて植民地体制に対する抵抗の意味を拡大し、親日という概念を協力という概念へと転換することによって、恒常的な動揺とともに抵抗と協力の両面的な姿があったグレーゾーンを確認しようとしたのである。抵抗と協力が交差する地点、すなわちグレーゾーンは、「政治的なるもの」としての公的領域が存在する場でもある。植民地支配下においても公的領域は拡大しつづけていたものの、植民地権力の磁場から抜けだすことはできなかった。他方、そのような「植民地的公共性」は、近代化の進展とあいまって規律権力化していく。絶え間なく政治的領域の拡張をこころみながら、そうした努力を通じてすぐさま植民地秩序を維持・強化する権力に陥ってしまうという危機にさらされる二律背反の存在、それが植民地というものなのではないだろうか。

だが、植民地の認識において私たちは、民族主義と近代化という二つの問題意識を乗り越えているだろうか。この問題と対決するためには、今後どのような課題を追究していかなければならないだろうか。「内部植民地」の存在と「意識の植民地化」が投げかける問題意識を通じて、今後の課題を提示してみようと思う。植民地においてヘゲモニー的な支配は存在するだろうか。それが存在するとしたら、ヘゲモニーを構築する主体はだれか。協力者か、帝国主義者か、それとも反帝の空間で活動するなんらかの主体か。申起旭《シン・ギウク》がこれを重層的植民地関係と呼び、内的植民地を分析の対象とすることを提案したのも、同じ論理的文脈から理解することができるだろう[39]。これは重層的なヘゲモニーが存在したということを問題にするのであるが、微視的・具体的な支配の過程を考察しないかぎり、的確にとらえにくい問題であることはまちがいない。このヘゲモニー的支配と重層的植民地関係という問題意識を追究していくには、植民地期における中間支配層の存在に注目しなければならない。帝国日本は、朝鮮に対する言説の発話において、朝鮮内部の差異を否定した。とりわけ朝鮮人の中間支配層と民衆、そして村落と個人、動員と抵抗のあいだをつらぬくヘゲモニーに対しては無関心だったのである。

日本人は、朝鮮の民族性が停滞的・固着的・事大的だという認識をもっており、朝鮮を文明化するのは「日本人の責務」だと主張した。また、朝鮮人の民族的特性として、無気力さや女性性なども強調した[40]。このような日本人の朝鮮認識は、帝国主義の「東洋」認識そのものである。西欧へのコンプレックスに満ちていた後進帝国主義日本の朝鮮に対するこうした認識を、「二重のオリエンタリズム」と呼ぶことができよう。

のみならず、これは意識の植民地化とつながっている問題だったといえる。支配的な勢力が自己の世界観、自己の文化的規範と価値を——植民地化された——人民におしつけ、その人民が外来の思考体系をおのれのものとして受け入れ、それによって土着の文化とアイデンティティが無視、あるいは軽蔑されるようになることが意識の植民地化だとすれば、意識の植民地化とは、文化的な従属や植民地的アイデンティティの持続をもたらすものだといえるだろう。さらに、意識の植民地化は、被抑圧者に支配文化に対する同化の政治をもおしつける[41]。植民地主義の意識体系と言説から脱植民地化・脱中心化する作業が課題になるのはそのためである。ただ、帝国主義的な知識と権力の一方的な統制でなく、あくまでも相互連関のなかで植民地と帝国主義を理解しなければならない。被支配者のアイデンティティが支配者によって形成されたものだとするなら、支配者もまた植民地の従属民という他者を通じて自己を構成していった。支配者と被支配者は、互いを他者として認識していたが、その他者がなければ自己を認識することのできない運命に否応なく直面するのである。

原注

1 代表的な韓国現代史の概説書である姜萬吉（カン・マンギル）の『고쳐 쓴 한국현대사（書きなおした韓国現代史）』（改訂版、창작과비평사（創作と批評社）、一九九四年）からも、私たちはこのような認識論的二分法の構図をみてとることができる。第一部の植民地期の叙述は「植民地支配と民族解放運動の推進」という支配と抵抗の両軸で構成されているが、第一章「植民地統治」、第二章「民族解放運動」、第三章「植民地収奪経済」、第四章「植民地文化政策と抵抗運動」と、章の構成においても支配と収奪、抵抗運動を交差させている。韓国と北朝鮮の分断を克服する統一時代の歴史認識を強調してきた著者のこのような植民地認識が、現在の韓国歴史学界の認識水準を代表するものである点に異論はないだろう。

2 解放後の南朝鮮における民族主義歴史学の議論の枠組みについては、盧泰敦（ノ・テドン）「해방후 민족주의사

학론의 전개（解放後における民族主義史学論の展開）」『한국사를 통해 본 우리와 세계에 대한 인식（韓国史を通じてみた私たちと世界に対する認識）』（풀빛（プルピッ）、一九九八年）を参照。

3 배성준（ベ・ソンジュン）「식민지근대화 논쟁의 한계 지점에 서서（植民地近代化論争の限界地点に立って）」『当代批評』一三号、二〇〇〇年。これと関連する最近の議論として權泰檍（クォン・テオク）「근대화、동화、식민지유산（近代化・同化・植民地遺産）」（『韓国史研究』一〇八号、二〇〇〇年）、並木真人「植民地期朝鮮政治・社会史研究に関する試論」（『朝鮮文化研究』六号、一九九九年）を参照。

4 曺秉相（チョ・ビョンサン）「지원병을 아들로 두어（志願兵を息子にもって）」『朝鮮』一九四〇年三月号。曺秉相は、有名な「親日分子」として灰色分子の存在をあきらかにしてはいるが、灰色分子は親日派に変わっているといい、その存在を積極的に認めたわけではない。ここでは親日分子の例を挙げたが、ほとんどの民族運動家たちも二分法的な認識の例外ではなかった。妥協運動や「親日運動」から大衆が遊離し、非妥協的な抵抗運動に加わっていくだろうという楽観的認識が、抵抗言論の主流であった。

5 一九九〇年代以前の民族運動研究におけるこうした傾向については、次の研究史の整理を参照されたい。歴史問題研究所『쟁점과 과제 민족해방운동사（争点と課題、民族解放運動史）』歴史批評社、一九九〇年。

6 善生永助『朝鮮の犯罪と環境』朝鮮総督府調査資料第二三輯、一九二八年、一—二一頁。

7 「朝鮮に於ける経済統制並にその違反現状に就て」朝鮮総督府法務局『経済情報』第九輯、一九四三年、二四一—二五〇頁。

8 朝鮮総督府法務局『経済情報』第九輯、一九四三年、一—一七頁。

9 前掲「朝鮮に於ける経済統制並にその違反現状に就て」。

10 服部伊勢松「経済警察の強化と国民の協力」『総動員』一九四〇年七月、四七—四九頁。

11 前掲「朝鮮に於ける経済統制並にその違反現状に就て」。

12 卞恩眞（ビョン・ウンジン）「일제 전시파시즘기（1937-1945）조선민중의 현실인식과 저항（日帝戦時ファシズ

ム期（一九三七〜四五年）における朝鮮民衆の現実認識と抵抗）」（高麗大学校博士学位論文、一九九八年）を参照。

13 林鐘國（イム・ジョングク）『친일문학론（親日文学論）』平和出版社、一九六三年、一五一一八頁。

14 事大関係とは、いわゆる朝貢−冊封を特徴とする前近代の中国的世界秩序をいう。したがって、中華秩序の一部分と理解することができる。事大関係の現実と理念については、김한규（キム・ハンギュ）「전통시대 중국 중심의 동아시아 세계질서（伝統時代における中国中心の東アジア世界秩序）」（『歴史批評』二〇〇〇年春号）を参照。ゆえに、歴史的概念としての事大関係を事大主義と規定し、民族性理論とつなげた植民史学〔7〕の概念化作業が批判の対象となるのは当然のことである。しかし、事大主義を弱者が自主性をもたずに勢力が強い国に仕えることで自己の存立を維持せんとする傾向だととらえ、資本主義世界体制の支配−従属関係にまで延長して超歴史的概念として使用するのも、また脱歴史的であり、概念駆使においても恣意的だといわざるをえない。

15 協力の概念については、朴枝香（パク・チヒャン）『제국주의：신화와 현실（帝国主義——神話と現実）』（서울대학교출판부（ソウル大学出版部）、二〇〇〇年）を参照。協力の概念を用いて一九二〇年代の政治史を分析した研究としては、김동명（キム・ドンミョン）「1920 년대 식민지조선에서의 정치운동 연구（一九二〇年代の植民地朝鮮における政治運動の研究）」（『韓国政治学会報』第三二輯三号、一九九八年）、同「1920 년대 조선에서의 일본제국주의의 지배체제의 동요（一九二〇年代の朝鮮における日本帝国主義の支配体制の動揺）」（『日本歴史研究』第八輯、一九九八年）がある。

16 公的領域と私的領域に対する問題意識は、ハンナ・アーレント『人間の条件』（志水速雄訳、ちくま学芸文庫、一九九四年）の第二章を参照。

17 朝鮮総督府内務局『改正地方制度実施概要』一九三一年、一三二一三二七頁。

18 金済正（キム・チェジョン）「1930 년대 초반 경성지역 전기사업 부영화운동（一九三〇年代前半の京城地域における電気事業の府営化運動）」『韓国史論』四三号、二〇〇〇年、一三五一一九二頁。

19 孫禎睦（ソン・チョンモク）「1930 년대의 지방제도 개정과 지방자치의 실제（一九三〇年代の地方制度改正

と地方自治の実際）』『韓国地方制度・自治史研究（上）』一志社、一九九二年、二九三―二九七頁。

20 한상구（ハン・サング）「일제시기 〝시민대회〟의 전개 양상과 성격（日帝時期「市民大会」の展開様相と性格）」全国歴史学大会報告文、二〇〇〇年。

21 姜東鎮（カン・トンジン）『日本の朝鮮支配政策研究』東京大学出版会、一九七九年、三七九―三九九頁。植民地支配下においても、自治運動は、おもに帝国日本に対する非妥協的運動と相反する妥協的運動だと考えられ、改良主義的な性格が強い運動だと批判されていた。とはいえ、自治と参政権の拡大が、はっきりと区別・理解されていたわけではない。自治運動が広がれば参政権も拡大していき、それにより選出された各種の協議員と道評議員、その他の公職者級の人物の大部分がこれに加わっていくだろうと予測するなど、自治運動を参政権の拡大と関連づけて理解する場合もあった。この公職者たちは、相当な財力を利用して各々の地方に多少の地盤をもつことができた人物であったが、その地方的利権を利用すれば、妥協運動、すなわち自治運動の中堅勢力となるだろうとみられていたのである。安在鴻（アン・ジェホン）「조선 금후의 정치적 추세（朝鮮の今後の政治的趨勢）」『朝鮮日報』一九二六年一二月一六日～一九日付社説（『民世安在鴻選集』第一巻、知識産業社、一九八一年、一八七―一九六頁）。

22 規律権力の問題意識は、フーコーから借りたものである。植民地権力は、被植民地民を統治の対象と認識しつつも、みずから植民地的秩序を維持・再生産する主体へと被植民地民をつくりかえようとしていたのである。この概念を植民地朝鮮社会に適用した例としては、金晋均（キム・チンギュン）・鄭根植（チョン・クンシク）他編『근대주체와 식민지 규율권력（近代主体と植民地規律権力）』（文化科学社、一九九七年）を参照。

23 「斉藤総督、最近における朝鮮の情勢」一九一九年九月一〇日。姜東鎮前掲『日本の朝鮮支配政策研究』（二一頁）より再引用。

24 印貞植（イン・ジョンシク）「동아의 재편성과 조선인（東亜の再編成と朝鮮人）」『三千里』一三一号、一九三九年四月。

25 李北満（イ・ブクマン）「조선의 민주화와 일제잔재의 숙청 문제（朝鮮の民主化と日帝残滓の粛清問題）」『새한민보（セハン民報）』一～五号、一九四七年八月。
26 林光浩（イム・グァンホ）「친일파 민족반역론자（親日派民族反逆論者）」『白民』一九四七年九月。
27 朴枝香前掲『제국주의：신화와 현실（帝国主義――神話と現実）』、二九一頁。
28 Jean-Pierre Warnier, *La mondialisation de la culture*, La Découverte, 1999（주형일（チュ・ヒョンイル）訳『문화의 세계화（文化の世界化）』한울（ハンウル）、二〇〇〇年、一〇九―一二八頁）。
29 徐相喆（ソ・サンチョル）「일정하 한국경제의 성장과 이중구조（日政下韓国経済の成長と二重構造）」『3・1운동50주년 기념논집（三・一運動五〇周年記念論集）』東亜日報社、一九六九年、八七三―八八四頁。
30 安在鴻「소위 '정신적 병합' 문제（所謂「精神的併合」問題）」前掲『民世安在鴻選集』第一巻、三一八―三二〇頁。
31 安在鴻前掲「조선 금후의 정치적 추세（朝鮮の今後の政治的趨勢）」。
32 半井清元総督府学務局宗教課長の回顧（『東亜日報』二〇〇〇年八月八日、「元朝鮮総督府幹部肉声記録主要内容」から引用）。
33 金憲基（キム・ドッキ）「호남지방의 농산업과 총후의 임무（湖南地方の農産業と銃後の任務）」『自力更生彙報』第六五号、一九三九年二月。
34 오성철（オ・ソンチョル）『식민지 초등교육의 형성（植民地初等教育の形成）』（教育科学社、二〇〇〇年、三一一―一二〇頁）を参照。
35 ひとつの例を挙げると、京畿道会の一九三六年の会議録のうち、第五回会議はおもに教育についての議題をあつかっているが、朝鮮人議員は執拗に義務教育に関する問題を追及している。「第四回京畿道会会議録」『일제하 지배정책자료집（日帝下支配政策資料集）』高麗書林、一九九二年、一六七―二〇一頁。
36 植民地はもちろん、そもそも近代国家の形成というものは、少数民族の抹殺によって生みだされたものである。

近代国家は、地方的文化と言語を体系的に抹殺することで民族を統合しようとしたのである。Warnier 前掲『문화의 세계화（文化の世界化）』、八九－一〇八頁。

37 오성철（オ・ソンチョル）前掲『식민지 초등교육의 형성（植民地初等教育の形成）』、三二五－三六八頁。

38 朝鮮総督府情報課「志願兵から徴兵へ」『朝鮮事情資料』第三号、一九四四年。志願兵についての研究としては、宮田節子『朝鮮民衆と「皇民化」政策』（未来社、一九八五年）、崔由里（チェ・ユリ）『일제 말기 식민지 지배정책연구（日帝末期における植民地支配政策の研究）』（国学資料院、一九九七年）、卞恩眞前掲「일제 전시파시즘기（1937-1945）조선민중의 현실인식과 저항（日帝戦時ファシズム期（一九三七～四五年）における朝鮮民衆の現実認識と抵抗）」などを参照。

39 申起旭（シン・ギウク）「식민조선 연구의 동향（植民朝鮮に関する研究の動向）」『韓国史 市民講座』第二〇集、一潮閣、一九九七年、五〇－五一頁。

40 朝鮮総督府『朝鮮人の思想と性格』調査資料第二〇輯（一九二七年、四五－一一六頁）を参照。

41 この点については、강정인（カン・チョンイン）「서구중심주의에 대한 시론적 고찰（西欧中心主義に対する試論的考察）」（慶南大学校極東問題研究所『한국과 국제정치（韓国と国際政治）』二〇〇〇年春号）を参照。

訳者注

〔1〕日本の被差別部落民にあたる「賤民」階級である白丁が階級の打破などを掲げて展開した運動。一九二三年に衡平社が組織されることによってはじまり、一時は四〇万人の会員を擁したが、内部の左右対立、帝国日本の弾圧などにより、三六年に大同社と改称し、会員の経済的権益の確保を目指す運動へと変貌していった。

〔2〕行政単位としての町洞は、朝鮮総督府が土地調査事業の推進とともに一九一四年から実施した行政区画改編によって新たにつくられたものである。日本式の町名が導入されるなど、内地の町制にしたがっておこなわれ、既存の共同体のあり方に大きな影響をあたえた。こうした行政区画の改編の問題については、尹海東『지배와 자

치：식민지기 촌락의 삼국면구조（支配と自治――植民地期の村落の三局面構造）』（歴史批評社、二〇〇六年）を参照。

〔3〕印貞植（イン・ジョンシク、一九〇七―？）は、平安南道龍岡郡出身の社会主義者である。法政大学で学びながら、高麗共産青年会の日本総局で働いた。マルクス主義の社会経済学にもとづいて、おもに朝鮮の農業や土地問題を研究した。一九三八年に逮捕されるが、転向宣言をして釈放された。その後、「内鮮一体」の具現と東亜協同体の建設を主張するようになる。解放後、左翼系列の民主主義民族戦線などで活動し、朝鮮戦争が勃発すると、北朝鮮へ越境した。印貞植とその思想に関する具体的な研究としては、趙寛子『植民地朝鮮／帝国日本の文化連環――ナショナリズムと反復する植民地主義』（有志舎、二〇〇七年）、洪宗郁『戦時期朝鮮の転向者たち――帝国／植民地の統合と亀裂』（有志舎、二〇一一年）などを参照。

〔4〕一九四六年秋、米ソ共同委員会を通じた統一臨時政府樹立へと向かう動きのなかで、米軍政が南側の代表機関とすべく設置した機関。左右合作派が主導したが、米軍政の政策が単独政府樹立へと変化するなか、これといった力を発揮することはできなかった。詳細はブルース・カミングス『朝鮮戦争の起源』第一巻（鄭敬謨・林哲訳、シアレヒム社、一九八九年、三三二―三四三頁）を参照。

〔5〕安在鴻（アン・ジェホン、一八九一―一九六五）は、京畿道振威郡（現平澤市）出身の民族主義運動家である。ソウルのＹＭＣＡで学び、一九一一年には早稲田大学に入学した。『時代日報』や『朝鮮日報』などで主筆を務め、左右合作の民族協同戦線を標榜する「新幹会」の創立（一九二七年）にもたずさわった。その後、民族主義的な学術研究を目指す「朝鮮学運動」を牽引しながら、歴史研究に尽力した。解放後は新民族主義を提唱した。

〔6〕金悳基（キム・ドッキ、一八九〇―一九五〇）は、江原道襄陽郡出身で、平安北道警察部の主任および高等課長、平安北道参与官、産業部長、農商部長などを歴任した。親日警察として独立軍の逮捕と弾圧に従事したことにより、一九四九年に死刑宣告を受けるが、翌年釈放された。

〔7〕植民史学とは、戦前に帝国日本によっておこなわれた朝鮮史研究の暴力性やイデオロギーを批判する概念であ

る。主に一九六〇年代から唱えられたが、戦前の朝鮮史研究の特徴として「日鮮同祖論」「停滞性論」「他律性論」などが指摘された。そして、こうした植民史学を乗り越え、民族とその歴史の主体性を回復することが、韓国歴史学界の課題として設定された。尹海東は、このような認識そのものがむしろ近代歴史学の枠組みを強化するだけでなく、民族主義の呪縛からも自由でないということを批判し、新たな歴史学の認識論を模索している。この点については、尹海東『근대역사학의 황혼（近代歴史学の黄昏）』（책과함께（チェククァハムケ）、二〇一〇年）、同『탈식민주의 상상의 역사학으로（脱植民主義想像の歴史学へ）』（푸른역사（プルン歴史）、二〇一四年）などを参照。

第三章　親日と反日の閉鎖回路からの脱出

ある種の集団的な想像の失敗を通じてわれわれは、われわれの過去からの出口について
決して単純に考えることはできないということを学んだのだ。
——サルマン・ラシュディ『真夜中の子供たち』

日帝の残滓をだれが粛清できるというのか。家々に倭習がそのまま残っており、人の頭のなかはまだ完全に清潔でないまま、街には汚物塵芥のような日帝の残滓がごちゃごちゃと散らかっているのに、いったいだれがそれを粛清できるというのか。

自分の頭のなかと自分の生活のなかに染みこんでいる日帝の残滓なのに、

だれが粛清できるというのか。

――呉基永《オ・ギヨン》「DDTと日帝残滓」『新天地』第二巻第七号、一九四七年八月

盧武鉉とウェーバー――責任倫理の世界、そして「親日」

盧武鉉《ノ・ムヒョン》の大統領当選〔二〇〇二年〕を目の当たりにして、私はだしぬけにウェーバーを思い浮かべた。それは、責任倫理あるいは責任政治への期待のためであった。ウェーバーは、政治家の資質として大義への献身や情熱がもっとも重要だと考えたが、それによって提起される政治と倫理の関係について思い悩んだ。かれはまず、政治の「倫理的故郷」は結果を重視しない倫理、すなわち絶対倫理となることはできない、と考えた。ウェーバーは、行為者の責任を否定する信念倫理よりも自身の行動の結果に責任を負う責任倫理が優先されなければならない、と考えた。もちろん、信念倫理と責任倫理は相補的な関係にあるのだが、最終的な行為の結果に対する責任をかれはより重視した。責任倫理は、人間の平均的な欠陥に対する考慮の上に、そして手段が目的を正当化することはできないという信念の上に構築されるべき政治家の基本的な倫理だと考えたのである[1]。

政治は、道徳的で倫理的な人間のみを対象とする行為ではない。むしろ、道徳的でない人でもよ

き市民になることができるようにする公的な行為が政治である。したがって、政治と道徳の領域は異なるものであり、政治と道徳は分けなければならない。政治的な行為と判断を可能にする「妥当性」の根拠を問うべきなのは、こうした政治の性格のためにほかならない[2]。その意味で、政治の道徳化ほど危険なことはない。極端にいえば、無能で腐敗した政治よりも道徳にかたよる政治のほうがはるかに危険であり、ひいては致命的なものになりかねない。だが、この二つの類型の政治的経験が朝鮮の近代史を貫いていたという事実は否めない。

王朝国家と植民地支配、冷戦の経験の上に築かれた二〇世紀朝鮮の政治秩序のなかで、政治指導者たちの政治的な歩みは、責任倫理とは程遠いものであった。いわゆる「親日」の問題を責任の問題として提起すべきなのは、「親日」行為もまたある種の「政治的なるもの」としての政治行為とつながっており、責任の問題とつながっているとみることができるためである。政治行為としての「親日」行為とは、帝国主義支配の統治行為に対する「協力」行為を指すものにほかならない。「親日」という範疇がかかり合いにならざるをえないあいまいな批判と犠牲者意識から抜けだすためには、帝国主義支配に協力した行為に対して明白な政治的責任を問い、そこから犠牲者を分離しなければならない。帝国主義支配下の政治的責任を問うことと、そこから犠牲者を分離することは、信念倫理に立脚した規範的・道徳的責任の追及と、その一体の責任から免れている民族的・集団的「無罪」主張を両極端に分かつ回路から抜けだすことを意味する。

それゆえ、政治的な協力行為に対する責任を追及するためには、まず民族的同一性から抜けださなければならない。韓国民族という規範的集団から抜けだし、確実にはっきりと政治的な協力行為に対する責任を問い弾劾すること、それこそがこれからの課題にならなければならない[3]。その意味で、政治的責任の追及がすべて「親日行為」に免罪符を付与しようとすることでないことはあきらかである。もう一度いうが、「親日派清算」を語ることが信念倫理の次元においてなされるとしたら、さらにそれが現実の政治的志向を反映しているとしたら、そのような行為そのものが非常に大きな危険性をもっているということを自覚しなければならない。

私たちは、いまだに植民地支配の過去からの脱出口を見つけあぐねている。過去に対する厳密な思考だけが、過去から自由になる唯一の出口となるだろう[4]。植民地は、抑圧的な支配と経済的な収奪体系として成り立っているという至極当然の前提にもかかわらず、今まで親日に対する厳密な認識のための努力や思考は存在しなかった。しかし、こうした至極当然の前提について、今や問わなければならない。私たちの目標は、あまりにも見慣れた諸前提を見慣れないものにすることである。植民地は、文字どおり帝国主義の支配を想定するものであるにもかかわらず、これまでは、一国的思考の枠組みのなかで国民国家的システムとして思考されてきた。いわば、植民地の認識における「自己欺瞞」状態に陥っていたのである。

親日−反日（抵抗）という二項対立の形でひとつの時代の歴史を理解することができるだろうか。二項対立の図式には、具体的な歴史のなかで人間の生の営みについて語れることはさほど多くない[5]。今私たちに必要なのは、一般的な規定や独善ではない。そうではなく、社会的な疎通と論争が必要である。論争は学問を学問として成立させる社会的な可能性の出発点である。ただし、その論争が論争として成立するために、理性的であるべきである[6]。

「過去清算」としての「親日派清算」について

「過去清算」としての「親日派清算」については、長く経ち陳腐になった、しかし「風聞でのみ」伝わってきたにすぎない思いこみが存在する。波乱万丈の朝鮮近代史を彩る転換の曲がり角のたびに、いつも「過去」はきちんと「清算」されなかったし、その「清算されなかった」過去のはじめには、微温的な親日派清算が居座っているのである。その上、親日派を清算しそこなって「民族の精気」は深刻に毀損され、このようにかけちがえた最初のボタンは「正義」に適わず、腐敗し歪んだ社会を構築する原形となり主犯となった、というのである。こうして、親日派清算はすでに道徳的な定言命令となった。しかし、この道徳的な定言命令は、新しい世紀がはじまった今もなお有効だろうか。その道徳的命令は、いったいなぜ幽霊のように韓国社会を徘徊しているのだろうか。その幽霊は、親日派が清算された暁にはほんとうに消え失せるのだろうか。ところで、「親日派」とはだれで、「清算」は可能なことなのだろうか。その幽霊を呼び寄せるには、まず「親日派」がだれで、「清算」とはなんなのかについて考えてみなければならない。

「親日派（pro-japanese）」という語は、きわめて感情的であいまいである。よって、恣意的な適用が可能な概念である。親日とは、日常から政治・社会・イデオロギー的な次元に至るまで、あらゆる審級において自由に用いることができる概念なのである。たとえば、無意識的な次元の親密感から帝国日本の商品を使う行為、帝国日本の統治に消極的・積極的に協力する行為、経済的な「買弁」行為、政治的な宣伝や売国的な行為に至るまで、任意に適用しうる。では、だれが親日派なのか[7]。

また、「過去」は「清算」の対象になりうるだろうか。人間には、忘れ、離れ、滅ぼしてしまいたい過去がどれほどあるだろうか。しかし過去は、人間が清算し、きれいに決別できる、そのような対象ではない。ただ人間は、自身の過去を克服し、癒し、補償し、復旧する（redress）ことができるだけである。だとすれば、「親日派清算」という定言命令は、任意的で恣意的な対象に対する不可能な行為のことを指し示すものであり、道徳的な慰めを得るためのものにすぎないのではないだろうか。

親日言説の分析が必要なのはまさにそのためである。本章では、暫定的ではあるが、時間的な展開にともなう「親日」言説の変化について考えてみたい。三・一運動前後の時期までは、おおよそ売国奴、倭奴、回し者といった具体的な対象を指し示す語がおもに用いられたが、親日という概念語が包括的な語として定着していたわけではなかった[8]。親日という語が用いられるとしても、大部分は官僚や警察など帝国日本の支配機構に包摂されていた人びとのみを対象としていた[9]。こうした状況は、植民地期を通じてつづいていた。

解放後は、売国奴、(附日)協力者、戦犯、民族反逆者あるいは反民族行為者といった語が、親日という語とともに混用された。解放後の用語使用でとりわけ目立つのは、「民族」反逆あるいは反「民族」という語が広く用いられたということである。そうして、「親日」と「(附日)協力」、民族反逆あるいは反民族という語を区分しようとする努力もつづいていた。民主主義民族戦線〔民戦〕〔1〕の規定によれば、「親日派」とは「日本帝国主義に意識的に協力した者」を総称する概念であり、「民族反逆者」は親日派のなかでも極悪な部分を指すものと制限している[10]。民戦のこの規定が、「民族」の範疇を用いて「協力」者を定義しようとした最初のこころみだったと思われる。

次に、一九四七年三月、過渡立法議院に提出された草案では、「親日派」を附日協力者、民族反逆者、戦犯の三つの「協力」者に細分・定義している[11]。戦犯を親日行為のひとつに挙げたことは進展した認識であるが、附日協力者と民族反逆者の範疇区分があいまいである。さらに「日本または自己の利益のために同胞に害を及ぼした悪質行為をおこなった者」を附日協力者と規定し、民族集団を基準とするのみならず、恣意的な適用を可能にした。最終的に四八年九月、「反民族行為処罰法」が制定され、親日行為は「反民族」行為に収斂した[12]。このように、種々の「協力」行為がすべて親日という概念へと収斂するのは、「反民特委」〔反民族行為特別調査委員会〕の決定以降のことだと思われる〔2〕。親日という語は、侵略者あるいは帝国主義支配国家としての日本を対象化することができてはじめて可能な概念となるためである。民族という範疇が立てられてはじめて範疇化することができる概念が、「親日」にほかならない[13]。その意味で、親日という語を植民地支配の全期間にわたるあらゆる協力行為を包括して用いることは、歴史的リアリティという面からも問題がある。

「忘却」のための「協業」——記憶の抑圧のために

ここからは、植民地の記憶に対する「積極的忘却（positive amnesia）」と「消極的忘却（negative amnesia）」の協業について述べたい。これは、親日派清算の議論の前提を見慣れないものにするためである。韓国の場合、植民地の記憶に対する抑圧の様態があらわれたのは、国家の樹立をめぐる葛藤のためであった。このような抑圧の様態は、二つの形であらわれたが、それは第二次世界大戦後の民族主義一般の構造から生じたものであり、南と北のケースも例外ではない。

まず、積極的忘却は、国家主導の「定型化された記憶」の構造のうちに典型的にあらわれる。反植民地闘争を通じて成立したにしろそうでないにしろ、「独立国家」が出現するさい、しばしば植民地の過去を忘却しようとする欲望がともなうのはきわめて自然なことである。こうしたポストコロニアルな記憶喪失は、新たに出発しようという意欲や新たな歴史をみずから創案しようという衝動によって、植民地支配にはじまるもろもろの苦痛の記憶を消し去ろうとする欲求としてあらわれる。とくに韓国では、反民特委の活動がきちんとおこなわれることなく、協力の嫌疑のある富裕層が大挙して支配階層に編入された。それにより、「協力」行為の処理は、「現実」から急速に「歴史的対象」へと再編された。そうして、国家主導の主流的な歴史叙述において、帝国主義支配下の「協力」行為は、国家樹立と関連の少ない時期、すなわち植民地への「併合」に関わる対象にのみ局限された。

次に、消極的忘却について。歴史は、単純な意志によって自由に選択することのできるものではない。植民地の遺産から抜けだすための熱望が、かえって支配の記憶を抑圧したり記憶をよみがえらせることに失敗したりすることもめずらしくはない。ここでいう消極的忘却とは、反主流的な立場から親日派清算を主張してきた議論にみられる忘却の構造を指す。反主流的な立場の親日派の議論においても、同じように定型化された記憶の構造がみられる。一九八〇年代後半以降にようやく本格化した「親日派清算」の議論は、社会の民主化のための実践的目標のもとで国家のアイデンティティを問題とし、もうひとつの「神話」的な議論構造を形成していった。いわゆる「親日派」は、目的にしたがって選択され、道徳的な唾棄の対象となって「民族」から追放されたのであり、ほかのあらゆる灰色の日常は歴史から排除された[14]。

抵抗の記憶を特権化することは、帝国主義国家だとしても例外ではない。戦後フランスは、対ナチス協力者たちを歴史から消し去り、ヴィシー政権を単なる傀儡に転落させることによって、レジスタンス運動を神話に仕立てあげる執拗な努力をくりかえしてきた。しかし、神話があらゆる現実的な問題を解決してくれるものではないという事実は、忌むべき隔世遺伝子的な喚起作用によってくりかえされてきた。その代表的な事例が、一九七九年に社会的問題となったいわゆるフォーリソン事件である[15]。

積極的忘却と消極的忘却は、このように帝国主義支配下の記憶の抑圧のために協業してきた。植民地支配の記憶はすべて——国民国家の樹立をめぐる方式のちがいがあるだけで——「民族」の歴史のために服務すべきだという点で、この二つの忘却の方式は協業の形をとったにすぎない。一見対立的な二つの議論の構造において深刻な共通性がみられるのは、その対立が「民族」と国家権力という同一性によって形成されているためである。権力をめぐる対立は、権力という絶対的同一性を共有しているため、協業をすることが一方では当然だともいえる。このように、「民族」の歴史を根拠とした二つの議論の構造は、ひとつの閉鎖回路を構成している。どちらかひとつの立場からは、この閉鎖回路を抜けだすことはできない。

同一性イデオロギーとしての同化政策と「協力」

「親日派清算」という道徳的な定言命令は、「協力者の行為に対する責任」を問うものとして読み替えることもできる。いい換えるなら、帝国主義の併合、植民地支配、帝国主義戦争など、帝国主義の諸般の植民政策と関連してなされた統治行為への「協力」行為に対して、その責任を問うべきだということである。しかし、「協力」行為について語る前に、まず協力行為が生じる社会的状況について知らなければならないだろう。ここからは、日本帝国主義の植民政策における重要な特徴としての同化政策についてまず考えてみたい。

同化政策の核をなすのは、被支配者を支配者と同一にみたり、同一なものにしようとしたりする同一性イデオロギーである。一視同仁や内鮮一体というスローガンによくあらわれている同一性イデオロギーは、支配を愛といいつくろうことによって、かえって被支配者の憎悪を誘発することもある[16]。しかしそれよりも、同一性イデオロギーのうちに隠されている暴力性と抑圧性、そしてそれによって誘発される否定的な効果にもっと注目するべきである。異質な他者を支配しながら同一性を支配の核心に掲げるということは、他者の異質性をそのまま認めないという決意をあらわすものである。これは、他者の他者性を否定することにほかならない。このように、同一性イデオロギーの暴力性は、どんな物質的な暴力よりも暴力的である。

ところで問題は、同一性イデオロギーの「暴力」が招く否定的な効果は、それよりもはるかに大きく増幅するということである。支配イデオロギーとしての同一性イデオロギーは、被支配者がそれにどう対応するかを決定する。同一性イデオロギーは、被支配者の集団的な対応において凝集力を高めるのにも寄与するだろうが、被支配者の模倣的な属性をいっそう強めることもある。こうした面は、植民地支配下の文化的な相互作用の過程によくあらわれる。帝国日本は、朝鮮支配政策の究極の目的として、文化的同化（assimilation）を掲げたが、文字どおり片方の文化を一方的に抹殺し吸収することで同化がなされるのではない[17]。

帝国日本の同化政策に直面した植民地朝鮮の文化的な対応のあり方は、相互敵対と欲望の混合として成り立つものであった。植民地の文化変容は、帝国主義に対する強烈な敵対を土台にしているが、基本的に近代的欲望によって成り立つものであった。これを私たちは「敵対的文化変容」と概念化することができる[19]。植民地文化の雑種性（混成性）を云々するのもこのためである。これを考慮するなら、植民地文化の純粋性を強調することは、帝国主義支配の経験そのものをなかったものとすること、すなわち帝国主義支配の経験に対する記憶を抑圧することでしかない。

帝国主義の同化政策は「近代化」を強要するが、その強要された「近代化」はふたたび朝鮮の「伝統」を規定する機制として働いた。「創られた伝統」とは、こうした近代化と伝統の相互作用を意味するものにほかならない。また、すべての近代的制度には両面性がある。道路と都市の事例によってこうした特性をよく理解することができる。近代化と進歩の象徴としての道路、すなわち鉄道・新路・港湾などをふくむ文明の血管としての道路は、空間の固有性をうすめ、文化的な多様性を均一化するという点において、収奪的で破壊的である。都市の発達も、近代人を養成し人間の固有な生のあり方を破壊した。都市と道路は、「進歩の住処」としての役割を担った反面、被植民地民の欲望の排出口にもなった。被植民地民は、道路と都市を通して近代的な欲望をあらわそうとしたのである。

このように、あらゆる近代的制度は、あるいは近代は、それ自体として両面的である。近代とは、それ自体の名のもとで野蛮であると同時に解放的でもある。植民地下の近代的な側面には、すべてこうした両面性がある。植民地の近代的な収奪のメカニズムとしてとりあげられる教育、病院なども同じではないだろうか。植民地は、被植民地民の一方的な犠牲のなかでつくられたものである。しかし、被植民地民もまたそれを受容、転用し、専有しようとした。さらに、帝国主義の属性は、国民国家一般と同じく拡張的であり、再領土化する。これにしたがって、あらゆる植民地も再領土化する。絶え間ない再領土化の境界のなかで、植民地は帝国主義に対しても積極的に反作用する。

朝鮮人の言葉、行為、生、思考、そして政治社会的制度は、すべて帝国主義の支配によって汚染された。朝鮮人の言葉のうちに、このような近代的・帝国主義的な文法から抜けだしているものがあるだろうか。民族、国粋、国家、独立、歴史、主体、経済、社会、文化、統一などなど。朝鮮のあらゆる制度と日常のなかで、こうした汚染から自由なものがあるだろうか。汚染されたものはすべて、抵抗の武器として用いられうるものであったし、また積極的に利用された。否、そもそも武器はただあたえられたものであった。あらゆる抵抗が近代の名のもとにおこなわれたことは、まさにこのためなのである。

こうして、強い凝集力と模倣性を土台にして、同一性イデオロギーで武装した「抵抗民族主義」が登場することになる。この抵抗民族主義は、同一性イデオロギーとしての同化政策に対する積極的な対応の産物であった。さらに、抵抗民族主義の目標は、近代的制度で武装して近代的国民国家を樹立することであって、汚染の産物でもあった。しかし、こうした汚染は必然的に省察を要求する。このように、自身について省察する行為をもってはじめて「脱植民地化」と呼ぶことができるだろう。

多様な「協力」の形

では、協力とはなにか。協力（collaboration）という語は、これまでも附役や附日協力という形で用いられてきたが、論者によっては、「民族反逆者」をふくむ上位概念あるいは集合概念として規定しようとするこころみもあった[20]。こうしたこころみもまた、親日のもとにほかの下位概念を収斂しようとした解放後の傾向とかけ離れたものだとはいえない。だが、協力は帝国主義支配との相互作用のなかでのみとらえることができる概念である。帝国主義の植民地支配を一方的な作用とだけとらえようとするのは、時代錯誤である。

さて、協力という行為を植民地朝鮮社会の内部で確認してみよう。まず、社会的なるもの＝社会の国家からの分離の過程と内容はどのようなものだったのかを考えてみなければならない。一九二〇年代以降、植民地朝鮮では、社会的なもの、すなわち下位社会の領域は、少なくとも六つに分離する。行政官僚的な領域、経済的な領域、宗教的な領域、文化的な領域、集合的運動の領域、下位地域的な領域である。前の二つの領域は、国家からの分離がまだ疑わしい部分ではあるが、徐々に内部で分化していた。のこりの四つの領域は、一九二〇年代以降にはっきりと分化しているが、それもまた、三〇年代以降には激しく変化する。具体的にみてみよう。

①行政官僚的な領域──なかでも、行政諮問機関と公共の領域として装われた準官僚的領域の独自性を想定しうる。②経済的な領域──地主的・産業資本的な領域を確認することができるが、これは明確な利益集団としての形をとってもいる。③宗教的な領域──天道教とキリスト教（新教、旧教）は、三・一運動を契機に浮上し、仏教・儒教は、集合的形態としては支配体制に包摂されたが、その他の無数の新興宗教が新しい領域を構成してもいる。④文化的な領域──言論、出版部門と教育部門、その他さまざまな文化部門における独自の分離を設定しうる。⑤集合的運動の領域──「市民運動」の公的性格と政治的抵抗の領域を設定しうる。政治的抵抗の領域は、大衆部門の獲得をめぐって競いあうことになるのだが、これまでおおよそ三種類の政治的な傾向があったとされてきた。ブルジョア民族主義右派、社会主義、左右協同戦線の領域である。⑥下位地域的な領域

——地域共同体の分化と相まって、地域の中間支配層が主導する自律的領域を設定しうる[21]。こうした社会の領域的分化は、当時の朝鮮人たちも意識していたし、分化によって生じる問題に積極的に対処しようとした[22]。

もちろん、いずれの領域も理念型に近いものだが、このような社会的な領域の分離ははっきりと進んでいた。ここで設定した社会的な領域とは、日常において政治的な性格を喪失した領域である[23]。しかし、あるきっかけで私的な特性が公的なものとして浮上する瞬間、つねに「政治的なもの」とぶつかってしまう。ここに、公然たる抵抗の領域と協力の領域が分離するということを想定することができる。協力の問題が、植民地支配の性格と植民地社会の存在条件をとらえるのに決定的な重要性をもつのはこのためである。それとともに、「国家」を認めず、「対案の国家」の樹立を目標とする部分社会の対応は、抵抗へとつながった。その根底には、異民族支配に対する原初的な拒否感があった。

一方、社会の領域的な拡張は、個別性と自律性を高める機能を果たすが、それは社会領域に新たな要素を追加するのみならず、諸要素の配置を新しい形へと変化させる。植民地支配下の協力の可能性とその性格の解明は、このような国家と社会の分離、社会の領域的な配置の変化とつなげてこそなしとげられるのである。

同化政策の展開と「協力」の時期区分は、このような社会の分離によってはじめて明確になる。一九二〇年代、社会の分離を通じて、すでに多様な協力の形があらわれていた。いわゆる「民族改良主義」や資本の「買弁性」を議論することが、まさにどのような「協力」があらわれたかを指し示すものであろう。一九三七年以降、総力戦体制下の総動員政策が展開すると、朝鮮は「内部植民地」とでもいえるような状況へと転換していく。国民精神総動員朝鮮連盟や国民総力連盟などの総動員団体が、行政組織と併せて職域組織を「各種連盟」という形の下位組織へと包摂することは、社会の分化を背景におかなければ理解できない[24]。こうして、朝鮮社会のあらゆる下位部門は、統治行為に対する「協力」へと追い立てられていった。ここに「戦争犯罪」がふくまれていることはいうまでもない。こういう状況なのだから、個別的に抵抗したり逃避、隠居などの形でこれを避けたりすることは、すでに大きな意味をもちえなくなっていたといえよう。

このように、帝国主義支配下の「協力」とは、社会的なるものの政治的なるものへの転換の過程において、どうしても直面しなければならなかった政治的行為のひとつの様態を意味するものにほかならない。

「責任」とはなにか

ここまで「忘却のための協業」について語ってきたのは、「責任」とはなにかを明確にするためであった。責任を問うには、まず主体について語らなければならない。さらに、主体を語るには、自由について語らなければならない。自由は、責任を前提とする概念である。逆に、自由がなければ責任もない。だとすれば、必然的に規律権力について問いなおさなければならない。完全な国民にも完全な敵にもなることができない人間の存在を問題とするとき、私たちは主体としてのあり方を考えなければならない。ゆえに、民族としての同一性を前提にすると、主体を想定することはきわめてむずかしい。

主体に対して責任を問うということは、他者をどのように設定するのかという問題でもある。民族主義的、あるいは国家主義的な認識の枠組みのなかでは、絶対的な他者が設定されている。絶対なる他者の設定は、主体の否定につながる。あらゆる相対的な関係が消滅することにより、結局、もっとも非倫理的で非主体的な状態へと帰結するのである[25]。積極的忘却は、こうした状態から生じるものであろう。それに挑戦する陣営は、認識の枠組みにおいて相対的な他者を設定する。しかしながら、民族という絶対者に主体を帰属させるという点では、前者と同じである。また、こうした帰属の形には、つねに危険がともなうことになる。二項対立の世界、すなわち道徳化された主体には、道徳化された他者しか存在しないからである。ここから消極的な忘却が生じる。このような状態で責任を問うのは至難の業である。

では、協力に対する責任とは何か。ドイツの哲学者ヤスパースは、ドイツの戦争責任を議論し、「戦争の罪」を四つの次元に区分した。国際法の違反による「刑事上の罪」、国民一般に関わる「政治上の罪」、そして「道徳上の罪」と、戦争のなかでも生き残ったという「形而上学上の罪」である。もちろん、帝国主義の侵略国家であったドイツの戦争犯罪と、植民地朝鮮の協力をめぐる犯罪を同一の次元で議論することはできない[26]。しかしながら、この四つの次元の罪を植民地朝鮮の文法におき換えて読むことは不可能ではない。ここからは、これを次の四つの次元での植民地支配に対する「協力の責任」におき換えて読んでみたい。実定法に違反した法的責任、政治的行為をめぐる政治的責任、道徳的責任、そして形而上学的責任である。

併合、植民地支配、戦争という三つの局面をもって植民地期における協力の様相を分けることができるなら、それぞれの責任はより明確になる。まず、併合の責任は、王朝の併合と戦争の遂行への「協力」に対して積極的に問うことができるだろう。王朝の滅亡が近代国家への移行をさまたげたという点で、その責任はやや政治的であるが、究極的にその責任は専制王権に問うしかない性質のものである。したがって、これを除外してみるなら、戦争に対する協力は、究極的には国際法的な責任の対象となりえるだろう。

植民地下の政治的責任は、もう少し重層的である。あらゆる政治的な行為にともなうのが政治的責任だとすれば、植民地支配下の政治的な協力行為には、すべて大なり小なり政治的責任を問うほかない。そこには政治的な追及と弾劾がかならずともなうべきであろうが、一律的に責任を問うことができるわけではない。

委任されていない権力は道徳化する。植民地支配下の朝鮮人たちは、制度によって「国民」と呼ばれなかった。とはいえ、朝鮮人たちを「民族」と呼ぶための装置は、イデオロギーあるいは規範しかなかったため、それはつねに必然的に規範化した。民族の名のもとに問う政治的責任は規範化せざるをえないし、それによって政治的責任は規範的責任とつながらずにはいない。ゆえに、当為としての定言命令かつ歴史的責任になる運命をかかえているのである。しかし、政治的責任とは、規範的次元に立つことのできるものではない。韓国において、道徳的責任は歴史的責任の形で語られる。歴史的責任とは、累積的な進歩の歴史のなかで問いなおすべき責任であり、進歩の障害をとり払う責任である。ゆえに、歴史の名のもとに問う政治的・規範的責任は、つねに道徳的であり二項対立的である。

　形而上学的責任は、生き残った者の恥である。それは羞恥や恥に関わっている。その意味で、あらゆる罪と責任は、根本的に形而上学的である。羞恥と恥にもとづかない政治的・道徳的責任は、「暴力」になるのにおあつらえ向きである。「自分の頭のなかと自分の生活のなかに染みこんでいる日帝の残滓」を、だれが「粛清」できるというのか。生活と頭のなかの日帝の残滓を意識せずに政治的協力の責任を問うならば、それは必然的に暴力化する。規範や道徳では政治的責任を問うことはできないからである。

　抵抗しなかった責任はないのか。転向しなかったならば責任はないのか。ファノンが「革命の責任」を問うたとき、まさにこのようなことを指摘したにちがいない[27]。あの革命の熾烈さのなかでも問いなおさなければならないのが責任なのだとすれば、植民地下の日常のなかでの形而上学的責任はあきらかである。羞恥という感情のうちには、他者に向かって開かれた、そして他者に依存せずにはいられない個別者の存在のあり方があらわれている[28]。この羞恥や恥にもとづく形而上学的責任は、帝国主義支配に対する政治的な協力行為を追及し弾劾するために、そしてそのような政治的な協力行為から自己をはっきりと分離するために必要な意識だといえよう。

「責任」を問う「清算」へ

「親日派」の「清算」が、「民族」という曖昧模糊とした対象への帰属意識と忠誠の誓約を強要するためのものだということを認めるべきである。だとすれば、親日派清算はもうやめるべきである。日本の帝国主義支配に対する「日常」的な「協力」が、現代韓国社会の植民地主義的な状況を再生産している主犯だということが理解されうるだろうか。ならば、「協力」行為に対する「清算」は、もっと根本的で徹底的に遂行されるべきである。もう一度清算という言葉を使うべきだとすれば、その清算は「責任」の問題に帰さなければならない。

このように、親日－反日の二項を対立させる図式は、それこそひとつの神話にすぎない。そもそも、ある概念化の方式が神話として機能するとき、その神話としての機能を再生産するために負わなければならない負担はつねに大きい。なぜなら、神話にはその正当化のために払わなければならない犠牲がつねに存在するからである。今や、この正当化のための犠牲の祭儀を、これ以上引きずることはやめるべきときが来ているのである。

原注

1 マックス・ウェーバー『職業としての政治』脇圭平訳、岩波書店、一九八〇年。

2 ハンナ・アーレントやユルゲン・ハーバーマスなどの政治哲学者たちが、政治的判断理論にもとづいて政治的市民としての存在条件をくりかえし問うのは、このような理由のためである。代表的なものとして、ハンナ・アーレント『カント政治哲学の講義』(ロナルド・ベイナー編、伊藤宏一訳、法政大学出版局、一九八七年)、김선욱(キム・ソンウク)『한나 아렌트 정치판단 이론（ハンナ・アーレントの政治判断理論）』(푸른숲（プルンスップ）、二〇〇二年)、ユルゲン・ハーバーマス『事実性と妥当性——法と民主的法治国家の討議理論にかんする研究』上・下（河上倫逸・耳野健二訳、未来社、二〇〇二・二〇〇三年）を参照。

3 酒井直樹「제국주의의 부끄러움에 대하여（帝国主義の恥について）」『기억과 역사의 투쟁（記憶と歴史の闘争）』当代批評特別号、삼인（サムイン）、二〇〇二年、一九–二九頁。帝国日本の犯罪行為に対して政治的責任を正確に問うことは、国民主義的な論理に立ち入ることができてはじめて可能となるだろう、と酒井は指摘している。

4 Leela Gandhi, *Postcolonial Theory: A Critical introduction*, Columbia University Press, 1998（『포스트식민주의란 무엇인가（ポストコロニアリズムとは何か）』이영욱（イ・ヨンウク）訳、現実文化研究、一九九九年、二二頁）。

5　二分法的な単純化はいわゆる「思考の緊縮」とつながっているという指摘も、この点と関わっている（冨山一郎『전장의 기억（戦場の記憶）』任城模（イム・ソンモ）訳、이산（イサン）、二〇〇二年、一四八―一五一頁を参照）。どのような社会現象も、二つに分割することはできない。二分法的な単純化という思考の緊縮は、親日と反日という二項対立の図式にすべての犠牲者をひっくるめることで、二項の図式の外にいるあらゆる朝鮮人を親日行為の犠牲者に化けさせる。このような犠牲者意識は世襲されるが、こうした「世襲的犠牲者意識」は、親日についての神話を増幅させる役割を果たす。イギリスの社会学者ジグムント・バウマンは、ホロコーストに対するユダヤ人たちの記憶の「神聖化の過程」を、こうした「世襲的犠牲者意識」を根拠として批判している。バウマン・林志弦（イム・ジヒョン）「〈대담〉‘악의 평범성’에서 ‘악의 합리성’으로〈対談〉「悪の平凡さ」から「悪の合理性」へ」（『当代批評』二〇〇三年春号）を参照。

6　その意味で、二〇〇二年九月に『한겨레（ハンギョレ）新聞』紙上でいわゆる「親日派清算」をめぐって数回にわたっておこなわれた学界の論争は、争点をはっきりさせるだけ広く深く進められたわけではなかったものの、注目に値する。

7　解放後の「親日」研究の先駆者とされる林鐘国（イム・ジョングク）は、「親日文学」とは、本来的には「韓国文学がもつべき主体的な条件を喪失しない範囲内で好意的に日本を表現した文学」と定義することができるが、社会的通念としては「親日」が「主体的条件を喪失した盲目的・事大主義的追従」という意味で用いられているため、自分もまたそのような形で親日文学を定義する、と述べている（『친일문학론（親日文学論）』平和出版社、一九六三年、一五―一八頁）。主体を想定することができる条件がどのようなものなのかということを除くとしても、林鐘国は「親日」というカテゴリーをみずから混乱させてしまった。また、主体的条件を仮定することができるとしても、規定におけるあいまいさと恣意性が消えるわけではない。このように、「親日」という用語は、はじめから日本に対する対他的同一性、とりわけ民族的同一性と「主体」を条件として想定することにより、その適用における恣意性を宿命としてかかえて生まれたといえるだろう。主体の設定の条件については、後

述することとする。

8 帝国日本の支配下でもっとも自由な言説を駆使することができた上海臨時政府の機関紙『独立新聞』をみよ。「七可殺」として挙げられたのは、敵の首魁、売国賊、密告者、親日官僚、敵の官吏となった者、不良の輩、謀反人である(『独立新聞』一九二〇年二月二日)。一九一九年創立の義烈団が挙げた暗殺対象も、朝鮮総督府以下各組織の高官、軍首脳部、台湾総督、売国的親日派の巨頭、敵の密偵、反民族的土豪劣紳である。ここでも、親日というカテゴリーは、官僚や職業的「親日」分子といった部分的な対象のみを包括しているにすぎず、そのほかは具体的な行為にもとづいて対象を指摘している。

9 一九二三年、満洲で活動していた独立運動団体である新韓独立党が作成した親日派の名簿でも、巡査、面長、面書記、郡守など、七千余名を親日派に挙げている(「7천여 명의 친일파(七千余名の親日派)」『東亜日報』一九二三年三月一二日)。

10 民主主義民族戦線「친일파 민족 반역자의 규정(초안)(親日派民族反逆者の規定(草案))」『民主主義民族戦線結成大会議事録』一九四六年(『'남로당' 연구자료집(「南労党」研究資料集)』第二集、高麗大学校亜細亜問題研究所、一九七四年)。民戦では、八・一五以前の民族反逆者だけでなく、解放以後に民主主義の建設を破壊、妨害する者もここにふくまれると規定している。ここから、「民族」のカテゴリーが、拡大しているとともに戦略的に用いられていることがわかる。

11 「부일협력자 민족반역자 전범 간상배에 대한 특별법률조례 초안(附日協力者・民族反逆者・戦犯・奸商輩についての特別法律条例草案)」『남조선과도입법의원속기록(南朝鮮過渡立法議院速記録)』第三六号、一九四七年三月一七日(『남조선과도입법의원속기록(南朝鮮過渡立法議院速記録)』第二巻、善人文化社、一九九九年)。

12 よく知られているとおり、一九四八年三月に制定された「国会議員選挙法」では、親日と関連する選挙権と被選挙権の制限を最小限にすることにより、協力行為に対する処罰を源泉的に制限している(「국회의원선거법(国会議員選挙法)」(一九四八年三月一七日)『군정청법령법(軍政庁法令法)』民族文化、一九八三年)。

13 林鍾国は、「韓国語を除くすべての観念、これを私は解放後に得たし、民族という観念も解放後に芽生えた考えであった」と告白している（「自画像」林鍾国前掲『친일문학론（親日文学論）』、五―六頁）。その意味で、民族というカテゴリーをそれなりに確定させ、民族主義がイデオロギーとして存在するようになったのは、解放後のことだとみるべきであろう。親日という用語が、解放後にようやく通念として確定されることも、これと関連している。今後、具体的な親日言説に対する分析が必要なのもこのためである。

14 「親日派」に関する研究史を整理したものとしては、Koen De Ceuster, The Nation Exorcised: The Historiography of Collaboration in South Korea, *Korean Studies*, Vol. 25, No. 2, 2001 を参照。ケステールは、主流的な歴史叙述に挑戦する新たな親日派研究の傾向も、主流的な歴史叙述の抵抗民族主義を基盤とする民族アイデンティティを問題としないため、同じく親日派を歴史から追いだしてしまったとみている。それゆえ、民族主義的なパラダイムはまったく挑戦を受けなかった、というのである。これらの「修正主義者」は、民族の霊魂を浄化する第二のお祓い(exorcist ritual) を執りおこなったにすぎない。

15 リヨン大学の文学担当教授であったロベール・フォーリソンは、ナチスの捕虜収容所の存在に疑問を投げかけ、一般的にドイツの一方的な悪行とみなされていたユダヤ人の「ショアー」(悲劇) を相対的な反応だとし、社会的な物議を醸した。その一方で、フォーリソンにも表現の自由があたえられるべきだとする嘆願書に署名したアメリカの著名な自由主義者ノーム・チョムスキーは、その後、フランスの指導的な知識人たちから完全に無視されるようになった。このようなフランス社会の閉鎖性も、抵抗の特権化の過程と無関係ではないだろう（チョムスキー、ドゥニ・ロベール、ヴェロニカ・ザラコヴィッツ編『チョムスキー、世界を語る』田桐正彦訳、トランスビュー、二〇〇二年を参照）。

16 柄谷行人「日本植民地主義の起源」『ヒューモアとしての唯物論』(筑摩書房、一九九三年）を参照。柄谷は、同一性イデオロギーを核心とする日本の植民地政策の起源を、アメリカの植民地政策に見出そうとしている。

17 二つの文化（あるいは文明）の接触の過程で文化的な変動が起こるのだが、植民地支配もまた、異なる二文化の接触の過程であり、その過程で文化の変容（acculturation、接変）が起こるようになるという点では、一般的な文化の接触の過程と変わらない。また、帝国主義の文化がもつ圧倒的な物理的優勢のため、二文化の建設的な融合（fusion）や、第三の文化の形成としての融和（deliquesence）は期待しにくいのも当然のことである。

18 Gandhi 前掲『포스트식민주의란 무엇인가（ポストコロニアリズムとは何か）』、一三―三八頁。

19 これは、朴煥斌（パク・ファンム）が概念化したものを借用したものである（「'제국' 일본과 '민국' 한국의 역사학적 교차로（「帝国」日本と「民国」韓国の歴史学的交差路）」歴史フォーラム発表文、二〇〇一年五月）。

20 김민철（キム・ミンチョル）「지금 친일파 청산을 거론하는 이유（いま親日派清算を論じる理由）」『歴史批評』二〇〇二年夏号。

21 こうした社会の分化の状況については、帝国日本の警察も鋭敏に観察・注視していた。たとえば、一九二〇年代初頭の朝鮮の治安状況に対する警察の内部報告から、すでに社会の分化に対応しようとする意志を読みとることができる（朝鮮総督府警務局『朝鮮治安状況』高麗書林、一九二二年版を参照）。一九三〇年の同じ報告は、①行政官僚的な領域――「政治運動」、②宗教的な領域――「宗教および類似団体の状況」、③文化的な領域――「学生の思想傾向」あるいは「文芸運動」、④集合的運動の領域――「社会主義運動」「民族運動」「民族社会主義両主義運動の合流」、⑤下位地域的な領域――「事件の各地域波及状況」と分類することができる。帝国日本のとり締まりも、社会の分化に対応する形でおこなわれていたのである（朝鮮総督府警務局『朝鮮治安状況』高麗書林、一九三〇年版を参照）。

22 たとえば、一九三〇年、『朝鮮日報』は、朝鮮の社会問題に対応する方策を社会の各界の人士が集まって議論する座談会を開催し、それを特集として掲載している。このときの分類も、右の分類から大きくはみ出るものではなかった（「조선문제의 전개책（朝鮮問題の展開策）」『朝鮮日報』一九三〇年一月一日〜三日）。

23 植民地において、国家の政治的統合は源泉的に排除されていた。基本的な政治的参与すら認められていなかったからである。しかしながら、社会が分化することによって、社会の統合という課題は――たとえ植民地社会だとしても――ようやく必要条件として浮上することとなった。

24 連盟所属の愛国班は二万四二九四個、連盟員数二五万一五四六名であり、学校をふくむ各種連盟所属の愛国班は三七一四個、連盟員数一〇万六二九八名に至っている。行政組織によって組織されることのなかった人びとは、各種連盟という職域連盟を通じて動員の対象となった（国民精神総動員忠南道連盟『国民精神総動員連盟要覧』一九三九年）。

25 柄谷前掲「日本植民地主義の起源」を参照。

26 カール・ヤスパース『責罪論』橋本文夫訳、理想社、一九六五年。ここでの議論は、柄谷「責任の四つの区別と根本的形而上性」（『倫理21』平凡社、二〇〇〇年）から大きく示唆を受けている。

27 冨山前掲『전장의 기억（戦場の記憶）』、二一八―二二五頁。

28 酒井前掲「제국주의의 부끄러움에 대하여（帝国主義の恥について）」を参照。

訳者注

〔1〕一九四六年二月に朝鮮共産党の主導のもと、南朝鮮のあらゆる左翼系政党および社会団体を呼び集めて結成した団体。呂運亨（ヨ・ウンヒョン）、朴憲永（パク・ホンヨン）、許憲（ホ・ホン）、金元鳳（キム・ウォンボン）、白南雲（ペク・ナンウン）の五人の議長を中心とし、四〇〇名近い議員で構成されていた。民族主義右派陣営と対立する一方、モスクワ三国外相会議で信託統治が決定されると、それを支持する活動を展開した。一九四六年五月の朝鮮整版社通貨偽造事件などによって朝鮮共産党が弾圧の対象となると、その勢力も次第に弱まっていった。

〔2〕一九四八年八月、韓国国会は「反民族行為処罰法基礎特別委員会」を立ち上げ、翌月には「反民族行為処罰法」を制定した。その後、「反民族行為特別調査委員会」（通称「反民特委」）が設置され、帝国日本の植民地朝鮮支配に直接・間接に関わった人物たちを調査・逮捕する活動をおこなった。しかし、李承晩政府の非協調的な態度

や、暗殺の脅威などにより、調査活動は蹉跌をきたした。結局、一九四九年三月の国会フラクション事件によって「反民特委」にたずさわっていた若い議員たちがスパイの嫌疑で逮捕され、六月に警察が事務室を襲撃する事件が発生すると、「反民特委」は事実上消滅し、五一年二月には「反民族行為処罰法」までもが廃止された。

第四章　植民地官僚からみた帝国と植民地

植民地官僚研究、なにが問題なのか?

冷戦の解体以後、近代帝国主義史研究の一国主義的な偏向を克服して帝国をその全体構造からとらえようとする新たな研究傾向が登場した。いわゆる帝国史（Imperial History）研究である。帝国史研究は、帝国対植民地、あるいは植民地対植民地という二項対立の構図にもとづくこれまでの傾向を批判する。帝国史研究の問題意識は、近代帝国が二つの相反する力によって構成された超領域政治体だと規定することから出発する。近代の帝国は、植民地を外部とみなし、同時にそれを内部化しなければならないという二つの矛盾した力によって構成されるというのである。帝国史研究の問題意識の核心は、帝国が中心と周辺、そして両者をつなぐトランスナショナル（transnational）な力と装置によって形成されるというところにある[1]。

一方、植民地研究でも、その一国史的な傾向を批判する新たな研究が台頭している。「植民地近代」(Colonial Modernity／Colonial Modern）論である。植民地とは、近代世界体制の下位体制として、文化的な交流と融合および同化がもっとも活発に起こる体制である。それゆえ、逆説的なことに、植民地体制は国民国家体制を構成する出発点としての位置を占めるが、国民国家的パースペクティブだけではその属性を考えることがむずかしい体制だともいえる。西欧——または日本——と植民地は、同時的に発現した近代性のさまざまな屈折を表現しているのであり、近代はもはや特定の地政学的位置にのみ結びつけうる対象でもない。それゆえ、あらゆる近代は、すべからく植民地近代である。これは、植民地が一国的で持続的な政治・経済・社会の単位をもつのではなく、帝国の一部であったということ、したがって帝国と植民地は相互作用するひとつの連関した世界を構成していたということを意味する[2]。

要するに、グローバル時代に新たに台頭している帝国および植民地研究の新しい傾向である帝国史研究と植民地近代論は、いずれも従来の一国主義的な視角を批判し、グローバル近代性（global modernity）を解釈の出発点としつつ、近代のトランスナショナルな状況と力を問題意識の基礎とするという共通性をもっているといえる[3]。ただ、すみずみまで細かく検討してみると、今までの帝国あるいは植民地研究において、植民地官僚[4]に対する関心はきわめて低調なばかりでなく、それに関する研究成果もやはりかなり不振だといわなければならない。これはなぜなのだろうか。大きく三つの層位からその理由を検討することができると思われる。

第一の層位は、近代歴史学一般の認識論に由来するもので、歴史認識の対象または方法に関わっている。今さら指摘するまでもないが、西欧から東アジアに流入した近代歴史学は、おおむね一国史を単位とし、それを民族史の観点から理解するというところに特徴があった。そして、既存の帝国主義史や植民地史研究もまた、このような特徴を共有してきた。これまでの日本近代史および朝鮮近代史研究のほとんどは、帝国と植民地が別個の対象であるかのように、しかも帝国や植民地が一国史的な次元で作動してきたかのように想定しながら、各々の時代を解釈しようとしてきたのである。帝国史研究においては植民地が不在であり、植民地研究からは帝国が消え失せることによって、「植民地なき帝国」または「帝国なき植民地」といった認識が当然のように受け入れられた。植民地に独自の「民族経済」、さらには「民族文化」の存在を設定しようとしたこころみを、その典型的かつ極端な事例として挙げることができるだろう。植民地研究において「政治史」、あるいは「社会史」が失踪したことも、こうしたことと無関係ではあるまい。

第二の層位は、一般化された植民地認識論に関わるもので、植民地理解の図式性に由来する。脱植民地期における植民地研究がおもに侵略史、ないし収奪の歴史対抵抗の歴史という二分法的な図式によっておこなわれてきたという点については、今さら指摘するまでもないだろう[5]。植民地の理解における二分法的な図式は、侵略の主体を「日帝」と称することによくあらわれている。もちろん、日本「帝国」を侵略の主体として設定することも可能だろうが、それが説得力をもつのは非常に制限的な場合だけである。植民地朝鮮を研究対象とするとき、日本の帝国主義より、朝鮮総督府または朝鮮総督府の抑圧機構に焦点をあわせたほうが、はるかに説得力が高いことが多いからである。日帝という一塊の権力的主体を想定しようとすると、権力機構内部の亀裂や葛藤に注目することができなくなり、植民地の具体的な状況を見失うことがしばしばある[6]。このように、帝国、または帝国主義という巨視的な主体のみを侵略の当事者と理解すると、植民地官僚は、そうした巨視的主体の元凶か、あるいは道具としてしかみられない。このような認識では、植民地官僚について、相対的に自立性をもつ主体として理解することはむずかしい。植民地官僚研究が不振であるもっとも大きな理由は、このような面にあるだろう。

第三の層位もやはり植民地の理解に関わるもので、植民地および脱植民地期における歴史主体の形成を理解する方法に由来する。収奪対抵抗という二分法的な図式の下位カテゴリーをなす抵抗対親日という図式もまた、官僚に対する理解をむずかしくしてしまう。親日というカテゴリーは、個人の内面的な姿勢から統治行為への協力までも包括する非常に幅広い概念であるがゆえに、厳密な意味における分析的概念としては用いにくい。親日という図式的な色彩を濃く帯びた理解にしたがうならば、植民地統治機構に参与していた植民地出身の官僚を研究対象とすることは、ほとんど意味をもたないものと決めつけられてしまう。道徳的カテゴリーとしての親日という概念ではなく、協力という概念を用いるなら、その植民地統治と植民地官僚のあいだの亀裂や対峙局面を多元化することができると思われる。協力という概念によって、植民地権力と被植民地民の相互作用にもとづく植民地支配の具体的な側面を多元的に理解することができるのである。

要約すれば、植民地官僚研究の不振の理由として、①近代歴史学の歴史認識の方法論、②植民地理解の図式性、③近代主体の形成において道徳をもちだすこと、という三つの理由をおもに挙げることができよう。この判断に大きな誤りがないとすれば、植民地官僚研究を活性化しうる治療法も、この三つの層位から模索するべきだろう。さらに、植民地官僚研究を通じて、新たな帝国史および植民地史研究の方法を模索すると同時に、これを基盤として近代歴史学を乗り越える道すじを見出すこともできるだろう。本章は、植民地官僚に関する最近の新しい研究成果[7]を踏まえ、トランスナショナルな帝国研究および植民地研究に寄与しうる植民地官僚研究の方法を模索しようとする試論である。

「植民地国家」(colonial state) と植民地官僚

第一の層位、すなわち近代歴史学の認識方法論のために生じる植民地官僚研究の不振を打開するには、どのような突破口を探るべきだろうか。帝国と植民地をつなぐ媒介として、新たな権力の概念を想定する必要があるだろう。この新しい形の概念は、帝国と植民地のあいだの経済や文化の相互作用はもちろん、植民地内部の社会分化にまで視野をひろげてくれるものとなろう。

植民地統治機構、すなわち朝鮮総督府を近代国家（modern state）の一環と規定しようとする議論は、いまだになじみのないものである。民族主義にもとづいた、いわゆる収奪論の立場からみると、植民地は単に非正常な「強占状態」にすぎず、統治機構としての朝鮮総督府は「例外的で特殊な」抑圧機構としての性格を乗り越えることがない。しかし朝鮮総督府は、近代国家に対する擬制国家、別言すれば、植民地国家としての性格をもっている[8]。一九一〇年代、朝鮮総督府は軍事力・警察力による暴力を独占し、近代的な官僚行政を確立することで国内を押さえた。それを通じて商品流通の円滑化を図り、資本主義の発展を加速化させることで、労働力の商品化も同時に進んでいくようになる。近代的資本主義における商品社会の再生産は、国家の権力作用に起因するものであり、それは社会的な富を資本として、そして社会構成員を労働力として再商品化する結果をもたらす。この点において朝鮮総督府は、一般的な近代国家と同じ役割を果たしていたといえよう。

対外的主権はいうまでもないが、人民主権も認めなかった植民地権力は、国民国家（nation-state）としての特性を欠いていた。しかし、植民地権力は、国際的・国内的な政策目標を独自に形成・追求することができる独立した行為能力、すなわち国家としての能力を相当程度保有していた。また帝国本国に対して、そして朝鮮社会内部に対しても、制限的ではあるものの、自律性を手にしていた。このような側面から、朝鮮総督府を、主権は有しないが国家としての能力と自律性をもつ植民地国家だったと考えても無理はないだろう。一方で、植民地は「帝国憲法」の外に置かれていた。しかし帝国憲法の外に置かれていたということは、いつの日か憲法を内部化しうる可能性も残されていたということであって、したがって植民地国家の最大の課題はまさに憲法の実現、すなわち内部化にあった。憲法の内部化は、ただちに植民地国家の消滅を意味するものとなる。だとすれば、植民地国家とは自身の消滅を最大の課題に掲げる近代権力であったともいえるだろう。いい換えれば、植民地国家とは、近代国家の役割を内部的に遂行するが、ハンナ・アーレントの指摘したいわゆる「帝国主義のジレンマ」を的確に表現する過渡期的な国家だったともいえるだろう[9]。

朝鮮総督府という植民地権力を植民地国家と規定すると、帝国と植民地を媒介する植民地官僚の役割と位相も鮮明に浮かび上がってくる。一九二〇年代以降、植民地国家の性格をめぐって競合する植民地官僚の姿を検討すると、植民地国家の性格そのものが変化していることがわかる。三・一運動以後、斉藤実が総督に、水野錬太郎が政務総監に赴任したことによって、植民地官僚社会にきわめて大きな変化が生じる。日本の内務官僚の多くを総督府の官僚として任命したため、統監府期から朝鮮に派遣され活動していた既存の官僚たちと新たに赴任した官僚たちとのあいだに、相当な葛藤と軋轢が生まれた。多くの日本の内務官僚を朝鮮に連れてきたことには、三・一運動の勃発を朝鮮総督府の統治政策の失敗とみなし、既存の官僚たちに責任を問うという側面があった。したがって、両者のあいだに葛藤が生じたのは、一見当然のことのようだが、一九二〇年代以降、日本と朝鮮のあいだに官僚たちの人事交流が活発におこなわれることによって新たな状況が醸成されていく点に注目しなければならない。

この時期の状況について、李炯植《イ・ヒョンシク》は次のように述べている。日本の首相原敬は、朝鮮総督の立法・行政・司法にわたる「総合的行政権」を否定し、日本の制度・法律・慣習をそのまま朝鮮に適用するといった、前々から主張してきた「内地延長主義」を、総督府首脳部人事の大交代を通じてトップダウン（top-down）方式で推進しようとした。これに対し、従前の「武断統治」下で独自性の強い官僚意識を培ってきた総督府官僚たちは、朝鮮の特殊性論を楯に、原敬による一方的な統治政策に反対しながら、植民地の現実を直視した統治政策を構想しはじめた。一九二〇年代初頭から次々と推進された、おもに制度と法律の改正を軸とする「植民地改革」は、このような二つの流れのせめぎあいから編みだされた折衷・妥協の産物なのである[10]。

植民地国家の性格をめぐって競いあう本国出身の植民地官僚の類型を、「現地型官僚」と「本国型官僚」と分類することができよう[11]。二〇年代初頭の現地型官僚の典型として大塚常三郎を挙げることができるならば、本国型官僚としては守屋栄夫[12]が挙げられる。この二人は、政治的立場にも大きなちがいがあり、実際にも競合する関係にあった。統監府期に朝鮮に赴任した大塚常三郎は、現地での勤務経験が長かったが、守屋栄夫は政務総監の水野錬太郎とともに朝鮮に赴任した。ただ、守屋は水野の寵臣として、また斉藤実総督の同郷の後輩という官僚的な威光を笠に着ていた。かれが在任していた時期の総督政治を「守屋政治」と呼ぶほどであったともいう[13]。

両者のちがいをおおまかに比較してみると、次のとおりとなろう。まず、被植民地民の政治的な権利について、現地型官僚が被植民地民に自治をあたえようと考えたのに対して、本国型官僚は参政権の付与を主張した。本国型官僚が同化政策を前面に掲げて参政権の付与を主張する一方で、現地型官僚が自治権の付与と全面的な同化の猶予を主張したことは、論理的に一貫するものであった。現地型官僚の思考方式の裏には、被植民地民に対する差別の発想が横たわっていた。すなわち、現地型官僚は「内地延長主義」を認めず、「朝鮮特殊事情」を掲げて植民地の慣習を尊重することを主張したが、本国型官僚は、内地延長主義と同化政策の全面的な実施を主張しつつ朝鮮の慣習を認めなかったのである。

それゆえ、現地型官僚が植民地の「近代化」にはあまり関心がなかったのに対し、本国型官僚は、植民地の同化を促進させるべく植民地の近代化に非常に大きな関心を示していた。在朝日本人に対する態度にもちがいがみられるが、本国型官僚は在朝日本人と朝鮮人のあいだに差を設けたり、朝鮮人を差別したりすることを認めなかった。一方、現地型官僚は民度の差を主張して在朝日本人を優遇しようとした。要するに、現地型官僚が被植民地民に対する差別を公然と唱えたのに対して、被植民地民との同化、すなわち同一化を追求する本国型官僚は、差別の撤廃を主張したのである。

しかしながら、両者のあいだのこのような表面的なちがいに幻惑されてはならない。朝鮮人と日本人の差別を主張する現地型官僚が追い求めた政策は――外見の差別的な面にもかかわらず――本国型官僚が主張する同化より、はるかに穏健で改良的なものだったといわねばならない。本国型官僚による同化型植民地政策のほうが、むしろ急進的であり、強い暴力性を帯びていたということも看過すべきではない。現地型官僚のほとんどが官僚としてのキャリアを朝鮮で終えたのに比べて、本国型官僚は日本本国で昇進する場合が多かったことからも、こうした属性のちがいがわかる。現地型官僚は、植民地間で水平移動をするケースも多くあったようである。たとえば、台湾総督府や関東庁から朝鮮総督府に転職する事例があるが、このような異動が可能だったのは、先述した現地型官僚に共通する属性のためだったと思われる。

もちろん、一九二〇年代以降の植民地官僚を現地型と本国型にはっきりと分類して一般化することには、多くの問題があるといわなければならない。ただ、植民地官僚のなかに、植民地に根づいていく部類と、強い本国志向をもつ部類があったことには異論の余地がなく、支配の期間が長ければ長いほど植民地に根づく部類も増えていったということも、歴史的事実と合致している。なによりも、植民地官僚をこのような方法で分類することは、植民地権力の性格を考える上で、非常に有用な手段になるだろう。

朝鮮の場合、一九一〇年代までは現地型官僚が大部分を占めていたが、三・一運動以後、現地型官僚と本国型官僚の競合が目立っていくようになる。二〇年代（斉藤総督期）から三〇年代後半（宇垣一成総督期と南次郎総督期の初期）までは、「朝鮮特殊事情」を強調する現地型官僚の立場が強かったと思われる。しかし、三〇年代後半に総動員政策が推進され、内鮮一体が強調される段階になると、問題は複雑になっていく。

朝鮮特殊事情論とはなにか。たとえば、方基中《パン・キチュン》は、一九三〇年代後半の南総督期に推進された兵站基地政策について次のように分析する。日中戦争以後、日本本国の日満支ブロック建設政策に対応して朝鮮総督府が主張した論理が、朝鮮の兵站基地化政策であった。朝鮮総督府は、大陸前進兵站基地としての朝鮮の重要性を強調するため、「内鮮ブロック」、または「北鮮・大陸ルート論」を提唱した。これを通じて、日満支生産力拡充計画に編入されなかった朝鮮兵站基地政策の国策的な意義を強調するとともに、満洲産業開発計画における従属的な位置を打開しようとしたのである。しかし、このような論理は本国に呼応されず、兵站基地政策の従属的な位置も打開できなかった。そこで朝鮮総督府は、朝鮮が日本国土の一部分だという国土観念を強調することで、兵站基地政策が日満支綜合開発計画の重要な一環をなすと主張するとともに、朝鮮独自の国土計画、いわば部分的計画も推進するという立場をとった。このような国土開発計画の論理にもとづいた兵站基地計画論が、「朝鮮経済新体制論」や「朝鮮ブロック開発論」だったというのである[14]。しかしながら、東亜新秩序や大東亜共栄圏のように東アジア地域へと拡大した地域主義的な侵略の論理が定着していく時期には、朝鮮特殊事情論にもとづいた朝鮮中心の論理は、現実的に認められにくい状況になったと思われる。

一九四二年の「内外地行政一元化」措置にさいして、朝鮮総督府の位相をめぐる朝鮮総督府と本国政府との対立はいっそう深刻化した。一九四二年九月、日本の内閣は拓務省を廃止し、新たに大東亜省を設置するとともに、「内外行政一元化」に関する法令を通過させた。これによって「朝鮮総督府ニ関スル事務ノ統理」は内務大臣が管掌するようになり、朝鮮総督も「内務大臣ノ統理ヲ受ケテ諸般ノ政務ヲ施行」することになった。そして特殊な事務に対しては、該当事務の性質を勘案して内閣総理大臣、または各省大臣の監督を受けるようになった。ただし、拓務省と内務省がつくった内外地行政一元化に関する法令の原案にふくまれていた、朝鮮総督に対する内務大臣の「一般的監督」権は撤回された。

法案の立案過程において朝鮮総督府は、朝鮮総督に対する一般的監督権の撤回のために力を注いだが、そこで掲げた論理が「朝鮮特殊事情論」であった。朝鮮総督府は、総督による総合行政こそ、統治の全責任を総督が負う上で不可避の措置であり、戦時における国策遂行にも最適な制度だと力説した。したがって、総督の権限の部分的な委譲は、「総督政治制」を存置する以上、考えがたいことであるだけでなく、立法・兵役・参政権・租税・教育制度などにおいて内鮮の区別をすべて廃止し、総督制度を撤廃することは、しばらくは困難だと強く主張した[15]。

にもかかわらず、朝鮮の行政は必要な範囲において内地に準じて施されるようになるが、これを「準内地化」ということができるだろう。今や朝鮮総督府は、統治方針が決定されるとそれを外部に発表する前に、かならずまず内務省に報告しなければならなくなった。また、法律の制定を必要とする事項や枢密院の諮詢を必要とする事項、日本に重大な影響をおよぼす事項などについても、かならず報告することを要請された。さらに、朝鮮だけの特殊立法は大きく制約されるようになった。たとえば、朝鮮に徴兵制度を施行するため必須な立法とみられていた朝鮮寄留令を制定する過程で、朝鮮総督府は内閣法制局の要求事項を大幅に受け入れるほかなかった。とくに、一九四二年に就任した小磯国昭総督は、朝鮮を内地と同一の法域としてあつかおうとして、内鮮の平等をもとも強調していた。小磯総督は、朝鮮人官吏の活発な登用、朝鮮人企業の指導、現存する差別規定の撤廃、朝鮮人の政治参与の実現などをみずからの課題に掲げた[16]。内外地行政一元化措置、つまり一九四二年以降の朝鮮での統治政策は、いわゆる「国民主義的統合」[17]に移行する過程とみることもできるだろう。

植民地の社会分化と植民地官僚

先に述べた二つめの層位の問題意識、すなわち植民地理解の図式性を乗り越えるには、植民地社会の分化とそれによって形成される植民地社会の複合性に着目しなければならない。植民地官僚たちは、植民地国家の性格をめぐって競合していたが、同時に植民地社会の分化にも深く介入していた。植民地の図式的な理解を克服するひとつの方法として、社会の分化という側面に注目したい。以下では、植民地の社会分化と植民地官僚の役割について検討してみよう。

一九一〇年代後半以降、植民地朝鮮では、少なくとも次の六種類の「社会的なるもの」(the

social)、とりわけ下位社会（sub-society）の領域が分化していったと思われる。①行政官僚的な領域、②経済的な領域、③宗教的な領域、④文化的な領域、⑤集合的運動の領域、⑥下位地域的な領域である[18]。①と②の領域は、国家から分離しているかどうかまだ疑わしい部分ではあるが、徐々に内部から分化する様相を示していた。のこりの四つの領域は、一九二〇年代以降はっきり分化する様相を示しており、三〇年代以降には激しく変化を示する。

このような社会の分化に対しては、植民地警察も敏感に注視していた。たとえば、一九二〇年代初頭の治安状況についての警察の内部報告から、すでに社会の分化に対応しようとする意志が読みとれる。そして、朝鮮人もまたこのことを意識しており、分化によって発生する問題に積極的に対処しようとした。もちろん、いずれの領域もある種の理念型として設定したものであるが、社会的な分化が進行していたことはまちがいないだろう。ここで設定した社会的な領域は、日常においては政治的な性格をうしなっている領域である。

植民地官僚がおもに介入した社会的領域は①と②だといえるが、植民地社会の分化に関して注目すべき領域は②、すなわち経済的な領域である。ここではおもに経済的な領域の分化を、その結成・運営に植民地官僚が介入していた官辺団体を中心に検討してみよう。植民地官僚が運営に介入していたおもな官辺団体を、朝鮮総督府の局別組織を中心として並べておこう。

財務局所属：朝鮮財務協会、朝鮮海事会、朝鮮逓信協会、朝鮮専売協会殖産局所属：朝鮮農会、朝鮮山林会、朝鮮水産会、朝鮮穀物協会、朝鮮蚕糸会、朝鮮製糸協会、朝鮮産業組合、朝鮮土地改良協会、朝鮮商工会議所、朝鮮鉱業会、朝鮮醸造協会、朝鮮工業協会、朝鮮経済協会、朝鮮貿易協会、朝鮮金融組合連合会、朝鮮無尽協会、朝鮮鉄道協会、朝鮮土木建築協会
法務局所属：朝鮮治刑協会、朝鮮社会事業協会（後に朝鮮教化団体連合会）
学務局所属：朝鮮教育協会
警務局所属：朝鮮警察協会、朝鮮消防協会（後に朝鮮警防協会）

もちろん、右に挙げた官辺団体は、その性格と位相において、団体ごとに相当なちがいがあった。朝鮮総督府の官僚を対象とする団体や、官僚が中心となって結成した団体もあった。とはいえ、そのような場合でも、ほとんどの団体は利益団体としての性格を強くもっていた。とりわけ、財務局と殖産局所属の官辺団体は、利益団体としての属性にもとづいて結成された。また、ほとんどの団体は、朝鮮総督府が結成を誘導したものであり、団体の運営にも官僚たちが深く関与していた。一九一〇年代後半から二〇年代前半までに多数の団体が結成され、その後、ほとんどの団体が組織を整備して法人組織へと転換した。そして、ほぼすべての団体が会報ないし機関誌の形で雑誌を発刊し、それを近代的「専門知識」の伝播通路として積極的に活用していたことが確認できる。だが、そのほとんどは、総動員体制期に入ると統制団体に転換していく[19]。

このように、朝鮮総督府の植民地官僚は、植民地国家を支える主要構成部分の一員として、植民地の社会を創出・構成・再生産する作業に深く関与していた。植民地官僚は、植民地国家と植民地社会を媒介する要素として機能していたのである。民族別にみると、植民地官僚の媒介としての機能は、日本人官僚だけが担当していたのではなかった。朝鮮人官僚もここに積極的に参画していた。

一方、官辺団体を中心とした植民地社会のあり方をあざやかに示す事例として、朝鮮の財界におけるいわゆる「天下り」を挙げることができよう[20]。財界の天下り組は、朝鮮総督府の経済システムの運営に深く介入し、官治主義の貫徹－再生産において中心的な役割を果たしていた。「天下り」とは、引退した官僚が官辺金融機関や特殊会社の社長または重役として就任することをいうが、おもに局長または道知事を歴任した高級官僚がその対象であった。かれらの大半は朝鮮で長いあいだ勤務し、総督府の上層権力を形成していたものの、昇進による日本への帰還の機会はほとんどあたえられなかった人びとであった。朝鮮総督府もまた、かれらを通じて経済政策の円滑化を図りつつ、財界にも影響力を行使しようとしたのである。一九三〇年代後半になると、「天下り」は特殊金融機関をはじめとして電気・鉄道・製錬・化学などの重要な重工業会社にまでひろがっていく。朝鮮総督府はかれらを媒介として、金融と資源、開発などに対する統制政策を推進しようとした[21]。

他方、在朝日本人社会の形成という見地から、植民地官僚の位相を検討しておかなければならない。在朝日本人は、本来的な意味における「植民」と解することができるが、一九四五年の独立当時、民間人七〇万人と軍人三〇万人の約一〇〇万人の日本人が朝鮮に居住していた。これは二〇世紀の植民地のなかで、自治領などの白人移民国家を除けば、フランス領アルジェリアに次ぐ規模の植民地社会であった[22]。

在朝日本人は、おおむね三つの形で朝鮮人社会と関わっていたと思われる。第一に、地域的・領域的に分離された日本人だけの独自の社会を構成するケース。第二に、朝鮮人社会と接続して混合的な社会を構成するケース。第三に、植民地社会を創出する国家的な領域を構成するケースである。とくに都市部では、日本人社会が朝鮮における多民族社会を構成していた。一九三〇年代前半には、在朝日本人の約三〇パーセントが朝鮮生まれで、男女の比率も大体同じだったので、日本人だけの土着的な植民地社会が構成されていたと考えてもよいだろう。職業構成は、商工業と自由業が中心で、三〇年代には官公吏の数が急激に増加していた[23]。もちろん、植民地官吏は第三の領域、すなわち国家的な領域を構成する在朝日本人社会の成員として、植民地国家と植民地社会を媒介する役割を担っていた。

在朝日本人の場合、同化政策の名のもとで、朝鮮人と同じく総督府の統治下にあり、植民地という異法域において市民権も大幅に制限されていた。在朝日本人は、併合直後に居留民団が廃止され、また自治権も剥奪されたため、総督府権力に対して大きな反感をもっていた。とりわけ、朝鮮にも総動員体制が施行され、皇国臣民化政策といった新たな国民統合政策を通じて朝鮮人を強制的な均質化＝国民化の過程に引き入れようとすると、在朝日本人のあいまいな法的地位がいっそう際立つようになった。在朝日本人は、本国と植民地の狭間に位置するという不安定な法的地位のゆえに、朝鮮人の権利拡大に対して過敏な態度をとっていた[24]。在朝日本人社会のこうした不安定な状況を調停・媒介するのも、植民地官僚の役割だったと思われる。

要するに、日本人を中心とする植民地官僚は、植民地国家とは区別される植民地社会を創出する役割とともに、ある種の多民族社会としての植民地社会の内部にある葛藤と軋轢を調停する役割をも果たしていたといえよう。このような側面にとり組むことは、植民地官僚の研究における緊要の課題だといわねばならない。

「協力」行為と帝国

先に言及した三つめの層位、すなわち植民地期における朝鮮人の近代主体の形成をどう理解するかについては、植民地官僚内部の民族別の亀裂と葛藤について検討してみなければならない。そのためには、まず朝鮮人官僚が集中的に配置されていた地方行政における巨視的な制度の変化を考察してみなければならない。

一九一七年「面制」が制定され、道―郡（府・島）―面と連なる地方行政制度の系列が成立し、郡は中間的な行政機構とされた。ただ、朝鮮総督府は道―面の二級制を制度的に志向していたので、郡は中間的・過渡的な存在とみなされた。郡は固有の事務、つまり独自の公共事務と財政を運営する権限を剥奪されたため、団体としての独自性を維持することができなかった。郡は固有の事務をすることなく、道と面のあいだで行政を仲介するか、面の行政を管理・監督する権限だけをもつ二次的な行政機関にとどまっていた。それゆえ、郡守は単なる通信機関としての「郵便局長」にすぎず、郡の行政は「郵便行政」にすぎないと嘲笑されるほどであった。

これに対して、面には末端の行政機構として独自の事業経営の主体としての位置があたえられたが、そのために面の区域の統廃合および近代的な文書行政制度がすみやかに導入された。朝鮮総督府は、面に対する制度的・行政的な改革を通じて、朝鮮の末端行政において非人格的な官僚支配体制を構築しようとした。むろん、植民地支配末期に至るまで郡が制度的に廃止されることはなく、面も独自の自治行政団体に昇格することはなかったが、植民地の地方行政がもくろんでいた最終的な目標が面中心の「自治行政」だったことはあきらかである[25]。

こうして、植民地朝鮮の地方行政は、相対的ではあるが自治権を有する道行政、それ以前に比べ権限が顕著に弱まった郡行政、そして自治行政を目指していた面行政として三分され、系列化していくようになる。道─郡─面には、多くの朝鮮人官吏が務めるようになるが、そのなかでもとくに注目に値する職位は、郡守と面長だったといえる。郡守は相対的にその地位が下落し、独自の権限も少なかったため、多くの朝鮮人が任命された。一方、面長は正式官吏ではなく、特別な法律規定のない奏任官と位置づけられたが、同様に朝鮮人が多く任命されていた。郡独自の財政権が剥奪されたという事実と、併合以降一九二〇年代まで朝鮮人郡守が多数在職していたという事実が、相互に深く関係していたことはまちがいない[26]。ここでは、ある朝鮮人郡守の事例を通じて、植民地官僚にみられる民族的な亀裂と葛藤について検討してみよう。

任洪淳《イム・ホンスン》は、一九一〇年代から二〇年代後半まで活動した典型的な朝鮮人官僚であった。かれは、一九一二〜一七年に郡書記、一八〜二二年に道書記・道属、二三〜二四年に山清郡守、二五〜二八年に梁山郡守（二八年死亡）という経歴をもつ人物で、併合の後に官僚に進出して郡守に昇進した。遺著『朝鮮行政要覧』[27]を通じて、かれの世界観について簡略に述べてみたい。

まず、個人主義と公共性に対するかれの考え方をみてみよう。任洪淳は、（面の）自治行政が円滑に運営されるには自立・公同・相愛が必要となるが、自立とは知識と経済力における独立自営を意味し、公同とは公共心と共同心の略称で、大我のために小我を犠牲にしなければならないと強調する。さらに、個人の安全は社会の安全になるが、他人を排除した個人の安全は軋轢を生じさせ、ついには過激に変化するので、単純な個人主義を退け、「社会のための個人主義」を積極的に助長しなければならないと主張した。

第二に、朝鮮農村問題の解決のために自作農を創設する必要があると強調している。朝鮮でも、自作地の減少と小作地の増加によって小作人の数が増えており、土地兼併が顕著になりつつあることを認めるべきだという。ただ、日本内地では小作法を施行して小作人を救済するばかりでなく、自作農の創設方法も講究しているが、朝鮮においてはいまだそのような施策がなく、単なる食料供給地として朝鮮をあつかう傾向がみられることに遺憾の意を表する。

第三に、朝鮮でも実業を奮い起こすことを強く主張している。朝鮮の経済力と個人の所得は世界に類をみないほど貧弱で、勤勉についていえば、世界の生存競争の場に参加することはおろか、気質が悠々閑々すぎると嘆く。自治民の第一の条件は智力と財力の独立なので、そのために朝鮮人の自覚と協力が必要だと明言している。

第四に、予算の使用については強硬な態度を示している。総督府の予算に対して、かれは以下のような見解を述べる。「朝鮮の予算については、内地からもらう千五百万円以上の補給金を考慮しなければならないというが、朝鮮の予算における人件費（経常費）を調べてみると、内地人二万六千余名に払われる俸給の年額は二千七百万円（そのうち約一千万円は加俸相当額）あまりだが、これに対して朝鮮人一万四千余名の俸給年額は七百万円ほどで、人件費のほとんどは内地人の所得になるだけである。臨時費における人件費および事業利益などを勘案すれば、大半が内地人の所得額だといわねばならない。千五百万円の補給金は、最初は財政独立のためにも必要だっただろうが、それは朝鮮人だけが享受しうる恵沢ではなかった。これを理由に、補助金に差別をつけるべきだと主張してはならない」。任洪淳は、日本からもらう補助金のほとんどが日本人官僚の加俸として使われている点を指摘し、これを批判しているのである。

最後に、朝鮮語教育については、次のような見解を示している。「いかなる民族にもその民族のあいだに相通ずる言語があり、それを表示する文字がある。朝鮮は日本帝国の版図となったので日本語を国語とするのは当然だろうが、それを常用することは困難である。もし常用を強要するとしても実行は不可能である。それゆえ、政府は国語を常用するかしないかによって初中等教育機関を分離し、初等学校においては朝鮮文も教育するようにしたのである。民族が異なる以上、言語は絶滅しないのであり、このような民度による適当な教育を施行して、生活に不便がないようにする立派な方針が、すなわち共存共栄精神の表現である」。つづけて、朝鮮語教育は継続しなければならず、ハングルは世界においても類例のないすぐれた文字だということを強調している。

ややや退屈な引用になってしまったが、これによって朝鮮人官僚任洪淳の世界観をうかがい知ることができよう。任洪淳は、「民族」というコードではとらえきれない啓蒙の近代的な合理性を共有していた。かれは、植民地官僚という立場から、西欧近代的な合理性を前提に朝鮮人を啓蒙しようとした。とはいえ、予算や朝鮮語の使用における民族差別に対しては、するどい反応を示した。朝鮮人の官僚たちは、朝鮮社会の分化と社会的な合理化の過程には応じようとしていたが、民族的な審級においては、植民地国家および本国出身の官僚と葛藤・対立していたのである。任洪淳の事例から、朝鮮人官僚の職級を中心にして「親日・反民族行為」を判別しようとするこころみが陥りがちな陥穽をみきわめることができよう。植民地統治において被植民地出身の官僚がもつ位相の複合性を勘案しないかぎり、植民地期における協力行為を単純化・道徳化してしまう誤謬から抜けだすことはできないだろう。

任洪淳の言及にあらわれている加俸の問題は、植民地官僚の問題において特別な位相をもっている。たとえば、植民地朝鮮と台湾では、一九二九年と三一年の二度にわたり減俸・加俸削減反対運動が起こるが、ここには植民地官僚の典型的な特性がひそんでいるともいえる。一九二九年、浜口内閣は緊縮財政政策の一環として官僚の減俸案を発表したが、それには植民地在勤官僚の加俸削減方針もふくまれていた。朝鮮総督府は加俸削減方針の緩和を中央政府に要請し、また朝鮮総督府の日本人官吏たちは集団行動のかまえさえとっていた。日本人の官吏たちは、減俸よりも加俸削減に敏感に反応していた。しかし、朝鮮人の官吏たちは、加俸を朝鮮統治の根本方針である一視同仁と矛盾する民族差別の象徴と受けとっていたため、加俸削減方針に対する日本人官吏の集団的な反対運動については、冷淡な反応を示したり、批判的な立場をとったりしていた。

一九三一年、中央政府がふたたび植民地官吏に対する減俸・加俸削減政策を推し進めると、さらに激しい反対運動が起こった。ところが、加俸削減反対運動というのは、じつはほとほと困った問題だったため、朝鮮総督府は大弱りしていた。朝鮮総督府は、加俸維持運動が表面化した場合、逆に朝鮮人官吏に対する差別撤廃運動が引き起こされ、民族間の対立が勃発する可能性があると危惧していたのである[28]。

しかしながら、加俸問題は植民地官僚たちの内部に存在した民族差別の一部にすぎなかった。実際、現在までの植民地官僚研究のほとんどは、民族差別に関する問題をおもにあつかってきた。これによって、官僚の任用・処遇・昇進などにおいて、公然と民族差別がなされていたことがあきらかになっている[29]。任用と処遇、昇進などにおいて、本国出身の官僚が植民地出身の官僚に比べ、一方的に優待されていたことはいうまでもない。台湾の場合、朝鮮よりも日常的な民族差別がひどかったため、「官僚王国」と呼ばれるほどであった[30]。植民地出身の高級官僚がもつアイデンティティとは、自負と侮蔑のあいだで揺らぐものであった[31]。日常における差別のなかで侮蔑されていると感じていた植民地出身の高級官僚の行為を、どのように理解すればいいだろうか。

次に引用する小説の一節から、朝鮮人の下級警察官僚が感じていた日常的な差別をうかがい知ることができよう。

……〔趙教英《チョ・キョヨン》は〕昨夜家に帰ってから、また急に署長から呼び出しがあったのだ。彼は急いで署に行くと、恐る恐る署長室に這入って行った。署長は黙って彼に一枚の紙と日割の給料の袋とを渡した。ははあ、来たなと思った。四五日前、徽文高等普通学校の生徒とK中学の生徒とが大勢で喧嘩をした。その懲戒について彼は課長と少し言い争ったのだ。

彼は黙ってその紙切れ片を受けとって表に出た。それから（家には帰らないで）灯の中をしばらくさまよって、その金を握ったままふらふらと、S門外の淫売屋にはいって行った。[32]

右の引用文は、中島敦が書いた小説の一節である。朝鮮人巡査の趙教英は、朝鮮人学生と日本人学生のあいだで起こった喧嘩の処罰問題をめぐって日本人課長と口論し、その数日後に解職される。

趙教英は、そのことを自分が朝鮮人だからこうむった民族差別だと受けとる。そしてかれは「お前たちは、お前たちは。この半島は……この民族は……」と嘆息する。小説にあらわれた朝鮮人の下級警察に対する差別の事例といえるだろうが、これを通じて人種別・民族別の位階、あるいは亀裂が植民地官僚たちの内部に存在していたことを垣間みることができる。

巡査と同様に、末端行政単位である面の行政を担当していた面長や官吏員の状況も、これとさほど変わらなかったと思われる[33]。とくに、戦時総動員体制が強いられる時期になると、朝鮮総督府は、末端の面職員を動員して村落に対するヘゲモニーを強化しようとしたが、それは可能なことではなかった。末端の面職員は、総動員政策が強化されていくなかで、権力側か、さもなければ被植民地民の側か、どちらかひとつの立場を支持しなければならないという選択を迫られていたのである[34]。

なにを、いかになすべきか?

以上、植民地国家と植民地官僚、植民地社会の分化と植民地官僚、植民地における近代主体の形成と植民地官僚という三つの層位で、植民地官僚研究の意義を確かめてみた。植民地官僚は、相対的に自律性をもつ存在として、植民地国家の性格の決定に深く関わっていただけでなく、植民地社会の創出を主導しつつ、植民地社会内部の葛藤と軋轢を調停する役割を果たしていた。それゆえ、植民地官僚たちの内部の亀裂と葛藤を理解することは、植民地における協力の構造を把握するための必須の要素となる。

最近、植民地官僚研究の視野が広がっていくと同時に、その地平も広がっていることは、じつによろこばしいことである。植民地官僚研究の活性化が、単に植民地研究の空白を埋めること以上の意味をもっていることはまちがいない。まず、植民地官僚研究は、植民地近代についての研究だけでなく、帝国史研究の新たな地平を開く案内者の役割も担えるだろう。よって、一国史としての近代歴史学を脱皮し、国家を横断する新たな歴史学、すなわちトランスナショナル・ヒストリーを探索するための有用な糸口を提供してくれることになるだろう。

植民地官僚の研究によって広がる視野と地平に堪えるには、国境をまたぐ共同研究が必須となる。国際日本文化研究センターは、二〇〇七年に「日本の朝鮮・台湾支配と植民地官僚」というテーマで国際シンポジウムを開催し、これを公刊している[35]。日本、韓国、台湾、アメリカの研究者たちが集まって植民地官僚という超国家的な対象を研究することは、日本史・朝鮮史・台湾史という一国史を越えるトランスナショナル・ヒストリーを探求するための重要な一歩になると評価できるだろう。なお、学習院大学東洋文化研究所と韓国の成均館大学東アジア学術院が、植民地の官僚についての共同研究をおこなっていることも、時宜にかなった作業だと思われる。それだけでなく、学習院大学に所蔵されている友邦協会の植民地関連の資料は、非常に貴重なものである。これを活用できる共同研究を推進していく必要があるだろう。

植民地官僚研究がもつこのような意義を考慮するなら、研究の対象を空間的にも広げる必要が切実となる。日本と韓国だけでなく、台湾や中国東北地方（旧満洲）もふくめて、中国を対象とする植民地官僚研究の共同プロジェクトを推進し、またそれぞれの研究者が日本史、台湾史、満洲史、中国史、朝鮮史などを包括していく必要があるだろう。

原注

1 帝国史研究に関しては、山内昌之・増田一夫・村田雄二編『帝国とは何か』（岩波書店、一九九七年）、山本有造編『帝国の研究』（名古屋大学出版会、二〇〇四年）を参照。とくに山室信一の「国民帝国」論は、帝国史研究に対する興味深い観点を提供している。

2 尹海東『식민지근대의 패러독스（植民地近代のパラドクス）』（휴머니스트（ヒューマニスト）、二〇〇七年）、尹海東他編『근대를 다시 읽는다（近代を読みなおす）』（Ⅰ・Ⅱ、歴史批評社、二〇〇六年）を参照。

3 本書第八章「トランスナショナル・ヒストリーの可能性——韓国近代史を中心に」を参照。

4 「植民地官僚」と「植民官僚」は、概念の内包の仕方にちがいがあるため、区分して使用する必要がある。植民地官僚は植民地で勤務する官僚一般を指すもので、本国出身を中心に植民地出身の官僚も包含する概念である。

それに対して植民官僚は、植民地主義イデオロギーにもとづいて植民地支配体制に参加した官僚を指す概念であり、本国で勤務する官僚もふくむため、植民地官僚よりさらに包括的な概念となる。

5 植民地理解の二分法的図式に対する批判としては、本書第二章「植民地認識の「グレーゾーン」」を参照。

6 日帝というとき、おおむね帝国日本の国民、すなわち日本人を中心とする帝国主義の主体を指す場合が多いため、植民地出身者で帝国主義支配に参与するものを除外することになる。被植民地民の協力がなければ、帝国主義の支配も維持できないのであり、したがって帝国の支配から被植民地民を除外することは不合理だといわざるをえない。

7 解放以後の朝鮮と台湾の植民地官僚研究の成果としては、次の論文を参照。松田利彦「植民地期朝鮮における官僚／官僚制についての研究史――現状と課題」（松田利彦編『日本の朝鮮・台湾支配と植民地官僚』国際日本文化研究センター、二〇〇八年）、やまだあつし「台湾植民地官僚制概論」（同）。

8 朝鮮総督府の近代権力としての性格については、以下の論考を参照。朴明圭（パク・ミョンギュ）「1910년대 식민통치기구의 형성과 성격（一九一〇年代における植民統治機構の形成と性格）」（『한국근대사회와 문화Ⅱ（韓国近代社会と文化Ⅱ）』서울대학교출판부（ソウル大学出版部）、二〇〇五年）、尹海東「'식민국가'로서의 조선총독부（「植民国家」としての朝鮮総督府）」（成均館大学校 東아시아学術院 国際学術심포지움「국가체제와 동아시아질서（国家体制と東アジア秩序）」での報告文、二〇〇八年）。

9 尹海東「植民地近代と大衆社会の創出」（宮嶋博史他編『植民地近代の視座』岩波書店、二〇〇四年）を参照。

10 李炯植「「文化政治」初期における朝鮮総督府官僚の統治構想」『史学雑誌』第一一五編第四号、二〇〇六年、六八―九二頁。

11 「現地型官僚」と「本国型官僚」という分類は、李炯植が定義した「生抜型官僚」と「内務省型官僚」という分類をより包括的・一般的に筆者が再定義したものである。一方、木村健二は「生抜組」または「残留組」と、「本国組」または「情実組」という概念で二つの分類を対応させ、一九二〇年代末から本国組が減少、生抜組が台頭したと指摘している（木村健二「朝鮮総督府経済官僚の人事と政策」『日本近代の経済官僚』日本経済評論社、二〇〇〇年）。なお、岡本真希子は「在来官吏」「移入官吏」「生え抜き官吏」という三つの類型を設定している（岡本真希子『植民地官僚の政治史』三元社、二〇〇八年）。

12 守屋栄夫については、かれの日記を発掘・分析した松田利彦の研究を参照。松田利彦「朝鮮総督府秘書課長と「文化政治」——守屋栄夫日記を読む」（松田利彦編前掲書）。

13 石森久弥『朝鮮統治の批判』一九二六年、二四九—二五〇頁。

14 方基中「一九四〇年前後朝鮮総督府の「新体制」認識と兵站基地化政策」松田利彦編前掲書、三四一—三六五頁。方基中は、宇垣一成総督の農工併進政策が朝鮮特殊事情論の淵源であり、日中戦争以後、日本の新体制樹立期において朝鮮支配の独自性に対する朝鮮総督府の危機意識が強まることにより、問題がさらに複雑になっていったととらえる。方基中「1930 년대 조선농공병진정책과 통제경제（一九三〇年代における朝鮮農工併進政策と統制経済）」（方基中編『일제 파시즘 지배정책과 민중생활（日帝のファシズム支配政策と民衆生活）』慧眼、二〇〇四年）、同「조선지식인의 경제통제론과 '신체제' 인식（朝鮮知識人の経済統制論と「新体制」認識）」（同編『일제하 지식인의 파시즘체제인식과 대응（日帝下における知識人のファシズム体制認識と対応）』慧眼、二〇〇五年）を参照。

15 水野直樹「戦時期の植民地支配と「内外地行政一元化」」『人文学報』七九号、一九九七年三月、京都大学人文科学研究所、七七—一〇二頁。

16 李昇一（イ・スンイル）『조선총독부 법제정책：일제의 식민통치와 조선민사령（朝鮮総督府の法制政策——日帝の植民統治と朝鮮民事令）』（歴史批評社、二〇〇八年、三二九—三四三頁）を参照。

17 タカシ・フジタニは、この点について「国民化のための脱植民地化」と表現する。もともとの意図とはちがって、総動員政策の進行とそれによる被植民地民の輸入は、日本における国民共同体の再構成をもたらしたというのである（「죽일 권리와 살 권리（殺す権利と生きる権利）」『亜細亜研究』一三二号、二〇〇八年、一三—四七頁）。

18 「全体社会」から経済が分離し、これをもとに政治、経済、社会の分化が進むということを前提とした分類である。つまり、再分配にもとづいた伝統的な「道徳経済」から資本主義的商品経済への移行を背景として、社会的な領域が新しく分化していくことを前提とした分類だということを断っておく。尹海東前掲『식민지근대의 패러독스（植民地近代のパラドクス）』、二二九—二四七頁を参照。

19 尹海東「식민지기 조선총독부 ʻ관변잡지ʼ의 성격과 역할：ʻ사회의 분화ʼ와 ʻ지식의 전파ʼ를 중심으로（植民地期における朝鮮総督府の「官辺雑誌」の性格と役割——「社会の分化」と「知識の伝播」を中心に）」（成均館大学校 東아시아学術院「東아시아 近代言論媒体辞典編纂 및 디지털写真辞典DB構築」콜로키움 発表文、二〇〇六年）を参照。

20 「天下り」は、先に紹介した「現地型官僚」の存在を裏づける事例ともいえるだろう。植民地に生活の根を下ろそうとしない、もしくは本国への昇進—転任の可能性をもっていた官僚なら、植民地で「天下り」して勤務しようとはしないと思われるからである。

21 方基中前掲「一九四〇年前後朝鮮総督府の「新体制」認識と兵站基地化政策」を参照。

22 在朝日本人についての概括的研究としては、木村健二『在朝日本人の社会史』（未来社、一九八九年）、高崎宗司『植民地朝鮮の日本人』（岩波書店、二〇〇二年）を参照。

23 内田じゅん「총력전시기 재조일본인의 ʻ내선일체ʼ 정책에 대한 협력（総力戦時期における在朝日本人の「内鮮一体」政策に対する協力）」『亜細亜研究』一三一号、二〇〇八年、一四—五二頁。

24 同右。

25 尹海東『지배와 자치：식민지기 촌락의 삼국면구조（支配と自治——植民地期における村落の三局面構造）』（歴史批評社、二〇〇六年）を参照。

26 박은경（パク・ウンギョン）『일제하 조선인관료 연구（日帝下の朝鮮人官僚研究）』（学民社、一九九九年）、洪淳権（ホン・スンゴン）「일제시기 지방통치와 조선인관리에 관한 일고찰（日帝時期における地方統治と朝鮮人官

吏に関する一考察」(『国史館論叢』六四輯、国史編纂委員会、一九九五年)、李松順(イ・ソンスン)「일제하 조선인군수의 사회적 위상과 현실인식 (日帝下における朝鮮人郡守の社会的位相と現実認識)」(『歴史와 現実(歴史と現実)』六三号、二〇〇七年)を参照。

27 任洪淳『朝鮮行政要覧』朝陽出版社、一九二九年。この著作は、任洪淳が一九二四年以降『朝鮮地方行政』・『税務通信』などの雑誌に投稿した文章を集めたものである。以下この本からの詳細な引用表記は省略する。

28 減俸・加俸削減反対運動に対しては、岡本真希子前掲書、六五三―七九四頁でくわしく分析されている。岡本真希子は、減俸・加俸削減反対運動を「重層し交錯する利害関係」という言葉で表現している。

29 植民地朝鮮における官僚制と官僚についての主要な研究成果を以下に挙げておく。張世胤(チャン・セユン)「일제하 고문시험 출신자와 해방후 권력 엘리트 (日帝下における高文試験出身者と解放後の権力エリート)」(『歴史批評』二五号、一九九三年)、安龍植(アン・ヨンシク)「일제하 조선인 판임문관에 관한 연구 (日帝下における朝鮮人判任文官に関する研究)」(『社会科学論集』三〇号、一九九九年)、鄭仙伊(チョン・ソンイ)「식민지대학 졸업자의 취직상황과 그 성격 연구 (植民地大学卒業者の就職状況とその性格の研究)」(『教育史学研究』一二号、二〇〇二年)、張信(チャン・シン)「1914~43년 조선총독부의 관리임용과 보통문관시험 (一九一九~四三年における朝鮮総督府の官吏任用と普通文官試験)」(『歴史問題研究』八号、二〇〇二年)、同「1920・30년대 조선총독부의 인사정책 연구 (一九二〇・三〇年代における朝鮮総督府の人事政策の研究)」(『東方学志』一二〇号、二〇〇三年)、朴二澤(パク・インテク)「조선총독부의 인사관리 제도 (朝鮮総督府の人事管理制度)」(『精神文化研究』二九巻二号、二〇〇六年)、張信「日帝下朝鮮人高等官僚の生と認識——高等文官試験行政科合格者を中心に」(松田利彦編前掲書)など。

30 植民地高級官僚の全体的構成、任用、処遇、昇進などの概括的事項については、岡本真希子前掲書を参照。

31 帝国大学出身の高等文官試験合格者のなかで植民地出身の官僚が感じていた日常的な差別については、かれらが残した回顧録で数多く言及されている。張信前掲論文「日帝下朝鮮人高等官僚の生と認識」を参照。

32 『中島敦』ちくま日本文学全集、一九九二年、三一三―三一四頁。

33 面長と面吏員の全体的な構成と性格については、尹海東前掲『지배와 자치（支配と自治）』、一三五―一五四頁を参照。

34 松本武祝『朝鮮農村の〈植民地近代〉経験』社会評論社、二〇〇五年、一六一―一九八頁。

35 松田利彦編前掲書がその成果である。

第五章　民族主義は怪物だ

問題提起——民族主義という怪物

民族主義は「怪物」である。『国民という怪物』[1]と題された本が翻訳されたことがあるし、『国民という奴隷』[2]というタイトルの単行本も出版されているが、実際は国民や民族が怪物や奴隷なのではなく、民族主義が怪物なのである。民族という集団的な実体があってそれをもとに民族主義というイデオロギーがつくられるのではなく、民族主義というイデオロギーが民族という集団を生みだすがゆえに、民族が民族主義に先行して怪物になることはない。

いまや現代の古典の座にある『想像の共同体』のなかで、ベネディクト・アンダーソンは、民族は想像の力によって構成された集団だという。民族という集団は想像力によって生みだされるのであって、だから民族は虚構であり実体ではないとか、民族が現実のうちに存在しないということではない。むしろ、集団的な想像あるいは民族主義というイデオロギーによって構成される集団である民族は、もしかしたら人類の歴史上もっとも強大な力をもった集団的な実体かもしれない。民族は虚構の産物である。民族は血統、文化、言語などの要素を共有するひとつの同質的な集団だという論理、すなわち「虚構的同一性の論理」によって想像され、維持される集団である。そうでありながら、このような虚構によって維持される民族集団は、現実を強力に規定する集団的な実体でもある。民族が虚構でありかつ実体であるとする指摘は、矛盾ではない。虚構によって構成された集団的な実体として現実において強大な力を発揮するのが、民族という集団なのである。民族が虚構でありかつ実体であるということを忘れてしまったら、民族主義が形づくる現実を正しくみきわめることができなくなるだろう。

民族主義とは、国民国家の構成員を民族という同質的な集団としてひとまとめに言説化するためのイデオロギーであり、内には構成員間の階級対立をはらんでおり、民族内部の力学関係や国家間体制の力関係にしたがって外にあらわれる性格を変える。つまり、民族主義の恒常的なアイデンティティの一部にはこのような可変性が備わっている、ということである。それゆえ、各国の民族主義が形成され運動する時期の国家的・社会的特性が、それぞれの民族理論にはおのずと反映されるのである。植民地支配を経験した社会の場合、たいていは民族解放のための抵抗運動、あるいは新国家の建設過程で民族主義の性格が形づくられる。民族集団は、血統、言語、宗教、文化といった原初的な要素を共有する同質的な集団であり永続性をもつとする民族理論を、原初主義的民族理論と呼ぶ。これに対して、「人民主権論」すなわちすべての人民が同等に統治主体になりうるという認識が発展したり受容されたりしないまま身分制が維持された社会では、民族集団が形成されず、産業化と社会の分化が進んで人民主権論が受容された後になってようやく近代的な民族集団が形成される、とする民族理論が、道具主義的民族理論である。世のあらゆる民族主義は原初論と道具論を両極端とするスペクトラムのどこかにあるといえるとすれば、韓国の近代民族主義がそのスペクトラムのどのあたりにあるかは自明だともいえるだろう。このように、抵抗民族主義の性質をもつ韓国の民族主義が原初論的民族理論の上に構築されているということは至極当然だといえるだろうが、一方で、それは単に無数にある民族主義の一類型にすぎないというだけでなく、歴史的な局面の特殊性を反映しているという事実も確認しておくべきだろう。

このように、歴史性・特殊性を反映している近代民族主義を怪物だと呼ぶのはなぜか。それは、イデオロギーとしての民族主義の特性のためである。韓国の民族主義、さらにそのほかのあらゆる国家の近代民族主義は、非常に理解しがたい両面性をつねに示してきた。のみならず、イデオロギーとしての民族主義は、イデオロギーであるための条件をつねに欠いている。民族主義はイデオロギーとしては失格だということである。このような特性のゆえに、民族主義は、活性化するたびに国家の内外で排他的な過激さをふりかざすことになる。本章では、民族主義の両面性や民族主義のイデオロギーとしての条件があたえる特性などを探ることによって、なぜ民族主義を怪物と呼ぶのかをあきらかにする。

民族主義の両面性

はじめに、近代民族主義が一般的にもつ両面性を検討してみよう。民族主義の両面性は、性格と機能という二つの側面からみることができる。まず、近代民族主義は、ほとんどの場合、平等主義をうながし、植民地支配に対する抵抗の条件を形成するという意味で、ある社会のイデオロギーとしては肯定的な面がある。しかしながら、同じものの裏、すなわち平等主義の裏側には集団主義がひそんでおり、抵抗性の裏側には排他性が隠れている。平等主義と抵抗のイデオロギーとしての民族主義は、集団主義と排他性のイデオロギーが陰画として重ね塗りされているのである。

いい換えるなら、平等主義のイデオロギーとしての民族主義は、民族集団を形成する強力な統合のイデオロギーでもある、ということである。しかしながら、その統合性の裏では、統合から排除された境界外の者に対する排他の論理がおのずと働く。民族の一員と認められた者と、そこから排除された者のあいだには、越えがたい境界がそびえ立つのである。だが、その境界は自然のものではない。境界は、歴史的な必要にしたがってつねに新たに定められる。それゆえ、民族を構成する者は、必要にしたがってつねに境界を往来せざるをえないような存在でもある。近代民族主義は、内部の平等主義をうながし、それによって民族集団の統合性を高めようとするが、まさにそれゆえに、民族集団に包摂されない内外の者に対しては排他性を示すのである。これが、性格という側面からみた民族主義の両面性であるといえよう。だが近代民族主義の排他性は、われわれの現実を分裂させるにとどまらず、未来までも陰鬱な色に染めあげていくだろう。

また一方で民族主義は、たいていの場合、「それのみではなり立ちにくい」、つまり副次的なイデオロギーだと規定することができる。民族主義は、ほかのイデオロギーと結合せずに単独で行動することができない。つまり、民族主義はそれが機能するときも両面性をもつことになるのである。例として、民族主義と民主主義がどのように結合するかを検討してみよう。韓国の場合も、近代民族主義と民主主義の結合がいつも不幸だったというわけではない。民族主義は民主主義をうながすこともあったし、障害になることもあったのである。開港期から帝国日本の植民地支配期にかけての民族主義は、民主主義がうまく働く土台であり、民主主義を受容する器の役割を担った。民族主義は、社会内部の構成員間の平等を唱えて民主主義を奮い立たせることによって、民族集団の結集力を高めようとした。しかし、解放後の民族主義は、たいてい民主主義の活性化に否定的な役割を担った。代表例として、朴正熙《パクチョンヒ》は、自身の自由民主主義は健全な民族主義の礎の上に存在するのだと主張し、自主と自立の民族意識をもった後ではじめて正しい民主主義をもつことができると強弁した。これが一九六〇年代の「民族的民主主義」であり、維新期[1]の「韓国的民主主義」であった。民族的民主主義や韓国的民主主義が、まず自由民主主義の実現を唱える論理を批判するための武器として用いられ、韓国では西欧式の自由民主主義は猶予されなければならないという論理に進み、民主主義を後退させる結果になったことは、広く知られた事実である。二次的なイデオロギーとしての民族主義には、このようにほかのイデオロギーと結びつかなければみずからの足で立つことができないという特徴があるが、それが民族主義の両面性のどの側面と結びつくのかは、歴史的な局面の特殊性によって左右されることであった。

民族主義の「天使」の顔とその裏に隠された「悪魔」の顔は、近代世界体制がもつ極端な両面性あるいは二重性を反映しているだろう。近代の理性がなしとげた人間の解放と豊かな生活そのものは史上に先例のないことだが、人類を絶滅に追いやりかねない生態系の危機と兵器開発・戦争の惨禍のせいで、近代の理性は、それ自体では正当化しにくくなっている。「解放としての理性」が表象する「希望」は、「道具としての理性」がさらけだす人間の「絶望」にすべて堪えることはできない。こうして、イギリスの著名な歴史学者エリック・ホブズボームは、二〇世紀を極端な希望と絶望が交差する「極端な時代」と呼んだ[3]。人類を絶滅に追いやりかねない二〇世紀の戦争と大量虐殺は、ことごとく民族主義に端を発するものであった。近代民族主義は、各民族集団の希望をもっとも効果的に結集したが、人間であることの絶望をもっともするどく示しもしたのである。このように民族主義には、健全な面をもちながらも、病的な性格も併せもつ両面性あるいは二重性という特徴がある。

イデオロギーとしての民族主義

イデオロギーとしての民族主義のもっとも重要な特徴のひとつは、先にみたような両面性あるいは副次性とも関連することだが、イデオロギーとしては不完全な形でしか存在しないということである。民族主義は、人間が追求すべき理想の生のあり方を提示する力をもたなかった。その民族主義が一九世紀以降人類史を席巻し、人間の対立と戦争を煽り立ててきたことは、アイロニーだというほかない。しかし、民族主義が国家宗教や政治宗教、あるいは市民宗教の役割を果たしながら近代世界において猛威をふるった理由もまた、そこに見出すことができる。以下では、国家宗教あるいは市民宗教としての民族主義の機能をみて、民族主義がどのようにイデオロギーとして不完全なのかを確認しておきたい。

あらゆる時代のあらゆる人間には、安全への欲求、そして共同体における集団保護への欲求が潜在的にある。近代社会に入るなかで個別化し分子化した「個人」は、「世俗化」した宗教から全的な慰安をえることができなくなった。個人には自身の安全と保護を委託する世俗的な対象が必要になり、民族あるいは国家は、みずからを「聖なる」存在として神聖化することで、集団的な信念の対象になろうとした。こうして、「自由から逃避」する「孤独な大衆」を誘導した民族主義は、みずからのいうことをかれらに信じさせた。孤独な大衆は、いつでも民族主義に酔う準備ができていたのである。民族主義は、民族という名で呼ばれる個人に「選民」意識をあたえ、「選民」となった個人は、民族集団の構成員としての自負心となぐさめをえることになるのである。資本の商品広告であれ、スポーツ民族主義においてであれ、いつでも「大韓民国」代表だと叫ばれ、「民族」はそれらから慰安をえようとする。けれども、個性はつねに「大韓民国代表」のなかに溶解してしまうということを自覚しなければならない。「民族主義はアヘンである」という指摘もまた、民族主義の市民宗教としての役割を指したものであろう。

こうして国家宗教あるいは市民宗教となった民族主義は、日常生活においてなぐさめをえさせる信仰の体系と、そのための象徴と儀礼を必要とする。代表例として、李承晩《イ・スンマン》は政権初期に国是として「一民主義」なるものを掲げ、次のようなスローガンを叫んでいた。「わが民族はひとつ。国土もひとつ、精神もひとつ、生活もひとつ、待遇もひとつ、政治上、文化上、なににおいてもひとつ」。これを読めば、民族主義がどれほど盲目的で執拗に民族集団の単一性を強調するのかがわかるが、それだけでなく、民族がひとつだというスローガンの裏にみられるのは、「ここには新しい社会についてのいかなるビジョンもない」という逆説だけである。それでも、民族がひとつだというスローガンのなかからでてそこから排除された者とみずからを比較することで、人びとは消極的ながらも「ささやかな」なぐさめをえることができた。

それとともに、民族の「聖人」と全国に散在するさまざまな民族の「聖地」が開発され、活用された。たとえば、檀君〔2〕は民族の血統的な単一性を象徴する「聖人」として崇め奉られ、檀君の誕生日だと推定された開天節は民族の「聖日」となったし、江華島の摩尼山は民族の「聖所」となった。こうして、神話は天から地に降り立ち、民族のための「地上の」新しい神話へと生まれ変わった。さまざまな記念日が新たに制定され、それを通じて一年単位で周期的に反復する「国家暦」が樹立され、国家的・民族的な儀礼体系が完成した。このような民族の象徴と儀礼体系は、国家宗教さらには市民宗教としての民族主義を完成させた。にもかかわらず、このような民族主義のうちに、民族はひとつだというスローガンのほかにはどんなイデオロギーの体系も見出すことはできない。

これは、民族主義には類的存在としての人間の普遍性を盛りこむ能力がないということでもある。それでも、民族主義はつねに特殊性と普遍性のあいだを行ったり来たりする。きわめて逆説的なことに、抵抗のイデオロギーとして作用するときは特殊性を強調するが、侵略の顔をあらわにするときには普遍性の姿を装おうと努める。日本の帝国主義が「大東亜共栄圏」の論理を装い、アジアの弱小民族の救いを唱えて第二次世界大戦を起こしたとき、日本の民族主義は普遍主義で仮装していた。敗戦後、日本の民族主義は普遍主義をとり下げ、特殊性を掲げて単一民族の論理へと後退した。

ここに、民族主義のまた別の危険性が内在しているといえる。抵抗性が磨耗し、特殊性の論理を回収しなければならなくなったとき、民族主義は普遍主義としてみずからを新たに装う努力をくりかえすことになるのだが、人間の普遍的で理想的な生のあり方を提示しようという努力はどこにも見当たらないからである。このように、イデオロギーとしての民族主義は、不完全な形でしか存在しないのだということがわかる。

イデオロギーとしては不完全な形でしか存在しない近代民族主義は、逆説的にも、帝国主義にその起源を見出すことができる。民族主義は帝国主義支配の産物であり、したがって帝国主義のあり方に似る。ハンナ・アーレントはこれについて、「帝国主義のジレンマ」という表現を用いた[4]。前近代の帝国とはちがい、近代帝国主義は国民国家の産物である。国民国家が帝国主義の征服者としてあらわれると、被征服民族はかならず民族意識と自治要求を自覚するようになる。なぜなら、近代帝国主義は国民主義的な支配の形態をとるからである。植民地の民族主義が抵抗民族主義の形であらわれるという指摘は、このような帝国主義のジレンマを逆さまに表現したものであろう。植民地の抵抗民族主義は、帝国主義の民族主義を模倣したもの――もちろん同一のものではありえないが――にすぎなかった。日本帝国主義の民族の象徴および儀礼を現代韓国の民族の象徴および儀礼と比較してみれば、似通っていることに驚かずにはいられない。たとえば、日本神話に由来する紀元節と韓国の開天節には、どんなちがいがあるといえるだろうか。

問題は、植民地の抵抗民族主義が帝国主義の民族主義を模倣したものだったという事実にあるのではなく、抵抗民族主義が帝国主義的な欲望さえも模倣しようとするということにある。解放後の韓国の民族主義は、世界において「君臨」する韓国というイメージを生みだした。現代韓国の資本主義が亜帝国主義の相貌を帯びているという事実は、独占資本のグローバル化にともなって幾度となく指摘されてきた。資本が唱える「世界経営」「世界進出」「グローバル化」といったスローガンは、世界において君臨しようとする韓国人の亜帝国主義的な民族主義の欲望を充足させることで、国内の社会的な分裂や階級的な不満をとりつくろう役割を果たしてきたのである。東南アジアに進出した韓国資本の賤民資本主義的な労働管理が国際社会に物議をかもすことは日常茶飯事だったし、この地域に進出した韓国人の傲慢さと醜態にはもう慣れっこになっている。さらに、民族主義はこのように君臨する姿を過去の歴史のなかにも造形することで、神話に「昇格」する。過去と現実のなかで生みだされる亜帝国あるいは亜帝国主義の姿は、韓国の民族主義を神話にする二つの契機として作用する。帝国主義へと上昇しようとする欲望を、民族主義はその神話を通じて充足させようとするのである。

このように、イデオロギーとしては欠格であるにもかかわらず、帝国主義的な欲望を模倣しようとする韓国の民族主義を、いつまで正当化することができるだろうか。現代韓国の民族主義を正当化しようとする論理は、おおよそ次の二つの根拠にもとづいているように思われる。ひとつは、統一民族国家樹立のためのイデオロギーが民族主義だというものであり、もうひとつは、韓国の民族主義が「囚人のジレンマ」を表現しているというものである。まず、統一民族主義について考えてみよう。民族主義はたいていの場合、近代国家形成のイデオロギーとして機能してきた。ところが、韓国の近代民族主義は、民族国家（nation-state）の形成、すなわち統一国家を樹立することができなかったため、いまだその任務を完遂していないという。そうして「民族主義を、統一がなしとげられるその日まで、断じて放棄してはならない」という論理的な根拠のもとで、近代民族主義を批判する人びとの頭上に「滝」のような非難が降り注ぐ。分断状況は民族中心の統一論理によって変えるしかないという論理が支配的なのである。このような論理は、「一民族一国家論」に淵源をもつのだろうが、それは二つの「国家」が敵対している現実を無視する発想にすぎない。大韓民国と朝鮮民主主義人民共和国という二つの国家が互いに「敵対的に依存」している南北のにらみあいの局面において、「分断時代の論理」あるいは「民族至上の論理」で解決できることは逆になにもない。ただ相互の敵対感情を増幅する役割を担うだけである。

第二に、現代韓国の民族主義は、つねに「囚人のジレンマ」〔3〕を装い、正当化される。現代韓国の民族主義は、ほんとうに「囚人のジレンマ」を表現しているのだろうか。最近、日中韓三国の歴史認識問題や領土問題が提起されるたびに、この論理が民族主義を維持すべき必然性をふくんでいるかのように叫ばれてきた。それが日本であれ中国であれ、相手の態度や戦術の変化によって韓国の態度は決定されるようにみえる。相手が自己を省みる思考をしないかぎり、こちらも民族主義をそのように思考してはならない、という論理が大手をふるっているのである。このような論理が維持されるかぎり、日本と中国が民族主義を捨てないうちは韓国の民族主義も永遠に捨てられることがないだろう。さらに、自国中心的な歴史観を維持しながら民族主義に執着するかぎり、東アジア地域の対立構図もまた永遠に崩されることがないだろう。だとしたら、どうすれば東アジアの地域構図を変化させ、連帯を強化し、平和を定着させることができるのだろうか。

このように、現代韓国の民族主義の性格を特徴づけている「統一民族主義」と「囚人のジレンマ」の論理では、南北の分断も、民族主義によって敵対化した東アジアの現状も打開することができないことはあきらかである。

「怪物としての民族主義」を越えて

民族主義は死のイデオロギーである。否、死をうながすイデオロギーである。国家と民族のために死ぬことのできる「勇気」は、もっとも重要な国民の徳目となってきた。このような死への勇気は、義務教育と国民皆兵制を通じて促進、育成されてきた。たとえば、朝鮮戦争中に制定された「滅共意識涵養のためのわれらの誓い」という綱領の第一条は、「われらは大韓民国の子、死をもって国を守ろう」というものであった。これはある種の国民的綱領として制定・教育されたが、甚だしきは、出版物にも義務的に掲載するよう強制されていた。階級のために死のうとする民族国家の市民はほとんどいないが、民族のために死のうとする国民はつねに長蛇の列をなしてきた。国民は、つねに死をともなうアイデンティティを学ばなければならなかったのである。

このような死への勇気は、民族主義が燃えあがりやすいこととも関わっている。民族主義は非常に燃えあがりやすく、ゆえにつねに過激である。このような民族主義の過激さは、民族主義がイデオロギーとして失格だということを反映するものであろう。さらに、民族主義を装う活動には、つねに匿名性がともなう。匿名性のなかで、民族主義の過激さは稼動する余地を確保するのである。このように、死への勇気で武装した民族主義は、どんなイデオロギーも超越する国家宗教、さらには市民宗教としての役割を担ってきた。現実社会主義が唱えたプロレタリア国際主義も、民族主義の前ではお手上げである。すでにベネディクト・アンダーソンがその著作で主張したように、民族解放戦争を経験したベトナムが中国の侵略を受けたことは、これに関する申し分ない例証である。ベトナムを統一したホーチミンにとっても、中国の開放を主導していた鄧小平にとっても、「民族の利益」がプロレタリア国際主義に優先したのであった。

民族主義は、近代国民国家のイデオロギーとしては、「帝王」の座に君臨してきた。現実的であるにしろ、理想的であるにしろ、どんなイデオロギーも、民族主義と結びつかなければうまく機能しないほどに、現代韓国のイデオロギーの地平はきわめて狭小なものであった。一九五〇年代以降つづいてきた反共主義のイデオロギーであれ、六〇年代から七〇年代において政権の正当性を担保するのに決定的に重要だった発展主義のイデオロギーであれ、八〇年代の民主化運動の論理を牽引していた民主主義のイデオロギーであれ、新ミレニアムの話題の中心であるグローバリゼーションのイデオロギーであれ、韓国社会で重要な役割を担ってきたあらゆるイデオロギーは、民族主義と一定程度結びついていることを示さなければ、韓国社会ではなかなか根を下ろさなかった。民族主義はこのように、現代韓国のイデオロギーの地平でも絶対的な位置を占めているが、民族主義の絶対性を克服することができないかぎり、韓国社会の狭小なイデオロギーの地平もまた変化しないだろう。いま、社会的多様性を尊重する「開かれた社会」へと進むためには、絶対にイデオロギーの地平を広げなければならない。韓国社会には、「開かれた民族主義」ではなく、「開かれたイデオロギー」が必要なのである。

このようなわけで、「民族主義は怪物」である。民族主義は、これまで怪物のように現実を形づくってきた。しかし、今こそ民族主義を形づくっているその怪物としての性質を警戒し、それがふたたびくりかえされないように注意しなければならない。のみならず、民族主義がふたたび怪物としての性質を発揮しないようにする最善の方法を追究しなければならない。民族主義のイデオロギーとしての欠如を埋めつつそれを新しくすることで、人間が類的存在、普遍的存在としての生活を享受できるような新しい人間関係を創出しうる未来を、実践でもって開いていかなければならないだろう。もう一度強調するが、どんな民族主義であれ、「民主化以降の民主主義」をより深化させ、朝鮮半島を支配している敵対感情を減らし、「脱分断」の条件を整え、さらに東アジアの紐帯を強化して平和を定着させるのにはいかなる役にも立たないということはあきらかであろう。

原注

1 西川長夫『国民国家論の射程——あるいは〈国民〉という怪物について』（柏書房、一九九八年）が『국민이라는 괴물（国民という怪物）』（尹大石訳、소명出版（ソミョン出版）、二〇〇二年）のタイトルで翻訳出版されている。

2 金哲（キム・チョル）『국민이라는 노예：한국문학의 기억과 망각（国民という奴隷——韓国文学の記憶と忘却）』삼인（サムイン）、二〇〇五年。

3 エリック・ホブズボーム『20世紀の歴史——極端な時代』上・下、河合秀和訳、三省堂、一九九六年。

4 ハンナ・アーレント『全体主義の起源』1・2・3、大島通義・大島かおり・大久保和郎訳、みすず書房、一九七二〜七四年。

訳者注

〔1〕朴正熙（パク・チョンヒ、一九一七—一九七九）は、一九七二年一〇月、戒厳状態のなかで維新体制を立ちあげ、同年一二月に維新憲法を宣布し、独裁と長期執権のための土台を築いた。維新期とは、一般的に維新体制の成立から一九七九年一〇月二六日に朴正熙が暗殺されるまでの時期を指す言葉として用いられている。

〔2〕檀君は、「朝鮮」を建国したといわれる神話上の人物である。檀君に関する記事は、おもに一三世紀後半に僧侶の一然が著述した『三国遺事』に記録されている。天の神である桓因の息子桓雄が地上に降って人間の世を治めるが、熊女とのあいだに子を産む。その子が檀君であって、「朝鮮」（一般的に古朝鮮と呼ばれる）を建てたという。この檀君伝説をめぐって帝国日本と植民地朝鮮のあいだで多くの歴史学者、宗教者などを引きこむ形でさまざまな解釈がなされた。

〔3〕「囚人のジレンマ」とは、二人が協力すると最善の結果を導くことができるのに、自分の利益のために協力を拒

むことをいう。たとえば、二人の共犯者が、ともに黙秘すれば懲役一年。一人が自白し、他方が黙秘した場合は、黙秘した者は懲役九年。ともに自白した場合は懲役五年というような状況である。その場合、相手が自白すると、懲役は九年か五年に決まるので、こちらも自白したほうが利益となる。一九五〇年にアメリカの数学者アルバート・タッカーが、ランド研究所でおこなわれたゲーム理論の実験をこのように囚人の例で説明したが、その後「囚人のジレンマ」と呼ばれるようになった。

第六章　韓国民族主義の近代性批判

問題提起

最近、韓国の民族主義の性格について、多様な議論が提起されている。とくに、世界化（地球化 globalization）の傾向が強まるにつれて、国民国家（nation-state）の役割に対する疑問が提起され、防御的・閉鎖的で自民族中心主義（ethno-centrism）の性向を強くもつ韓国の近代民族主義を、脱民族主義を目指すような、そして前進的で開放的な民族主義へと変えていくべきだという主張が勢いを増しているようである[1]。その一方で、種族的あるいは人種的な民族主義の病弊を治療するために、公共的あるいは市民的な民族主義へと移行していくべきだという議論も提起されているし[2]、場合によっては、民族という共同体の民主主義的な志向性を回復するために脱民族主義的なアプローチの必要性が提起されることさえあった[3]。単純化すれば、第一の議論が韓国の民族主義の性格を開放的なものへと変えていくべきものとし、民族主義の対外的な側面を批判したものだとすれば、第二の議論は、韓国の民族主義の原初的な属性がもつ非民主的で抑圧的な性格を強調し、民族主義の内部的な側面を批判するものだということができるだろう。いずれにしろ、民族主義を相対化する議論がつづいているということについては注目すべきであろう。

本章では、民族主義を韓国近代史における近代性形成のもっとも重要な契機として認め、韓国の近代民族主義と近代性の形成を関連づけることを通じて、近代民族主義の批判をこころみる。民族(国民)国家形成のための民族主義として出発した韓国の近代民族主義は、nation の民族的＝種族的な特性の発現としてあらわれるようになる[4]。したがってそこでは、近代以前に形成された集団としての特性がよく反映される。また、近代国家の形成をもっとも重要な目標に設定することにより、近代国家の形成の主体は、集団、とりわけ民族集団にならなければならなかった。そして、民族集団のアイデンティティ形成のためのもっとも重要な資源は、たいていの場合、二種類に設定された。ひとつは種族的な要素であるが、これは東アジアの王朝国家あるいは住民集団の形成の歴史性を反映すると同時に、近代移行期の各民族集団の危機意識を反映するものであった。もうひとつは王朝的な結集の要素だが、これは忠誠心の対象の変化を反映するものであった。東アジアの前近代社会がもっていた諸要素、たとえば、言語、領土、文化、経済生活の共通性などは、ほとんど自明な区別の要素として作用しており、ただ歴史とアイデンティティのちがいをもとにして集団のアイデンティティのちがいを確認するほかなかった。これは、以下でみていく各国の共和制形成の問題、あるいは国民形成の問題とつながっているだろう。

したがって、近代性の主要な側面である nation をもってただちに民族だとする同質性が定礎されることにより、その集団的アイデンティティが歪曲、あるいは代行されるようになる。つまり、国民的主体の形成の枠組みをもつことができなかったため、近代性を形成する上で二つの脆弱性をかかえることになったのである。ひとつは啓蒙の面であり、個人の自律性という面においては非常にもろい個人主義だけが形成されるものの、植民地社会の産業化が進むにつれて、労働市場における個人化、すなわち労働市場の個人主義だけは持続的に進んだという点である。これによってもうひとつの面が形成されるのだが、近代民族主義のヘゲモニーをめぐる闘争が進むにつれて民族主義が拡散していくものの、個人主義を欠いた民族主義へと民族主義のヘゲモニーが移っていくという点である。要するに、個人主義が欠如した民衆的な民族主義の拡散現象を通じて、韓国の近代民族主義の特性を理解しようということである。

本章では、民族主義を次のように前提づけて議論を進めていく。民族主義とは、近代国民国家の運動の論理あるいはその形成のための論理であり、近代国民国家によって構成される国家間体制（inter-state system）において作動するものである、とする。民族主義は、国民国家の構成員を「民族」という同質的な集団として言説化するためのものであって、内部構成員間の階級対立を内包しており、民族内部の力学関係によって、さらに国家間体制の力関係によって、外部にあらわれる性格を変えるという可変性を恒常的なアイデンティティとして備えるようになる。したがって、民族とは民族主義の特性によって規定されるものなのであって、民族が形成されて民族主義が云々されるのではなく、民族主義の性格の変化にあわせて民族の構成と性格が左右されるのだ、と考える。国家が民族を創出するのだという指摘[5]は、このような面からみて妥当である。いかに民族集団を言説化するかという問題は、民族国家形成の特性を反映しており、民族集団の恒久性を主張することはどのような国家も同じであるが、後進民族国家の場合、民族の特権性と国粋性を際立って強調するようになる。「民族の解放」や民族国家の建設のために民族、もしくは民族主義が形成される場合は、民族集団内部の階級の力関係に民族主義の性格が直結することもある。その意味で、民族主義というイデオロギー自体は、社会内部の階級の力関係によって規定されるような、みずからの足で立つことのできない副次的なイデオロギーとしての性格を備えているだけであり、したがって民族主義は、健康であるが同時に病的な性格を併せもつという両面性にその特徴がある[6]。民族主義は、手段のイデオロギーにすぎない。したがって民族主義は、大体において、民族国家内部の階級秩序を維持するイデオロギーとして作動するだけであることが多い。

韓国の近代民族主義の特性

民族主義の民族概念は、大きく二つに分けることができる。ひとつは、人種的共同体の永続性を強調するもので、原初論または客観主義的な民族理論であり、もうひとつは、民族主義とは近代化という特定の歴史的条件のなかで発生したイデオロギーだと考えるもので、道具論または主観主義的な民族理論である[7]。韓国の近代民族主義の特性としては、単一民族の永続性を主張する原初論を挙げることができるが、本章ではそれを、血統的種族主義と文化的民族主義、そして有機体的民族主義が形成される過程をみることであきらかにする。

(1) 共和主義の成立と民族主義の伝播

民族主義の形成の客観的な要素があるからといって、自動的に民族主義が形成されるわけではない。むしろ、韓国の近代民族主義は、人種共同体（ethnos, ethnie）の流れのなかから必要な部分だけを採って民族主義の基礎を築いてきたといえる[8]。したがって、共通の歴史・文化・血縁・領土・経済といった客観的な要素が韓国の民族主義を形成し強固にしたのではなく、政体に対する忠誠という観念が民族主義を強化していったのである。まず、この過程を、共和主義が台頭する過程を通じてみてみよう。

(a) 韓末の忠君愛国

持続的な政体への所属意識に代表されるプロト・ナショナリズムがおもに「身分の民族主義」に代表されていたということは[9]、だいたいにおいて韓国の場合も例外ではないだろう。宗教を除けば、種族と言語、領土など、原形的あるいは近代的な特性が非常に強くあらわれるという特性を否認するのはむずかしいとしても、このような諸特性が、他者との区分の指標としてあらわれるのでなければ、「原形民族主義」の指標と考えるには、注意を要する面が多い。前近代の韓国社会において、たとえ種族・言語・領土・経済生活・文化などの相対的な同質性に対する帰属意識が非常に強いものであったとしても、それをそのまま民族という集団に対する帰属意識におき換えることはできない。それに、もっともおもだった帰属意識は、王朝という政体に向かっていたにすぎない。

開港以降、忠君愛国思想が台頭するが、これは政府と王室の分離を象徴するものにすぎなかった。春秋時代には、国は諸侯の支配領域を、家は卿大夫の支配領域を意味していたし、その後も、国家という言葉は朝廷なり王朝なりを意味するものであった。ところが、西欧の近代民族国家（nation-state）が国家と翻訳されて、王朝と近代国家の区分があいまいになってしまった。したがって、忠君愛国というさい、国を指し示す観念は、王朝という観念から近代国家という観念へと変わっていかなければならなかったのである。

郵便はがき

料金受取人払郵便

本郷局承認

1665

差出有効期限
2019年4月30日
まで
（切手不要）

113-8790

（受取人）
文京区本郷1—28—36
鳳明ビル1階

株式会社三元社　行

1 1 3 8 7 9 0　　17

1冊から送料無料☺（国内のみ／冊子小包またはメール便でお届け。お支払いは郵便振替で）

お名前（ふりがな）	年齢
ご住所（ふりがな） 〒 （電話　　）	
Email（一字ずつ正確にご記入ください）	
ご職業（勤務先・学校名）	所属学会など
お買上書店　市 区・町　書店	

20170328/10000

愛読者カード　ご購読ありがとうございました。今後、出版の参考にさせていただきますので、各欄にご記入の上、お送り下さい。

本書を何でお知りになりましたか

□書店で　□広告で（　　　　　　　　）　□書評で（　　　　　　　　）

□人からすすめられて　□本に入っていた（広告文・出版案内のチラシ）を見て

□小社から（送られてきた・取り寄せた）出版案内を見て　□教科書・参考書

□その他（　　　　　　　　　　　　　　　　）

新刊案内メールをお送りします　□ 要　　□ 不要

本書へのご意見および今後の出版希望（テーマ、著者名）など、お聞かせ下さい

●ご注文の書籍がありましたらご記入の上お送り下さい。

（送料無料／国内のみ）

●ゆうメールにて発送し、代金は郵便振替でお支払いいただきます。

書　　名	本体価格	注文冊数
		冊
		冊

http://www.sangensha.co.jp

一九〇七年前後の申采浩《シン・チェホ》〔1〕の場合をみると、忠君のスローガンから愛国へと中心が徐々に移っていくことがわかる[10]。共和主義への過渡的状況をはっきりと示すものであろう。公式化はされなかったものの、新民会〔2〕が共和主義を掲げていたという事実を勘案すれば、申采浩は共和主義で心を固めていたのであろう。申采浩が、文明が進歩した国家のことを、専制封建が消え、立憲共和の福音が広く行き渡り、人民が国家の主人となる国家として認識していたことはあきらかである[11]。一方、この時期に申采浩は、民族を新たに発明することとなる。かれは、国家の歴史とは民族の興亡盛衰の状態を記録したものであるから、民族を捨てれば歴史がなくなり、歴史を捨てれば民族における おのれの国に対する観念もなくなるだろうと述べ、新たに「民族の歴史」を認識するようになる[12]。申采浩のなかで内面化していた愛国―共和―民族のつながりは、朝鮮における近代民族主義の進展の過程をはっきりと示している。とりわけ一九一〇年代以降、愛国の対象である国家が滅亡した状態においては、民族と民族主義が申采浩の理念をひっぱっていく力になったのである[13]。

これは、知識人の民族主義が、前近代的な政体ではない新しい忠誠の対象、国家像を提示したということを意味するが、しかしながら、忠君を通じてのみそれが可能だったという逆説をも示している。さらにそれは、大衆一般の民族意識がこのような過程を経て移行していくのだということを暗示するものでもあった。もっとも、一九一九年の三・一運動のわずか一〇数年前までは、いわば秘密結社だった新民会や大東青年党〔3〕などを除けば、どのような大衆的な政治勢力でも、またどのような大衆的な政治的事件においても、専制王朝を撤廃して共和主義を樹立すべきだという要求が公式的に提起されることはなかった。

(b) 共和主義の台頭と民族主義の伝播

以下では、共和主義的な志向が復辟主義にとって代わる過程に注目してみよう。専制王権体制が「民族」の滅亡を招いたとする思考は、原形民族主義におけるもっとも重要な基準に対する情熱が変わったことを意味する。つまり、身分民族主義が駆り立てていた原形民族主義に変化がもたらされたのである。強い帰属意識の対象がそれまでの政体ではなく新しい集団としての「民族」へと変わったのだが、それは新たに樹立されるであろう政体の内容を構成するものとなり、さらに、民族そのものを構成する内容も、大衆性を志向していかざるをえなくなったのである。そしてそのような志向は、いっそう強まっていくほかないような性質のものであった。

一九一五年までも、ほとんどの民族運動団体が、保皇主義を民族運動のもっとも重要な大義とみなしていた。一九一五年に結成された新韓革命党〔4〕が代表的な事例であろう。しかし、一九一七年に発表された「大同団結宣言」〔5〕では、「庚戌年の隆熙皇帝の主権放棄はすなわちわが国民同志に対する黙示的禅位であるから、わが同志は当然に三宝を継承し統治する特権があり、また大統を相続する義務を有する」と述べ、国民主権論が主張されている[14]。これは、国民主権を民族に固有のものととらえ、大韓帝国が日本に併合されたことにより皇帝が主権を放棄し国民に譲与したと解釈すると同時に[15]、主権の主体である国民を民族の下位範疇に設定するという、消極的な共和主義の発想にとどまるものであった。ここに三・一運動以降に典型化されたひとつの思考方式を見出すことができるだろうが、それは主権の意義を自然法思想や天賦人権論的な発想にもとづいて強調したり、積極的な意味で国民主権説を主張したりするのではなく、「民族」主権説とでもいえるような形で国民主権説を規定する方式である。つまり、君主主権論の対抗論理として共和主義を規定することによって、国民主権的な共和主義ではなく、「民族」主権的な共和主義へと、共和主義の性格が定礎されたため、民主主義の性格はかなり弱体化せざるをえなくなったのである。

三・一運動以前、朝鮮の内部でも、大韓光復会〔6〕や朝鮮国民会〔7〕が共和主義を標榜したことはあったが、それは一般的でも、下層社会で共有されるような理念でもなかった[16]。こうした状況で、三・一運動の前後に、共和主義が独立運動の大義としての地位を占めるようになる。政治的「共和主義」[17]に対する要求は、三・一運動を通じて急速に全民族的な綱領として提起され、朝鮮人のあいだで全社会的な合意として受け入れられるようになったと思われる。三・一運動前後に政府の形をとって成立した組織はすべて共和主義を標榜していたし、三・一運動を主導した人びとのほとんどが共和主義の到来を予見していた[18]。さらに、三・一運動の過程で、下層民たちも臣民的な政治意識から共和政府による統治を認めるような政治意識へと変化していきつつあった[19]。しかし、その初期には、大韓帝国皇帝の無能への対応という形で共和主義が認識されたので、専制主義に対する反射的なものだという性格が強かった。大韓民国臨時政府の臨時大統領は、「代理皇帝」の性格をもった存在でもあったのである[20]。このように、専制王政に対する忠誠が絶対的だった環境において、急速に共和主義へと移動していく思想と運動の地形には、どのような秘密が隠されていたのだろうか。その後の共和主義は、不可逆的な政治意識になったのだが、共和主義のそのような強固さを満たしていたのは、民族主義という内容物だったのである[21]。

「民族」主権的共和主義とでもいうことができる共和主義は、今や専制王権に代わって民族の大義を背負い、民族の忠誠を一身に受けるべき対象となったのである。否、民族がかくも強固な忠誠の対象となりえたのは、専制王権に対する忠誠を民族へと移転できるようにした共和主義という媒介があったからだというべきであろう。国民主権も民主主義も、その内容物となることができなかったが、共和主義は、民族的伝統となることによって[22]民族主義を媒介したのである。もちろん、時間が経つにつれて国民主権的な内容は充実していくのだが、植民地末期、海外における独立運動系列団体の綱領は、自由主義的な基本権の内容を備えるようになり、社会的な基本権も拡大していった[23]。ところが、共和主義は、三・一運動を通じて勝ちとったものであるものの、ただ文書の上でのみ有効なものであった。共和主義は、現実に適用してみる機会もなかったし、よってその内容を満たしていく機会ももつことができなかったが、決して揺れることのない不動の理念としての座を占めた。共和主義が堅固に座を占めるようになるのは、民族主権的な理念として出発したためであり、たとえ国民主権的な内容を十全に満たすことはできなかったとしても、民族の内容を民衆によって満たすことで、その空白を埋めていこうとした。だとすれば、私たちは共和主義を再考する責務を負っているといわなければならない。それは国家の問題でもあるが、国民主権的な問題意識を超える民主主義を拡充していくためにも、非常に重要な意味をもっているといえよう。

(2) 種族主義と文化的民族主義の形成

ここでは、植民地期に朝鮮の民族主義の原初論的な性格が強まっていく過程を、血縁、言語、歴史と文化という要素を対象にして検討してみよう。東アジア三国は、同種同文という考え方を共有していたが、相対的に疎遠な関係を維持しつづけてきたという点を想起するなら、客観主義的な民族主義が強まっていく過程を理解することも大事だと思われる。

(a) 血統と種族主義

朝鮮時代にも儒教にもとづいた同胞観があったが、それは近代的な同胞観とは異なるものであった。朝鮮王朝時代の同胞愛とは、国王と官人儒学者たちから成る支配層が、教化と恩沢が朝鮮のなかの非受恵者にも施されるようにするためのものであった。ところが、独立協会の時期から生みだされた同胞観は、文明の恵沢が自国の国民に施されるようにするためのものであった。同胞愛の実現主体を人民へと拡大し、文明開化論者たちの運動に人民を啓蒙し動員するための契機として同胞愛を強調したのである[24]。このように、開港期における儒教的同胞は、近代的啓蒙の対象へと転換しつつあったということができる。

啓蒙運動期の同胞観は、民族へと拡大されていく。申采浩は、国の主人となる種族を基本として歴史を記録するべきであり、国家の歴史は種族の興亡盛衰の歴史にほかならないと主張した。つまり、種族を基本として民族主義をあきらかにし、国家精神を発揮しなければならないと考えることにより、同族や同胞は民族の別名にすぎないものとなったのである[25]。申采浩にとって民族は、国民とまだ同一の水準の概念だったと思われる。また、国民も同胞の水準でのみ理解されていた[26]。ここに西欧の概念であるnationに対して、日本人が翻訳した民族という用語を輸入して用いたため、同胞あるいは同族は、民族（nation）と同一視されるようになった。こうした用語使用の傾向は、その後の朝鮮の民族主義が国民主権的な性格よりも種族主義的な色彩を明確にしていくという結果をもたらした。

一九二〇年代以降、このような血縁的な同胞観は、民族史の展開過程とつなげられ、かえってその意味が固着していくように思われる。「半万年の歴史をもつ朝鮮民族が、同一の領土で外族の雑血に染まらずに生長発育し、それが二千万の兄弟となるのは明確な事実」であるから、檀君という始祖のもとでその根本が同一であり、朝鮮という公称のもとでその姓名が同一である、と主張するようになるのである[27]。李光洙《イ・クァンス》〔8〕にとっても、血統は民族の本質的な要素であり、もっとも主要なもののひとつであった。かれは、朝鮮族は特殊な朝鮮族の血統を受け継いだ民族であり、異民族の血は大海に流れこむ数本の川の水のようにその独立性と特殊性をうしなって朝鮮の血と化した、と述べた。よって、かれにとって民族とは、だれもその範囲から超脱することのできない「運命」

であった[28]。血縁的な民族観は、安在鴻《アン・ジェホン》も共有していた。安在鴻によれば、民族主義とは、本能的な傾向によって同胞意識や共同利害をもつ同一民族をひとつの単位とし、一定の社会的な生活過程を諸国間のひとつの区域で営もうとすることを指す。さらに、「水より濃い血のつながり」をもちながら、親愛・互助・協同による親しい生活を営もうとするのは天然の傾向であると述べ、民族否定論を非難する[29]。このように、血縁的同胞にもとづく民族観は大多数の民族主義者が共有しており、これに対する批判はほとんど提起されなかった[30]。

しかしながら私たちは、血統の同一性を強調する種族主義的民族主義の論理構造がいかに脆弱なのかということ、また種族主義であれ民族主義であれ、かなり根強い情緒的な構造に依存しているということを、人種主義的な情緒を帯びている安重根《アン・ジュングン》〔9〕と李光洙の事例を通じて知ることができる。安重根にとって、東洋三国はひとつの村の三兄弟のような存在であって、朝鮮は日本からすると同族に等しい異国であった。それゆえ、白人種と黄色人種の競争だった日露戦争のとき、かれは愛種党を結成したし、日本の日露戦争勝利を記念しようともしたのである[31]。安重根の東洋平和論は、ある種の白禍論であった。大韓帝国末期、いわゆる「東洋平和論」がもっていた人種主義的な面は、日本のアジア主義に対応する朝鮮特有の「超民族主義」と名づけることができよう。

帝国日本の支配下において朝鮮人は、帝国日本の国民として擬制化されることによって、帝国主義近代国家の「国民」と、民族国家なき民族あるいは民族主義とが両立するという経験を強いられた。「内鮮一体」と「五族協和」のイデオロギーは、帝国秩序内における民族の位階化にもとづく国民すなわち帝国臣民という地位にあたえられるものであった。とくに、右派民族主義者たちが人種主義の外皮をまとって「内鮮一体」と「大東亜共栄圏」の論理を合理化する場合、親日とは「人種主義に裏打ちされた民族主義」として、ただ種族主義的民族主義の外縁を拡張したものにすぎなくなっていた。ここでも、種族主義的民族主義と人種主義は相通じていたのである。

朝鮮人はもはや決して被植民地民ではない。弱小民族でもない。敗戦国民でもない。威勢隆々たる大日本帝国の臣民である。……遅くとも三十年後の朝鮮人の子孫は、朝鮮人だという悲哀をあじわわなくなるであろうし、内地人の子孫である日本人と同じように完全に平等となり完全に融合した、それこそだれがだれなのかわからない「同胞」となって栄光を享受するであろう。[32]

李光洙にとって、血統的な同胞であり「運命」であった朝鮮民族は、もはや日本民族の同胞となるべき運命にあった。かれにとってもはや民族主義は、その認識と同情の範疇を二千万から九千万に拡大し、その郷土愛を朝鮮半島から日本帝国全体に広げるべき存在となった[33]。またここには、みずから帝国主義の主体となって帝国主義の被害者としての存在を超克しようとするこころみが介在している。このような論理は、日本が大陸侵略を敢行し超国家主義的な人種主義へと進展しているという背景のもとで、イデオロギーとしての民族主義をきっぱり振り捨てて人種主義へと転化しうる、民族の外縁を人種の枠組みのなかに隠しているブルジョアジーの論理だとみなすことができよう。ただ、このような論理は、近代的な主体の形成ではなく、天皇ないし「神聖な国体」の客体としての臣民になることによって「国民」になりうると考えるものであって、いわば自己欺瞞的な近代化であり、近代国民国家を樹立しようとする企てにすぎないものであった[34]。

(b) 言語民族主義

中華秩序のなかで普遍的な文語としての地位にあった漢文と地域語が共存しているのが、前近代東アジアの言語状況であった。したがって、民族主義を高揚させるためには、普遍語としての漢文と地域語の関係を再定立しなければならなかった。朝鮮語と、表記体系として用いられる漢文との乖離、つまり音声言語と文字言語の二重構造を、開港期には「言文二致」と呼んでいたが、これを克服して「言文一致」をなしとげることは、朝鮮語を民族語へと格上げするために欠かせないことであった。周時経《チュ・シギョン》〔10〕は、「朝鮮文は朝鮮語の影であり、写真」という比喩を使ってその必要性を強調している。そしてその前提として、朝鮮語の重要性を次のように表現している。

其域は独立の基であり、其種は独立の体であり、其言は独立の性である。此性が無ければ、体が有ってもその体ではなく、基が有ってもその基ではなく、其国家の盛衰も言語の盛衰に在り、国家の存否も言語の存否に依るのである。[35]

　ここではすでに周時経の民族主義観が明快に表明されているが、領土・人種・言語が民族の構成要素となり、そのなかでも国性である言語が領土と人種を維持していく基本となる、とかれは考えていたのである。このように、周時経の国語運動は、言文一致をなしとげることによって民族語を完成させようとするものであった。張志淵《チャン・ジヨン》〔11〕も、「民の言語文字が均同になった後で、民志が整然とひとつになり、愛国思想もまたこれにしたがって発展するようになるだろう」[36]と述べ、民族主義的な必要性から言文一致を主張している。

　朝鮮語を表記する文字の名前が「ハングル」という語で定着することも示唆的である。朝鮮語を指す語として、甲午改革〔一八九四～九六年〕以降「国文」あるいは「国語」が用いられたが、大体一九一三年頃から「ハングル」へと変わっていく。国語あるいは国文がハングルとして定着していく過程で、「ハンマル（한말、韓の言葉）」もしくは「ペダルマルグル（배달말글、倍達の言葉と文）」という語も用いられたのだが、倍達は古朝鮮の名と関わるものであり、朝鮮語を民族の歴史性とつなげようとする意図があらわれているといえよう。ハングルもまた、三韓や大韓帝国を連想させるという点で〔12〕、同様の意図に貫かれていたといえるだろう[37]。

　周時経の死後、もたついていたハングル運動は、三・一運動以降ふたたび勢いを増していく。一九二〇年代初頭から、文化的民族主義者たちは、朝鮮文化の使用と普及のためにもハングルの使用を普及させ、発達を奨励する必要があると主張した。ハングルを用いなければ朝鮮の文化は死滅してしまうだろう、という危機感をもっていたのである[38]。一九二〇年代後半以降、ハングル運動の中枢的な役割を担っていた崔鉉培《チェ・ヒョンベ》〔13〕は、民族の基礎をなすのは民族文化であり、民族文化の下支えとなるのは言葉であると主張した。崔鉉培は、ハングル運動は帝国日本の同化政策に抵抗する運動であり、究極的には民族の自主と独立を成就する運動になると認識していた。李克魯《イ・グンノ》〔14〕も、民族問題の中心は言語問題であり、語文運動によって民族意識を注ぎこみ、民族運動の基礎を積むことがなによりも重要だと考えていた。植民地支配下におけるこうしたハングル認識は、社会主義者たちも共有するものであった[39]。李光洙もまた、文化の根本をなすのは言語であり、民族の思想と感情を伝承するのも言語であるから、言語は「民族の魂」である、と考えていた[40]。

すでに学校における公式の教授用語として日本語が用いられていたため、これを朝鮮語に変更しようとする要求が継続的に提起されたことも、同じ次元に属するものだといえよう。植民地支配下における正書法統一運動と標準語査定運動は、ハングルが民族主義において占める地位のなかでも象徴的なものだといえる。標準語の制定は、ハングルが民族語へと地位を上昇させるためには必須のことだったし、「文盲打破」においてもその基礎となるべきものであった。すべての朝鮮人が正しい朝鮮語の音声と文章を習得することは、ヴ・ナロード運動のような「文盲打破」運動が掲げた目的であるとともに、民族主義運動の核をなす活動でもあった[41]。このように、大韓帝国の後期以来、民族を構成する中心的な要素として言語を想定しながら、語文一致を通じて民衆を「動員」することによって、民族主義を成就しようとしていたのである。

(c) 歴史と文化的伝統の強調

植民地支配下の文化的民族主義は、二度の波を経て強まっていく。三・一運動の直後、総督府のいわゆる「文化政治」に便乗して進められた「文化運動」と、一九三〇年代初頭、新幹会〔15〕の解散以降ますます狭まった合法的な運動の空間において民族主義者たちによって主導された文化運動である[42]。

広く知られているように、かつて申采浩は、歴史を「民族の歴史」としてとらえようとした。また、民族主義によって全国民の愚かさを覚まし、国家観念をもって青年たちの頭を磨きあげると同時に、国の命脈を守ることができる方法は歴史のほかにないと主張した[43]。さらに、民族精神の維持と愛国心の喚起は、国粋に根拠をおくものであり、国粋とは歴史的に伝来する風俗・習慣・法律制度などの精神を指すものだとも述べていた[44]。したがって、民族の歴史を研究するということは、国粋を保全することによって民族精神を維持する上で核心的な役割を担うと唱えたのである。

一九二〇年代、文化運動の先駆けとなった『東亜日報』は、民族を次のように定義した。歴史的経験を共有し、国民的運命をともに開拓した経験がなければ、民族の観念は生じず、よって言語・慣習・感情・礼儀・思想・愛着などの共通連鎖も生じない[45]。民族は共通の歴史にもとづく共通の文化的産物だというのである。したがって、血統関係はさほど重要な問題ではなく、しかも純然と自己の血統のみを守りきった民族というものも存在しないと主張した。この延長線上で、民族は発見されたものだという主観主義的な民族主義の言明が提出されたこともあるが、それは単に、歴史的であり文化的である民族の実体を新たに発見したという主張にすぎなかった[46]。このようにみるならば、植民地支配下の朝鮮の民族主義の伝統において、道具論的で主観主義的な民族主義論は、非常にめずらしい事例だったといわなければならない。よって、朝鮮の民族運動とは朝鮮の民族性にもとづいて朝鮮の文化を発達させるものだと認識され、日本の支配者たちに対しては文化主義に徹底することを要求したのである[47]。さらに、文化運動とは朝鮮人が「文化的資本主」になろうとする運動であり、文化的に世界を征服しようとする運動であると主張された[48]。民族的な平等を要求し、世界的に連合するためには、朝鮮民族自体が文化において優者となり、勢力上の強者とならなければならなかったのである[49]。

一九三〇年代、民族主義の文化運動は、朝鮮の独自性を根拠とし、民族単位の個性を抽出する運動だと考えられた[50]。安在鴻もまた、民族とは文化と伝統、趣味、風俗といった共同的・自然的な枠（紐帯）の内部において一定の特殊な生活の傾向を形成した集団であり、たちおくれたものが生存努力の闘争的な力量を育てあげるためには、かならず一度は経なければならない尊い作用として民族主義を認識していた。したがって、民族主義によって洗練されなければ、公式論的な国際主義へと進むこともできないと主張した[51]。そのため、同一の文化体系をもつ単一の集団において、その集団自身の特殊な歴史と社会との文化的な傾向を探り究明する学問である朝鮮学を、文化運動の一環として進めることは、当然の論理的帰結であった[52]。

(3) 有機体的民族主義と民衆の性格

(a) 有機体的民族主義

大韓帝国末期における啓蒙運動の系列は、社会ダーウィニズムを受容しつつ国家有機体論をも受け入れるようになる。これは梁啓超の影響を受けたものであるが、申采浩もまた国家を民族精神によって構成された有機体だと認識していた[53]。わが国民が二〇世紀の新国民にならなければならないのも、国家間の競争は全国民の競争だからである。このように、社会ダーウィニズムを国家間の関係に適用する場合、国家が有機体として認識されるのは当然のことだが、国家が民族精神によって構成されるという認識は、国家の滅亡以降、民族の論理が強調される根拠となっていった。日韓併合以後、民族が有機体として認識されるのは、このような論理の延長線上にあるものとして、きわめて自然なことでもあった。したがって、社会ダーウィニズムを固守していた段階では、まだ申采浩も個人と肉体の生存ではなく、全体と精神の生存がより重要なことだと考えていたのである[54]。

『東亜日報』の創刊の辞にもはっきりとあらわれているように〔一九二〇年四月創刊〕、一九二〇年代以降も有機体的な民族理論は朝鮮の民族主義の特性をなしていた。民族は単に個人が多く集まったものではなく、自己の独特な存在を具有する実体であるため、代々生死をくりかえす個人に対して、民族という全体は永続的に流れる命だという。だから、個人の存在が民族の特性をなすのではなく、逆に民族の特性が個人という存在の内容を形づくることになる[55]。個人的な安楽にふけることを利己主義として絶えず警戒・批判しながら、民族全体を愛する「民族愛の勉強」が必要だと主張したのもそのためであった[56]。

一九三〇年代に入っても、このような認識はつづいた。朝鮮民族が衰退したのは、民族の生存競争に対する意識が欠如していたことが原因であり、生存競争における最大のグループである民族の競争を自覚すべきだという主張がなされていた[57]。個人の成功は国民全体の成功であり、個人の栄光は国民全体の栄光であった[58]。それゆえ、民族的偉人の墳墓をつくり、祭祀を大々的に執りおこない、民族の歴史を磨くように精神を転換しなければならない[59]。このような認識の上にのみ文化運動は可能なのであり、さらにそれは個人のために必要なことでもあった。

安在鴻も、民族愛は尊い歴史的産物であるから、民族愛の立場に固く立って国際主義的な人類愛の大路へと進みでることを主張している[60]。民族主義を過渡的なものととらえてはいるが、先進国の国民主義と後進国の民族主義を同根であるも異質なものと評価し、民族主義の必要性を主張したのである。一方、天道教〔16〕の民族主義も、有機体的な性格を帯びていた。天道教は、国家と民族が有機体を構成する個体であると考え、また社会ダーウィニズムを思想的根拠としていた。しかし、天道教の民族主義には宗教的な性格があったため、民族主義の排他性は警戒され、人類主義に向かう過渡的な性格としてのみ意味をもつものと認められた。これは宗教の特性を反映したものではあるが、朝鮮の民族主義の系譜において独特なものであるといえよう[61]。

このように、有機体的民族主義は、朝鮮近代の民族主義者たちがおおむね共有する特性であった。社会進化論を克服しえないかぎり、民族主義論が有機体論的な性格を強く帯びるようになるのは当然のことであろう。しかし、民族主義のこうした有機体的な性格は、それによって必然的に個人主義の成長を妨げるものでもあった。

(b) 民衆と個人主義

民衆は三・一運動の嫡子であり、三・一運動を契機に、民族主義者たちにとって絶対的な存在として浮上した。民衆は絶対的な生命を帯びたまま、解放という遠大な理想に向かって突き進む存在として表現された[62]。民衆は、官吏でない者であり、財産家・知識階級・自由業者といった少数階級ではない、農民・漁民・労働者をあわせた多数者であり、とりわけ農民が朝鮮民衆の中心をなすとされることもあった[63]。また、民衆はもっとも大きな権威をもつ神聖な名であり、現代は民衆本位の時代、民衆中心の時代であって、民衆主権、および民衆の権威や福利に向かう最後の神聖な戦争がはじまったとも主張された[64]。今や政治の主体は民衆となったのである[65]。その観念的な実体は依然としてあいまいではあったが、すでに民衆は主権の保持者として民族を構成するものとしてとらえられていた。それゆえ、相変わらず曲解されている民衆を新たに発見することは、「民族の発見」に意味をもたらすことであり、真の文化運動・社会運動の目標が確立される道でもあったのである[66]。総体的無産者論は、こうした文脈でのみ意味をもつものであった[67]。

このような民衆論が流行すると、自由主義を主張していた文化的民族主義者たちにとって個人主義は、ただ個人の性格を改革するもの、あるいはエリート主義的なものにすぎなくなる。自由主義的な個人主義は、それが紹介された段階からつねに社会的に制約されざるをえない性格をもっていた[68]。玄相允《ヒョン・サンユン》〔17〕の場合、社会の改革のために個人の性格を改造することを強調したものの、自由な個人主義を主張したわけではない。個人は自身の要求と希望を集団の要求と一致させるべきだ、というのがかれの立場であった[69]。李光洙は、朝鮮で自由論・平等論が流行っているが、これを能力の平等であるかのように認識し、命令する者と服従する者の区別さえ無視しようとしていると非難した[70]。民族の自由と平等を勝ちとろうとする団体的な事業においては、指導者に対する多数の民衆の忠誠や服従こそが必要なのであり、公民の義務は、自分のために適当な指導者を選び服従することにその真理があると主張する[71]。利己主義は消極的方面の個人主義であって、民族を病ませ、社会を消滅させるものだと批判され、積極的方面の個人主義は「社会と民族を通じて」個性の発展を実現しようとするものである、と称賛された[72]。

個人主義は、ただ自由の意味がわかっており、それを責任感のもとで具現することのできる指導者に対する追随の思想にすぎなかった[73]。だから、自由主義といっても、それはすでに厳密な意味での自由主義ではなかったし、個人主義もまた、全体民族ないし指導者のための単なる装飾物にすぎないものであった。よって、衰弱した民族性を復興するには、むしろ偉人を輩出し、それによって一般民衆の元気を鼓舞し、自尊自営の気風を涵養することで民衆を開明すべきだという主張があらわれるようになる[74]。したがって、朝鮮人という意識をもつこと、すなわち民族思想は、民族的な解放と平等の大理想・大潮流に順応するものであるとともに、すべての思想の根底をなすものにならなければならなかった[75]。

植民地支配下の民衆は、主体としてではなく、民族構成の対象としてのみ機能した。民衆―民族の位階関係が、国民―国家という関係の代わりになったのである。このようにみると、「民衆」は二重に制約されてきたということができる。ひとつは、民族主義の言述体系において民衆がただ民族構成の対象としてのみあつかわれることによって、合理主義的・自由主義的な主体としては設定されえなくなり、したがって民主主義的な発想が定着しにくくなったという点である。もうひとつは、上層部が主導した民族主義が主導権をうしなっていくにつれて、民衆の側が民族主義を主導していくようになるものの、民衆民族主義もまた前者の民族主義の特性を共有するようになるという点である。一九三〇年代に入り、民族運動の主導権が少しずつ民衆に移譲され、文化的民族主義と有機体的民族主義という民族主義の二つの側面はいっそう堅固になるが、このような現象は民衆が近代主体としての役割を果たす上ではより大きな障害要素として作用することになったのである[76]。民衆は民族主義が依拠することができる唯一の対象であるため、民族主義は民主主義より民衆主義に訴えかけるしかなかったという指摘は、朝鮮の場合も例外ではなかった。合理主義とはほど遠いロマン主義的な文化が民族主義の伝播と並行するのもそのためである[77]。

一方、戦時体制期のいわゆる皇国臣民化政策は、とくに民衆的な民族主義の原初的な属性を強化する契機となった。創氏改名の施行を通じて、父系血統中心の一族に代表される朝鮮の親族体制を破壊しようとしたり、日本語の使用を日常的に強制して朝鮮語の使用を禁止しようとしたりした日本の政策、いわゆる民族抹殺政策は、むしろ日常的な抵抗の機制として作用したのである。このような形で民衆的な民族主義が強まる過程は、国民主義的な伝統が薄弱なまま民族形成の原初的な属性を強調する民族主義的な伝統を、堅固に根づかせるという結果を生んだ。つまり、国家なき状態における民族主義ではあるものの、民族の構成員が近代的な個人としてもつべき意識や姿勢をなおざりにすることによって、将来近代国家を構成すべき原動力としての民族主義にひとつの欠損要素をもたらしたのである。

(c) 民族主義を越えて――申采浩の場合

しかし、植民地支配下といっても、集団意識としての民族主義がつねに肯定されたわけではなかった。それは、民族主義を用いることによってでは、別の民族主義すなわち日本帝国主義を乗り越えることはできない、という申采浩の命題を想起すれば納得できる。申采浩は、『朝鮮上古史』の総論で、歴史は我と非我の闘争であると論じている。

我のなかに我と非我があり、非我のなかにもまた我と非我があるが、そうして我に対する非我の接触が頻繁であればあるほど、非我に対する我の闘争がいっそう猛烈となるため、人類社会の活動が止まる間もなく、歴史の将来が完成される日もなくなるのである。よって歴史は、我と非我の闘争の記録となるのである。[78]

申采浩はこのように述べ、絶えず我を相対化している。さらに「朝鮮革命宣言」では、強盗日本を駆逐しようとするなら、もっぱら革命によるほかはなく、革命でなければ強盗日本を駆逐するすべはないといい、民衆の直接革命を主張した[79]。これはアナキズムにおける「絶対の敵」に対する民衆の直接革命を主張したものであり、すでに民族主義を乗り越えているともいえよう。要するに、民族主義によっては別の民族主義、とりわけ帝国主義を乗り越えることはできないというのである[80]。

(4) 植民地支配下における社会主義的民族主義の性格

まず、三・一運動の前後に朝鮮で受容された社会主義の共和主義観を考察してみよう。朝鮮の社会主義者たちが共和主義の内容を正しく満たしていたかは疑問である。一九二六年には民主共和国の樹立を主張したが、二八年には人民共和国の樹立を唱えている。非民主的な共和主義を民主的な共和主義に変えようとする意図をもっていたのであれば、問題意識が一歩前進したということができるだろうが、民主共和国を人民共和国に変えたことは、民主主義の面では後退したものだといえよう。そこには、右派民族主義者たちとの連合の結成という問題意識が深く関わっていたが、国民主権的な認識よりは民族主権的な認識のほうが強く働いていたことも否定できないだろう[81]。これは、民主共和国について、その内部で階級闘争が終結する国家形態だと規定したマルクスの思考には、到底至らないものであった。

しかも、一九二八年のコミンテルン第六回大会以降、社会主義者たちの国家観は、コミンテルンの路線にしたがって、「ソビエト型による労農階級の民主主義的執権の樹立」、すなわち「労農ソビエト共和国」の樹立へと変わった。つまり、労働者・農民の階級同盟によってソビエト政府を建設し、労農民主独裁を建設するということが当面の目標に設定された。一九三〇年代なかばのコミンテルンの路線変更により、ソビエト国家の樹立を追求する過渡的段階として、人民戦線政府あるいは民主主義共和国の樹立を当面の目標と修正することになるが、究極的にソビエト国家の樹立を放棄したのではなかった[82]。だとすれば、社会主義者たちの共和主義に対する認識は、民族主権的な認識と階級主権的な認識のあいだで動揺していたとみることもできるだろう。こうした認識の地平において、国民主権の思想と民主主義が介入することはできるだろうか。

一方、初期の社会主義者たちの民族主義は、主観主義的で道具的な民族主義を特徴とするものであった。金泳植《キム・ヨンシク》〔18〕は、民族観念を構成する要素として、血統、言語、歴史や文化、地理という四つの共通関係を挙げるが、しかしながら、いずれも民族を構成する直接的な要素になるものではないと考えた。なかでも、血統の共通関係で構成される人種なるものは、たいていは混成的な産物であり、神話的な観念にすぎないのであって、民族主義を人種的な偏見によって構成するのは人類社会の大害悪になると述べる。すなわち、民族とは、客観的な諸条件を若干の土台にして、その類似性によってつなげられたものであり、主観的な信念に基礎づけられたものだという。民族主義には帝国主義と国民主義の二つがあるが、植民地の民族主義は国民主義の一種であり、民族生存権、つまり民族自決権にもとづく自己実現的な民族主義であるから承認されるべきだと述べる。人格的な個人主義を土台にしながら、血縁という本能的衝動を抑制し、歴史や文化という人為的な流動性を強調する自存的な民族主義を強化しなければならないともいう。とはいえ、このような民族主義も、国際化の過程によって文化の統一と融和が強化されれば、世界同胞の観念が高まっていくため、徐々に死滅していくと予測していた[83]。

ただ、金泳植の論考以外に、社会主義者たち独自の民族理論はあまり見当たらない。そして社会主義者たちも、一九二〇年代なかば以降は、客観主義的で原初論的な民族主義を否定しなかった。さらに、スターリンの民族理論が紹介されると、こうした傾向はより深まっていった。スターリンの命題にしたがい、民族は資本主義の展開とともに形成されたもので、被圧迫民族の民族形成を期する民族思想の発動が民族運動だと理解されたが[84]、それは民族形成の原初論的な要素をも包容するものであった。右派民族主義運動勢力をもっぱら社会主義運動勢力との連合結成の対象としてのみみていたため、独自の民族理論を発展させる機会を逸したのだと思われる。このようにみると、社会主義者たちは精巧な民族理論を提出したことはなかったが、大韓帝国末期から形成されてきた民族主義者たちの原初論的な民族理論を共有していたように思われる[85]。社会主義的民族主義というわけである。

解放以降の民族主義の体制性と運動性

植民地支配下で形成された朝鮮の近代民族主義のおもな特性である原初的・客観主義的な民族主義と有機体論的な特性は、解放後の韓国の民族主義の展開にも大きな影響をおよぼすこととなる。解放後、韓国の民族主義がその国家的な性格を強めていくなかで、反体制運動としての性格をもつ民族主義が台頭し、それは民族主義的な実践と研究の両面において強まるが、以下では、この点を中心に、解放以後の民族主義の性格をみてみたい。

植民地支配下で民族と国民のあいだに一定の距離をおいていた経験は、解放後に民族集団の内部である種の「集団無意識」として作用する余地があった。解放後、単一国民国家を樹立することができず、二つの「不完全な」、そして「敵対的でありながら相互依存的な」国民国家を樹立した分断国家体制のもとでも、民族と国家の乖離を深刻に感じなかったのは、植民地支配の経験によるものであった。それによって、分断国家の体制的イデオロギーとして民族主義は相変わらず機能していたが、他方では、逆に民族主義そのものの欠如と受け止められることもあった。不完全な国民国家に重点をおくのか、それとも「二つの国民国家」の外縁として機能していると思われる民族に重点をおくのか、というちがいはあったものの、それは基本的に国民と民族の乖離によるものだったということができる。いずれにしろ、民族を重視する立場においても、民族主義は運動として機能するかぎり、成り立ちうるものであった。

解放後の韓国の民族主義は、二度の屈折を経ながらその国家的な性格を強めていくようになる。民族主義は、反託運動〔19〕と反民特委による親日派の処理過程を通じて、二度の屈折を経験するのである[86]。反共主義と民族主義は、この二度の転倒現象を経て結びついていく。反共主義は、植民地支配下で強固に形成された民衆的な民族主義を窒息させ、その地位を占めていくようになる。そもそも、民族主義の国家化・体制化は、民衆的な民族主義が強固である場合にそれに対する反発として発展していくのであって、民衆的な民族主義がもつ爆発力も、これによって鎮められるのである。そうして国家的な民族主義は、民族主義がもつ本来的な性格としての動員と統合の機能を、外部の対象を通じて適切に発揮しつつ、反共主義をもって民族主義における国家性の欠損を補完していくのである[87]。

このように、公定国家民族主義[88]は、反共主義と表裏の関係にあり、冷戦状況のなかで定着していくようになる。南北の国家民族主義は、南では李承晩《イ・スンマン》の一民主義と反日民族主義を通じて、そして朴正熙《パク・チョンヒ》による民族的民主主義、あるいは経済成長の自立的な傾向の強化を通じてつづいていき、北でも主体《チュチェ》思想が民族主義的な性格を強く帯びるようになって体制強化に寄与することとなる。

まるで万華鏡のなかの風景のようにして終わってしまったが、李承晩政権の初期に提唱された一民主義は、たとえ国家化された民族主義だったとしても、植民地支配下で形成された民族主義の特性をよく反映していた。血の純潔を押し立てる種族主義を掲げ、民族の有機体的な性格を強調しながら、原初論的な性格を部分的に拡大・誇張することによってファシズム化した「民族主義」が一民主義であった。一民主義は、反共主義のプロローグの役割を担うにとどまったが[89]、李承晩政権の民族主義は、民衆の強い反日抵抗感情を引き起こすために日常的に動員されていた。朴正熙政権は、復古的で懐古的な民族主義を打ちだした。伝統的な忠孝思想を強調し、民族の伝統文化の発掘を叫んで国学運動を支援しつつ、歴史のなかの対外抵抗を美化するといった活動を活発にくりひろげたのは、民主主義と平和統一を主張する反体制運動を抑圧するためであった[90]。自立経済を標榜し、経済成長を追求しつづけたことも、こうした発想の延長線上にあった。朴正熙式の民族主義もまた、民族形成の原初論的な性格と有機体的な性格を強調することによって、民衆の民族主義的な情念を動員することには成功したのである。

北朝鮮の民族主義は、社会主義的な愛国主義を主張するところに、その特性がもっともよくあらわれているといえよう。それが民族利己主義や大国主義的な傾向としてあらわれるのを警戒しながらも、あえて社会主義的な愛国主義を否定はしなかった。また、民族概念においても、スターリン式の民族形成理論にもとづいていたが、血統を民族形成の要素として追加したことにより、原初論的で文化的な属性を強く帯びるようになった[91]。その後、有機体論的な論理までもつけ加えることにより、植民地支配下の朝鮮の民族主義の伝統をもっとも忠実に復元するようになる。こうして、南北の国家民族主義は、ともに浪漫的で文化的な民族主義を共有するようになり、基本的に抵抗民族主義の属性を共有するものの、いずれも内側の自由に対してはきわめて否定的であり、相互間の同質性の確保についても等閑に付していたという指摘は正当である[92]。

一方、韓国における反体制運動としての民族主義は、一九五〇年代の進歩党の平和統一論からはじまる。曺奉岩《チョ・ボンアム》〔20〕の社会民主主義論と平和統一論は、米ソ両体制の影響を克服する独自路線を打ちだし、南北間の平和と共存路線を結びつけることによって冷戦と分断を同時に乗り越えようとしたという点で画期的であった。挫折したものの、曺奉岩の平和統一論は、ある種の民族主義運動と位置づけることができるが、南北間の平和共存と冷戦解体を通じて民族主義を実現しようとしたという点で、韓国における反体制民族主義運動の先駆をなすものだったといえる[93]。一九六〇年代、日韓協定に反対する過程で出発する民族主義運動は、強い反体制性を特徴とするものであった。とりわけ、反体制民族主義運動は、強烈な反日民族主義を基礎とし、植民地支配の清算を目指しつつ、韓国経済の日本への従属を警戒するものであったが、冷戦体制そのものの解体を重視したことはほとんどなかった。韓国の民族主義運動は、両者とも基本的に冷戦構造を基盤とする運動であった。その意味で、反体制民族主義こそ真の民族主義であり、体制化された右派民族主義はエセ民族主義だと排除することによって、その従属性だけを過度に強調するようになったという指摘は注目すべきであろう[94]。反体制民族主義運動といっても、冷戦構造に基盤をおいており、原初論的な民族主義を維持していたという点では、国家民族主義と共通性をもっていたといわねばならない。このような性格は、基本的に一九八〇年代の民族主義運動にも継承されていた。ただ、九〇年代の市民運動は、少しずつ民族主義を相対化していったという点で、注目に値するといえよう。

さて、反体制民族主義運動と認識されていた近代民族主義についての研究の傾向を、いくつかの側面から検討してみよう。まず指摘したいのは、第一次大戦以後の民族主義をめぐる学術的な議論の「二大樹立者」と称されるハンス・コーンとカールトン・ヘイズの民族主義研究が、韓国の民族主義研究におよぼした影響についてである。一九六〇年代、民族主義の熱風が世界を席巻していたとき、コーンとヘイズを中心とする自由主義伝統の民族主義の議論は、韓国にも翻訳され、多くの影響をあたえることになる。とりわけコーンは、民族主義を、合理主義と自由主義が結合したものであり、価値志向的なものだと認識していた。したがって、民族主義には良い民族主義と悪い民族主義があるという両義性が前提となっており、かれにとって民族主義とは、いわば信仰のようなものであった。そしてコーンは、文化的で倫理的な民族主義が展開されるとき世界はひとつになると考えていた[95]。では、このようなコーン流の民族主義は、韓国の民族主義研究にどのような形で反映されたのだろうか。

「分断された同胞の統一をなしとげ、一切の権威主義的な抑圧が終息する民主主義を成就するためのひとつの可能性が、まさに民族主義」[96]なのであり、それをあきらかにするのが民族主義研究の目的とみなされてきた。民族主義によってのみ近代国家の建設が可能であり、民主主義を確立することができる、という価値志向のもとで、民族主義研究がおこなわれてきたといえるだろう。こうした側面は、歴史学界の研究傾向においていっそういちじるしい。民族主義の内容において多少ちがいはあるものの、民族形成の原初的な属性と永続性を強調し、民族主義の内容に関して自立性のある価値志向のイデオロギーとみる点では、おおむね一致していた。これは、朝鮮の近代民族主義の属性をそのまま受容したものである。民族形成の近代的契機をきわめて厳格に認めつつ、民族主義を相対化しようとした論者は、あまり多くはなかったように思われる。よって、たいていの場合、民族主義は至高至善のイデオロギーとして、近代韓国社会を規定するもっとも根本的で重要な理念としての座を占めるようになる。

強力な実践性がそれを裏打ちしていたが、韓国の近代民族主義の受容と展開をめぐる解釈のかたよりはここからはじまる。その典型的な例は、植民地支配下の民族主義についての研究にみられる。植民地下の民族主義のことを、民族国家樹立のためのイデオロギーとしての民族解放イデオロギー、すなわち民族集団内部の階級対立を反映する副次的なイデオロギーとしてではなく、右派ブルジョアジーの専有物としてのみとらえることによって、解釈の余地がかなりせばまってしまったのである。このような解釈は、民族経済を想定することと同じぐらい、現実的な土台をもたないものである。民族主義は、政治的に左翼でも右翼でもない。また、民族主義を右派ブルジョアジーの専有物ととらえ、それを帝国主義に対する妥協性の有無で左右に区分することで、みずから民族主義の内容を単純化しただけでなく、民族主義の議論そのものを不毛にしているといえよう。

民族主義は、「民族解放」のための経路として妥協の契機も受容しうるものであるが、この妥協性とは、もっぱら主導権をうしなっていかざるをえないブルジョア民族主義の一面を示すにすぎないものとみるべきであろう。一九世紀の西欧では、民族主義を進歩的・民主的・左翼的だと考えるのが普通であった。しかし、ある段階では左翼とみなされていた民族主義者たちが、次の段階では右翼としてひどく罵倒されるような例も多かった。こうした民族主義に対する態度規定は、ボルシェビキの闘争に従属していた。民族主義運動とは、社会主義の前進にとって妨げになると、進歩性をうしなうものだと考えられていたのである[97]。

コミンテルンの民族解放論を受容した韓国の左派の論理と右派民族主義とのあいだに万里の長城を築くことは、それがレーニン主義であれ、破局論にもとづいたスターリンの一国社会主義であれ、いずれも国民国家の民族主義をもっとも強い属性とするものだということを無視する発想である。実際、理性中心主義にもとづいた近代主義なるものは、資本主義的な属性を志向するブルジョア的右派の民族主義と、これに相対する社会主義、すなわち社会主義的な民族主義、あるいはソ連でみられるような社会主義的な愛国主義という、いわゆる「双頭の怪物」としての植民地的な民族主義の変形としてあらわれていたにすぎない。しかもこれらは、先にみたように、民族概念における原初論的な属性とともに、近代国民国家建設の志向をも共有していた。だとすれば、「左右派」の民族主義は、妥協と非妥協という断片的な政治的表現形態による区分ではなく、ブルジョア自由主義と社会主義という区分によってひとつの巨大な伝統として「再創造」されたものといっても差し支えないだろう。韓国の民族主義研究者たちは植民地支配下における議論の構図を受容しているが、これは民族主義に対する信念によるものだといえよう。民族主義研究は、いまだ「実践」をつづけているのである。しかし、もはや韓国の民族主義研究は、「歴史を歪曲することが民族形成の一部をなしているため、民族と民族主義を研究する真摯な歴史家なら、政治的民族主義者であってはならない」というホブズボームの警告[98]を軽視することができない地点に立っているのではないだろうか。

これに関するもうひとつの重要な問題として、「国学」あるいは「国史」としての韓国史、すなわち一国史の研究および教育をめぐる問題を指摘することができる。一九〇三年、帝国日本は、天皇制イデオロギー創出のための学校教育の一環として、「国史」という科目を小学校に制定する。国史科目の制定は、天皇制イデオロギーにもとづいた人間を鋳造し、天皇神話によって「日本民族」を創出する機制として作用した。植民地朝鮮における啓蒙運動期に民族主義歴史学が勃興し、国史という概念が盛んになったのも、おそらく帝国日本の影響があったと思われる。こうした研究傾向は、先に述べたように、一九三〇年代の国学研究においてもそのままつづいているが、それは文化的な民族主義の主要な土台になっていた。

韓国では、解放後も「韓国史」ではなく「国史」として歴史が研究、教育された。これは一九三〇年代における研究の伝統を受け継いだものでもあるが、植民史学の克服を目指さなければならなかった民族主義的な性向の研究が反射鏡のように投影されたものでもあるだろう。韓国史が「国史」として一般化され通用したため、韓国史の一般性を自覚することができず、ほかの国民国家との連関性において自国を思考する地平を広げることもできなかった。さらに、被植民地民としての自己像を過度に特権化することで、意図したかどうかにかかわらず、韓国史の特殊性を強調するようになり、それによって、閉鎖性の強い単一民族主義を強める役割を担ってきたのである。これからの韓国史教育は、それが国民国家の形成、および民族主義の性格決定におよぼす影響に対して距離をおき、相対化する作業をつづけていかなければならないだろう。

解放以降、国家民族主義と反体制運動としての民族主義は、いずれも二つの国民国家の外縁として民族を設定し、国民と民族の距離を日常的なものとして受容している。しかし、国家民族主義は国民に、反体制的な民族主義は民族に中心をおくことによって、前者はおもに体制内部の統制に利用され、後者は体制を超越した民族を強調することで、体制の打破に焦点を当てるようになる。ただ、反体制的な民族主義の場合でも、体制内部の問題を優先するのか、あるいは体制間の問題を優先するのかによって、実践において大きなちがいを生むようになったといわねばならない。しかし、運動としての反体制的な民族主義の実践と研究が、原初論的・有機体的な性格の民族主義でありつづける限り、結局は体制として強固に機能してきた民族主義を強める役割を果たすことになるだろう。民族主義者の民族主義研究を批判しうるおもな論拠はここにある。

韓国民族主義の展望

韓国の近代民族主義は、新たな巨大伝統として再創造された。しかし、今や韓国の民族主義には、その正当化の根拠を新たに提示することが求められているといえよう。このような巨大伝統は、それが当然のものと考えられるようになると、ある種の根本主義へと移行しかねないため、警戒すべきである[99]。韓国の近代民族主義の伝統の基盤をなしてきた原初論的で客観主義的な民族主義論を、今後は冷徹にふりかえってみなければならない。国民主権的な伝統に根づくことがなかったという点[100]で、韓国の民族主義を市民的な民族主義として再調整していくべきだという指摘は至当である。市民的な民族主義、あるいは「国民としての民族」をなしとげるためには、「韓民族」または「朝鮮民族」というイメージがもつ神話的な要素を払拭し、新たな「国家」の形成をうながしていくべきであろう[101]。それは、近代民族国家の位相を相対化しつづける作業でもある。それができなければ、今まで経験してきたように、その対立と軍備拡張が強まっていき、朝鮮民族の単一「国家」形成はますますおくれてしまう可能性が高くなるだろうし、東アジアにおけるもうひとつの地域対立の原因になる可能性も排除できないのである。

植民地支配下の朝鮮の近代民族主義における民衆主導の実現は、ブルジョアジーによる主導権掌握の失敗、または喪失を意味したが、それは逆に近代主義のもろさをあらわすものでもあった。民衆の主導権の浮上と近代主義の貧困という構図は、朝鮮の民族主義における主導権の変化と、その性格の関数関係を示すものでもある。民族主義において民衆の主導権が浮上することは、また民族主義における伝統の性格が強まることをも意味する。民衆には伝統の性格が強く刻印されているのだが、いわば民衆には「非同時的な同時性」が具現しているのであり、逆にそれは近代主義のもろさを反映しているのである。だとすれば、ふたたび「民衆的民族主義」の獲得を主張することは、どのような含意をもちうるであろうか。伝統、血統、民衆の生活感情、抵抗、同意といった契機を無条件に強調する有機体的、原初論的な民族主義論の枠組みは、民族主義の「開放」をなすことができないばかりでなく、「国民としての民族」、すなわち民衆を基盤とし、民衆を中心とする、国民の統合に寄与しうる民族主義の獲得という課題を達成することにおいても有効ではないだろう。それはただ、民衆の主導性を貫徹し、まさにそのことを通じて、韓国の民族主義の近代的な性格を完成させると同時に、民族主義そのものを乗り越える契機を探し求めるべきである、ということを意味するはずである。

最後に、韓国民族主義の展望について、二つの問題を指摘しておきたい。ひとつは、一民族一国家論の虚構についてである。民族主義とは、政治的単位と民族的単位が一致しなければならないと信じる政治的原則であると定義したゲルナーの議論[102]を引きあいにだすまでもなく、今や韓国の民族主義における一民族一国家論を再考すべきときである。一民族が構成する一国家なるものが地球上のどこにも存在しないということは、すでに公然の事実である。ところが、一民族一国家という論理は、韓国の民族主義は統一民族国家を樹立してはじめて完成するという幻想、つまり韓国民族は国家なき民族であるという幻想をいまだに助長している。

国家なき民族なのではなく、二つの国家をもつ民族なのであり、その二つの国民国家間の敵対性を払拭すること、つまり冷戦を解体することが絶対的な課題なのだとしたら、このような幻想的な民族主義を持続させていくことには、なんの有用性もないだろう。それはまた、民族国家がもっている抑圧性を没却した発想でもあるが、これに対しては警戒しなければならない。たとえ、一民族一国家という虚構が可能になるとしても、そうした井の中の蛙的な発想は、朝鮮半島の住民たちにとって少しも役に立たないものであろう。これ以上執着する必要のないもの、それが一民族一国家論なのではないだろうか。

さらに、一民族一国家論が基盤にしている有機体的な発想と原初論的な民族主義は、今日の社会において新たに問題となっている外国人嫌悪や攻撃的な膨張主義、ひいては社会的な弱者に対する無関心と冷遇の温床になっているのではないだろうか。「極端な」反日感情と反米主義が、このまま民族主義になりすましていることを黙過するわけにもいかないだろう。植民地の民族主義における抵抗の伝統にもとづいて単一民族国家をなしとげんとする使命を帯びた韓国の民族主義は、「肯定的な野蛮」にすぎないという発想、すなわち他者を破壊・抹殺する野蛮や原始性なのではなく、自分を守ろうとする弱者の本能だという論理[103]を用いて自分を慰めたりそこに安住したりするのは、もはや単なる弁明にすぎなくなっている。

次に、一九九〇年代の冷戦体制の解体以来、民族主義が普遍化していく過程に対する評価の問題がある。すなわち、九〇年代の東欧民族主義の爆発が、韓国の民族主義の論拠を強めてくれるだろうとか、これから民族主義の時代が到来するだろうとかいった論理の虚構性についてである。東欧の場合にも認められていることであるが、最近あらわれている民族紛争のほとんどが、民族間の問題が表出したというより、国家内体制の問題を隠蔽しようとする意図をもつものだといわなければならない[104]。また、東欧の民族主義の運動と感情は、世界システムの枠内において国民国家がもっていた制度的な主張とは明確に区別されるものであり、東欧における運動では、国民国家の主権が弱体化するとともに民族主義的な方向性は先鋭化しているということができる。国民国家的な主権性の弱体化をともなう民族主義の方向性を、私たちはどのように考えればいいだろうか。

こうした側面から、二〇世紀の最終盤に民族主義が普遍化していく過程は、むしろ民族主義の内容が空洞化していく過程だとみることができると思われる。世界史的な次元からみれば、近代民族主義は大きく三度の波とともに膨張・普遍化してきたといえる。一九世紀～二〇世紀はじめにおける西欧の国民国家の形成と植民地支配。二〇世紀中盤から後半にかけての植民地の民族解放。そして二〇世紀の最終盤における東欧の民族主義である。しかし、こうした民族主義の膨張と普遍化の過程とは、西欧国民国家の履歴が示しているように、民族主義の衰退の過程でもあった。民族主義が世界史的な次元で普遍化することによって、逆に民族主義は衰退し、空洞化していくであろう。

これは普遍的な過程であるだけでなく、グローバルな次元における新しい規範の問題でもある。

朝鮮半島において民族問題の解決が遅延したのは、単に分断されていたからにすぎない。したがって、私たちにとって必要な課題は、民族国家を持続的に相対化していくことにあるといえるだろう[105]。ただ、民族国家を相対化してとらえるのであれば、それが市民的な民族主義であれ、民衆的な民族主義であれ、すでにその民族主義としての命脈は尽きたのではないだろうか。このように「脱政治化」を経験するようになると、民族主義は単に文化的アイデンティティの問題へと移行していくだろう。文化的アイデンティティは、権力国家を中心とする国際的な価値の序列化をともなう民族的アイデンティティとは関係ない。そもそも、アイデンティティというのは多重性が本来の姿であり、その意味では、民族的・文化的アイデンティティも、個別的な自己規定を出発点とするものにすぎないのである[106]。

韓国の近代民族主義がもつ問題は、私たちが直面している挑戦がそれほど簡単なものではないということ、否、今まで描いていた民族と階級の地形が「地質学的確実性」をもつということを前提として研究を進めてもいいような単純な社会ではないということを示しているのではないだろうか。過去に確実性をもっておこなわれた闘争の成果が、社会の変化と分化を加速化させればさせるほど、研究の前提を揺り動かす不確実性も次第に深刻になっていくことは、火をみるよりもあきらかな事実であろう。

原注

1 盧在鳳（ノ・ジェボン）『한국민족주의와 국제정치（韓国民族主義と国際政治）』（民音社、一九八三年）、김성배（キム・ソンベ）「지구화 시대의 민족주의（グローバル時代の民族主義）」河英善（ハ・ヨンソン）編『탈근대 지구정치학（脱近代地球政治学）』（나남（ナナム）、一九九三年）、金東椿（キム・ドンチュン）「국제화' 와 한국민족주의（「国際化」と韓国民族主義）」（『歴史批評』第二七号、一九九四年）、林玄鎮（イム・ヒョンジン）「지구시대 한국의 진로（地球時代における韓国の進路）」『지구시대 세계의 변화와 한국의 발전（地球時代における世界の変化と韓国の発展）』（서울대학교출판부（ソウル大学出版部）、一九九八年）、金容稙（キム・ヨンジク）「한국민족주의의 정치이념과 국제주의（韓国民族主義の政治理念と国際主義）」『韓国近現代政治論』（풀빛（プルビッ）、一九九九年）。

しかしながら、脱民族主義を目指す民族主義とはどのようなものなのか、その実体は疑わしいといわざるをえず、しかも抵抗的民族主義を越えて前進的・開放的な民族主義へと進むべきだという問題提起もある種の形容矛盾であり、ひとつの体制や運動として機能している民族主義の実体を看過する、やや空虚な議論である。

2 崔章集（チェ・ジャンジプ）「한국 민족주의의 특성（韓国民族主義の特性）」『한국 민주주의의 조건과 전망（韓国民主主義の条件と展望）』（ナナム、一九九六年）、林志弦『민족주의는 반역이다（民族主義は反逆だ）』（소나무（ソナム）、一九九九年）。

3 헨리 홍순임（ヘンリ・ホンスンイム）「탈민족주의 역사학과 국학의 세계화（脱民族主義歴史学と国学の世界化）」『국학의 세계화와 국제적 제휴（国学の世界化と国際的提携）』集文堂、一九九九年。

4 西欧の近代 nationalism は、民族主義、国民主義、国家主義を含意している。ところが韓国では、たいてい民族主義と翻訳したり、民族主義的な文脈で用いたりすることが多い。このような現象の発生そのものが問題であろう。本章では、民族という語をおもに用いるが、nation のさまざまな含意を厳密に区分して使うことはしない。これは、現実の文脈を勘案すれば、不可避なことでもあると思われる。

5 エリック・ホブズボーム『ナショナリズムの歴史と現在』浜林正夫・嶋田耕也・庄司信訳、大月書店、二〇〇一年。

6 トム・ネアン「민족주의의 양면성（民族主義の両面性）」白楽晴（ベク・ナッチョン）編『민족주의란 무엇인가（民族主義とはなにか）』창작과비평사（創作と批評社）、一九八一年。

7 林志弦「운동으로서의 민족주의（運動としての民族主義）」前掲『민족주의는 반역이다（民族主義は反逆だ）』、二一—五一頁。

8 韓国の前近代における人種共同体の形成は、歴史的に長いだけでなく、高い統合力をもつものであった。前近代の韓国の民族集団は、いわゆる「歴史的民族」として語られた。この問題については、ホブズボーム前掲『ナショナリズムの歴史と現在』を参照。

9 ホブズボーム前掲『ナショナリズムの歴史と現在』、五七—一〇二頁。

10 啓蒙運動期の申采浩における忠君と愛国の分離、および国の再認識の過程については、백동현（ベク・ドンヒョン）「신채호와 '국' 의 재인식（申采浩と「国」の再認識）」（『역사와 현실（歴史と現実）』第二九号、一九九八年）が詳しい。また、申采浩における忠君と愛国の分離は、一九〇九年の「論忠臣」という論説にみられる。

11 申采浩「20세기 신국민（二〇世紀新国民）」『丹齋申采浩全集』別集、一九七七年、二一〇—二二九頁。

12 申采浩「독사신론（読史新論）」前掲『丹齋申采浩全集』上巻、四六七—五一三頁。

13 趙東杰（チョ・ドンゴル）「한국독립운동의 이념과 노선의 변천（韓国独立運動の理念と路線の変遷）」『한국근현대사의 이해와 논리（韓国近現代の理解と論理）』知識産業社、一九九八年。

14 「대동단결선언（大東団結宣言）」、四頁。

15 趙東杰「임시정부 수립을 위한 1917년의 '대동단결선언'（臨時政府樹立のための一九一七年の「大東団結宣言」）」『한국민족주의의 성립과 독립운동사 연구（韓国民族主義の成立と独立運動史研究）』知識産業社、一九八九年、三一四―三三八頁。

16 趙東杰「대한광복회 연구（大韓光復会研究）」同右、二七八―三一三頁。

17 ここでいう共和主義は、国民主権的な民主主義とは厳密に区分されるものである。共和主義と民主主義の概念を区分するのは、絶対主義国家の内部において絶対王政を打倒することで共和主義を樹立させるのではなく、植民地からの独立を通じて近代的な国民国家を建設しなければならなかった場合には、両者のあいだに乖離が認められるからである。もちろん、同じものとして比較することができないが、アメリカ独立の時期をその例として挙げることができるし、韓国の場合も例外ではなかったと思われる。この点については、Bernard Bailyn, *The ideological origins of the American Revolution*, Harvard University Press, 1967. を参照。

18 姜萬吉（カン・マンギル）「독립운동의 역사적 성격（独立運動の歴史的性格）」『분단시대의 역사인식（分断時代の歴史認識）』창작과비평사（創作と批評社）、一九七八年、一四二―一九九頁。

19 趙東杰「3・1운동의 지방사적 성격（三・一運動の地方史的性格）」前掲『한국민족주의의 성립과 독립운동사 연구（韓国民族主義の成立と独立運動史研究）』、四一八―四四〇頁。

20 ここで、ワイマール共和国憲法において大統領の権限を強化させることを主張したウェーバーを思い浮かべることは興味深い。議会主義の混乱を懸念したウェーバーは、大統領が皇帝の代理となって議会を牽制することを主張した。この点に関しては、呉麟錫（オ・インソク）『바이마르 공화국의 역사（ワイマール共和国の歴史）』（한울（ハンウル）、一九九七年）を参照。

21 第一次世界大戦をきっかけにして、敗戦国ドイツでは王政の崩壊とともにワイマール共和国が樹立され、革命によってロシアでも専制政権が崩壊しただけでなく、民族自決主義が提唱され、独立した植民地民族が共和主義を採択するなど、共和主義はもはや世界の大勢を占めていた。さらに、中国ではすでに共和主義革命が成功していたのである。ただ、当該期の共和主義が、おおむね民族主義的な問題意識とつながっていたことを看過すべきではない。

22 大韓民国臨時政府は、すでに古代の百済で共和主義が創設されたと主張した。大韓民国臨時政府『한일관계사료집（韓日関係史料集）』一九一九年（国史編纂委員会『한국독립운동사（韓国独立運動史）』第四巻、一九七四年、八二頁）。

23 姜萬吉「독립운동과정의 민족국가건설론（独立運動過程の民族国家建設論）」『한국민족운동사론（韓国民族運動史論）』한길사（ハンギル社）、一九八五年、一一一—一五四頁。

24 권용기（クォン・ヨンギ）「「독립신문」에 나타난 '동포' 의 검토（「独立新聞」にあらわれた「同胞」の検討）」한양대학교 석사학위 논문（漢陽大学修士学位論文）、一九九八年。

25 申采浩前掲「독사신론（読史新論）」。

26 申采浩前掲「20세기 신국민（二十世紀新国民）」。

27 「민족동포의 의의（民族同胞の意義）」『東亜日報』一九二二年七月二六日。

28 李光洙「조선민족론（朝鮮民族論）」1、『東光叢書』1、一九三三年六月。

29 安在鴻「조선인의 처지에서（朝鮮人の立場から）」『朝鮮日報』一九三二年三月二日。

30 都宥浩（ト・ユホ）「민족문제에 관하여（民族問題に関して）」『東光』第三〇号、一九三二年二月。

31 中野泰雄『安重根——日韓関係の原像』亜紀書房、一九八四年。

32 李光洙「皇民化と朝鮮文学」『毎日申報』一九四〇年七月六日。

33 李光洙「内鮮一体と国民文学」『朝鮮』一九四〇年三月。

34 李京塤（イ・キョンフン）『이광수의 친일문학연구（李光洙の親日文学研究）』太学社、一九九八年、二九—九〇頁。

35 周時経「国語文法序」『国語文法』一九一〇年。このような理論は、すでに一九〇八年に著述した『国語文典音韻学』で述べられているという。この点については、林熒澤（イム・ヒョンテク）「근대계몽기 국한문체의 발전과

한문의 위상（近代啓蒙期における国漢文体の発展と漢文の位相）」（『民族文学史研究』第一四号、一九九九年、一一一―一二二頁）を参照。

36 張志淵「大東文粋序」『大東文粋』一九〇七年。引用は、さしあたり林熒澤前掲「근대계몽기 국한문체의 발전과 한문의 위상（近代啓蒙期における国漢文体の発展と漢文の位相）」による。

37 高永根（コ・ヨングン）「한글의 유래에 대하여（ハングルの由来について）」『국어와 민족문화（国語と民族文化）』集文堂、一九八四年、二七八―二八六頁。

38 「조선문화 보급의 일방법（朝鮮文化普及の一方法）」上・中・下、『東亜日報』一九二〇年九月二〇日・二一日・二二日。

39 李俊植（イ・ジュンシク）「일제 침략기 한글운동 연구（日帝侵略期におけるハングル運動の研究）」『사회변동과 성、민족、계급（社会変動と性、民族、階級）』韓国社会史論文集第四九集、一九九六年、四九―八二頁。

40 李光洙前掲「조선민족론（朝鮮民族論）」1。

41 「조선문화（朝鮮文化）」『東亜日報』一九三二年八月一日。

42 一九二〇年代前半における文化運動の性格については、マイケル・ロビンソン『일제하 문화적 민족주의（日帝下の文化的民族主義）』（김민환（キム・ミンファン）訳、나남（ナナム）、一九九〇年）、朴贊勝（パク・チャンスン）『한국근대 정치사상사 연구（韓国近代政治思想史研究）』（歴史批評社、一九九一年）を参照。一九三〇年代前半の文化運動の性格については、李智媛（イ・ジウォン）「1930 년대 민족주의계열의 고적보존운동（一九三〇年代における民族主義系列の古蹟保存運動）」（『東方学誌』七七・七八・七九号合本、一九九三年）、同「1930 년대 전반 민족주의 문화운동론의 성격（一九三〇年代前半における民族主義文化運動論の性格）」（『国史館論叢』五一集、一九九四年）を参照。

43 申采浩前掲「독사신론（読史新論）」。

44 申采浩「国粋保全論」前掲『丹齋申采浩全集』別集、一一六―一一八頁。

45 「세계개조의 벽두를 당하여 조선의 민족운동을 논하노라（世界改造の劈頭に当たって朝鮮の民族運動を論ずる）」（創刊辞三）『東亜日報』一九二〇年四月六日。

46 「미발견의 민중（未発見の民衆）」『東亜日報』一九二四年二月六日。

47 「후계내각과 오인의 희망（後継内閣と吾人の希望）」『東亜日報』一九二一年一一月一三日。李光洙や安在鴻、そして崔鉉培などによる民族性論にもとづいた民族主義（運動）論は、文化的民族主義のもうひとつの表現形態だということができよう。ただ、社会主義者たちの階級中心的な視角よりは、右派民族主義者たちの視角が民族性論ともっと近しい関係にあったといえるが、それは右派民族主義者たちのほうがより文化主義的な地点に近かったためである。

48 「조선남아의 포부（朝鮮男児の抱負）」『東亜日報』一九二二年七月二七日。

49 「모든 사상의 근저（あらゆる思想の根底）」1、『東亜日報』一九二四年二月一八日。

50 「조선의 독자성（朝鮮の独自性）」『東亜日報』一九三二年一二月七日。

51 安在鴻「국민주의와 민족주의（国民主義と民族主義）」（『朝鮮日報』一九三二年二月一八日）、同前掲「조선인의 처지에서（朝鮮人の立場から）」。

52 安在鴻「조선학의 문제（朝鮮学の問題）」『新朝鮮』一九三四年一二月。

53 申采浩前掲「독사신론（読史新論）」。

54 申采浩「利害」前掲『丹齋申采浩全集』下巻、一四五－一五一頁。

55 前掲「세계개조의 벽두를 당하여 조선의 민족운동을 논하노라（世界改造の劈頭に当たって朝鮮の民族運動を論ずる）」。

56 「민족애（民族愛）」『東亜日報』一九二三年一〇月二八日。

57 「생존경쟁과 민족（生存競争と民族）」『東亜日報』一九三二年九月八日。

58 「전체감（全体感）」『東亜日報』一九三二年四月一〇日。

59 「헌신봉사정신의 훈련（献身奉仕精神の訓練）」『東亜日報』一九三三年七月三〇日。
60 安在鴻「허구한 동무（許久の友）」『朝鮮日報』一九三一年二月一〇日。
61 尹海東「한말 일제하 천도교 김기전의 근대수용과 민족주의（大韓帝国末期から日帝下における天道教金起田の近代受容と民族主義）」『歴史問題研究』創刊号、一九九六年。
62 「역사교육에 대하여（歴史教育について）」1、『東亜日報』一九二一年三月二日。
63 前掲「미발견의 민중（未発見の民衆）」。民衆という語が既存の同胞、人民、社会、抑圧される階級という言葉を代替するものであり、また定義が非常にあいまいな語であることを認めている。
64 「민중의 권위（民衆の権威）」『東亜日報』一九二四年一月一三日。
65 「민중과 정치적 자각（民衆と政治的自覚）」『東亜日報』一九二四年一月二三日。
66 前掲「미발견의 민중（未発見の民衆）」。
67 「모든 사상의 근저（あらゆる思想の根底）」2、『東亜日報』一九二四年二月一九日。「朝鮮人はみな無産者である。結局は無産者の運命を抱えている」という言明がそれである。
68 「사회주의와 개인주의（社会主義と個人主義）」8・9・10、『東亜日報』一九二三年三月二九日、三〇日、四月一日。
69 玄相允「거듭나자（生まれ変わろう）」『開闢』一九二三年一月（引用はさしあたり、ロビンソン前掲『일제하 문화적 민족주의（日帝下の文化的民族主義）』、一〇〇頁による）。
70 李光洙「중추계급과 사회（中枢階級と社会）」『開闢』一九二三年七月。
71 「지도자와 민중（指導者と民衆）」『東亜日報』一九二四年二月二五日。
72 前掲「모든 사상의 근저（あらゆる思想の根底）」2。
73 ロビンソン前掲『일제하 문화적 민족주의（日帝下の文化的民族主義）』、一一七—一一八頁。
74 「조선인의 단처를 논하여 반성을 촉하노라（朝鮮人の短所を論じて反省を促す）」『東亜日報』一九二〇年八月九日。

75 前掲「모든 사상의 근저（あらゆる思想の根底）」2。

76 しかしながら、集団的な主体あるいは近代的な疎通空間として独自に形成されてきた近代韓国の民衆をめぐる議論は、簡単に無視できる問題ではない。近代韓国における個人主体の未形成と国家統合論理の喪失という「二重の危機」を突破してきた民衆の議論を「民衆社会」という概念によって再解釈したこころみとして、拙稿「한국역사에서 사회사란 무엇인가（韓国歴史における社会史とはなにか）」（『우리역사의 7가지 풍경（わが歴史の七つの風景）』歴史批評社、一九九九年）を参照。

77 ネアン前掲「민족주의의 양면성（民族主義の両面性）」、二三三―二三六頁。

78 申采浩「조선상고사（朝鮮上古史）」前掲『丹齋申采浩全集』上巻、三一―七三頁。

79 申采浩「조선혁명선언（朝鮮革命宣言）」前掲『丹齋申采浩全集』下巻、三五―四六頁。

80 申一澈（シン・イルチョル）「신채호의 무정부주의사상（申采浩の無政府主義思想）」（『신채호의 역사사상연구（申采浩の歴史思想研究）』고려대학교출판부（高麗大学出版部）、一九八〇年）、金允植（キム・ユンシク）「단재사상의 문제점（丹齋思想の問題点）」（『김윤식 선집（金允植撰集）』1、솔（ソル）、一九九六年）を参照。民族主義から出発した申采浩だけでなく、多様な潮流をもつアナキズムが受容されることで、植民地期のアナキズムのなかには民族主義と一定の距離を保つ流れも登場していた。この点については、李浩龍（イ・ホリョン）『한국인의 아나키즘 수용과 전개（韓国人のアナキズム受容と展開）』（ソウル大学校国史学科博士学位論文、二〇〇〇年）を参照。

81 姜萬吉前掲「독립운동과정의 민족국가건설론（独立運動過程の民族国家建設論）」、林京錫（イム・キョンソク）「일제하 사회주의자들의 국가건설론（日帝下社会主義者たちの国家建設論）」（成均館大学校大同文化研究院東洋学学術会議報告論文）を参照。

82 禹東秀（ウ・ドンス）「１９２０년대 말―30년대 한국 사회주의자들의 신국가건설론에 관한 연구（一九二〇年代末―三〇年代韓国社会主義者たちの新国家建設論に関する研究）」（『韓国史研究』七二号、一九九一年）を参照。

83　金泳植（キム・ヨンシク）「민족주의의 장래（民族主義の将来）」1～8、『東亜日報』一九二三年六月三日～一〇日。

84　朴晩春（パク・マンチュン）「맑스주의와 민족문제（マルクス主義と民族問題）」（『批判』一九号、一九三二年一二月）、朴日亨（パク・イルヒョン）「민족과 민족운동：수양동우회는 어디로 가나（民族と民族運動――修養同友会はどこへ行くのか）」（『批判』一二号、一九三二年四月）、素人「민족의 의의와 그 성장（民族の意義とその成長）」（『新階段』九号、一九三三年九月）などを参照。一九三〇年代初頭、日本の満洲侵略に関連して民族主義論争が提起される。その点については、池秀傑（チ・スゴル）「1930 년대 초반의 조선 민족주의와 마르크스 레닌주의：만주（동포）문제에 대한 인식을 중심으로（一九三〇年代初めの朝鮮民族主義とマルクス・レーニン主義――満洲（同胞）問題に関する認識を中心に）」（『人文科学研究』創刊号、一九九五年）を参照。

85　一九二〇年代のはじめから中盤にかけて、民族運動のありかたをめぐって右派と左派のあいだで論争があり、三〇年代はじめ、いわゆる満洲同胞問題をめぐって民族問題論争があったが、これを民族主義対国際主義の論争とみることには疑問の余地がある。とくに後者の論争は、日本の満洲政策と満洲における朝鮮人問題をめぐって進められたものであり、朝鮮人問題の対処方法および民族運動のありかたに関わる論争とみるべきだと思われる。もちろん、社会主義者たちによってプロレタリア国際主義を主張する言明が提起されなかったわけではないが、その志向はおおむね民族主義に従属的であり、その真正さは疑わしい場合が多い。社会主義者たちの民族理論は概してスターリンのそれに依拠していたため、精巧な理論を鋳造することができなかったし、国際主義路線もまた、民族主義のための迂回という性格をもっていたにすぎない。

86　丁海龜（チョン・ヘグ）は、これを民族と民主主義概念の分裂ととらえる。反共主義の介入による民族主義の屈折現象をあらわしているわけだが、これは民族主義が体制化する現象をも指していると思われる。丁海龜「미군정기 이데올로기 갈등과 대항이데올로기（米軍政期イデオロギーの葛藤と対抗イデオロギー）」歴史問題研究所編『한국정치의 지배이데올로기와 대항이데올로기（韓国政治における支配イデオロギーと対抗イデオロギー）』歴史批評社、一九九四年、一一一四八頁。

87 第三世界の民族主義が独立後に国家の権力として一般的に言説化していく現象については、林志弦「한반도 민족주의와 권력담론：비교사적 문제제기（韓半島の民族主義と権力談論——比較史的問題提起）」（『当代批評』二〇〇〇年春号）を参照。

88 ここでは、民族主義が国家の権力言説化していく側面から国家民族主義という言葉を用いたが、これはアンダーソンが指摘するいわゆる公定ナショナリズム（official nationalism）という語と近い意味をもっている。ベネディクト・アンダーソン『定本　想像の共同体——ナショナリズムの起源と流行』（白石隆・白石さや訳、書籍工房早山、二〇〇七年）を参照。

89 徐仲錫（ソ・チュンソク）「이승만정권 초기의 일민주의와 파시즘（李承晩政権初期の一民主義とファシズム）」歴史問題研究所編『1950년대 남북한의 선택과 굴절（一九五〇年代における南北韓の選択と屈折）』歴史批評社、一九九八年、一七―七一頁。

90 朴虎聲（パク・ホソン）『남북한 민족주의 비교연구（南北韓民族主義の比較研究）』当代、一九九七年、六七―八二頁。

91 同右、九一―一四八頁。

92 同右、一四九―一五六頁。

93 朴命林（パク・ミョンリム）「한국민주주의와 제3의 길（韓国民主主義と第三の道）」『죽산 조봉암 전집（竹山曺奉岩全集）』六巻、一九九九年、一〇九―一七〇頁。

94 木宮正史「한일시민사회의 관계구축을 위한 조건（韓日市民社会の関係構築のための条件）」河英善（ハ・ヨンソン）編『한국과 일본（韓国と日本）』나남（ナナム）、一九九七年、二二九―二六四頁。

95 エティエンヌ・バリバールによれば、自由主義の伝統にもとづく民族主義研究は、おおむね良い民族主義と悪い民族主義という価値判断のジレンマに陥ってしまうという（引用は、김성배（キム・ソンベ）前掲「지구화 시대의 민족주의（グローバル時代の民族主義）」、一七六頁による）。

96 陳徳奎（チン・ドッギュ）『현대 민족주의의 이론구조（現代民族主義の理論構造）』知識産業社、一九八三年。このような民族主義の理解の仕方は、陳徳奎にだけかぎられるものではない。コーンとヘイズ流の自由主義的な民族主義観を受容した多くの韓国の研究者たちは、こうした見解を共有していた。

97 エリ・ケドゥーリー「민족자결론의 연원과 문제점（民族自決論の淵源と問題点）」白楽晴編前掲『민족주의란 무엇인가（民族主義とはなにか）』、七三―一〇〇頁。

98 ホブズボーム前掲『ナショナリズムの歴史と現在』、二八―二九頁。

99 アンソニー・ギデンズの以下の指摘は傾聴に値する。つまり、民族主義や宗教のような「巨大伝統」は、創造あるいは再創造された。ただ、文化的にグローバル化した社会においては、伝統に開放的な観点が要求される。伝統に対して論理的根拠や正当化が提示されなければならないのである。原理主義（fundamentalism）は、伝統的なやりかたで守護される伝統と変わらない。原理主義は、伝統が当然のものとみなされるより、決定すべきものとしてとらえられる社会的生の領域においては、どこでも発生しうる。宗教における原理主義だけでなく、人種、家族、性の原理主義があらわれているのである。ギデンズ『左派右派を超えて――ラディカルな政治の未来像』（松尾精文・立松隆介訳、而立書房、二〇〇二年）を参照。

100 姜萬吉もこの点をくりかえし指摘している。姜萬吉「한국 근대민족주의의 전개과정（韓国における近代民族主義の展開過程）」前掲『한국민족운동사론（韓国民族運動史論）』、一一―二八頁。

101 その意味で、「分断体制」を克服した後の連邦または連合体制が、「国家」概念そのものの相当な修正をともなう新しい複合国家の形態を創出するものでなければならないという白楽晴の指摘は重要である。白楽晴「분단체제의 인식을 위하여（分断体制の認識のために）」『분단체제 변혁의 공부길（分断体制変革のための勉強の道）』창작과비평사（創作と批評社）、一九九四年、一三―四八頁。

102 エルネスト・ゲルナー『民族とナショナリズム』加藤節監訳、岩波書店、二〇〇〇年。

103 宋斗律（ソン・ドゥユル）『21세기와의 대화（二一世紀との対話）』한겨레신문사（ハンギョレ新聞社）、

一九九八年。

104 最近のビルマ軍事政府の「ミャンマー化」の過程も、そのような側面をよくあらわしている。軍事政府は「ミャンマー式の伝統文化を用いて外国文化の浸透を防ぎ、新植民地主義者たちを退けよう」といったスローガンを掲げ、一八世紀の植民地主義に立ち向かうビルマ軍人たちの武勇伝で教科書とテレビドラマを埋めつくしているという。このような形の「文化革命」を通じて煽動的な民族主義を助長し、軍事政府の正当性を強要しているのである。정문태（チョン・ムンテ）「버마 무장투쟁 격화하는가（ビルマ武装闘争、激化するのか）」『한겨레21（ハンギョレ21）』一九九九年一二月九日。

105 坂本義和『相対化の時代』岩波書店、一九九七年。

106 尹健次「「在日」を生きるとは——「不遇の意識」から出発する普遍性」『「在日」を生きるとは』岩波書店、一九九二年。

訳者注

〔1〕申采浩（シン・チェホ、一八八〇—一九三六）は、独立運動、愛国啓蒙運動、アナキズム、歴史書の執筆など、多方面で活動した人物である。日韓併合以前は、『皇城新聞』『大韓毎日申報』などの論説委員として活動する一方、新民会、青年学友会などの愛国啓蒙団体にも参加していた。一九一〇年から中国に亡命し、青島・上海・北京をふくめ、ウラジオストクなどロシアにも行き来しながら独立運動を展開した。そのとき、朝鮮史の研究にとり組みつつ、アナキズムの思想に共鳴し、在中国朝鮮無政府主義者連盟に加入する。とりわけ、歴史学の分野において申采浩は民族史学の先駆者と位置づけられているが、かれの思想全般を民族主義に収斂させることはできないと思われる。申采浩の民族主義思想については、本書第七章を参照。

〔2〕新民会は、一九〇七年に結成された抗日秘密結社である。安昌浩（アン・チャンホ）、尹致昊（ユン・チホ）、張志淵（チャン・ジヨン）、朴殷植（パク・ウンシク）らが中心人物であり、学校の設立、講演、雑誌の出版、産

業振興運動などを展開した。西北地方（今日の北朝鮮の平安道付近）出身者が多く参加していたが、この地域の独立運動に対する帝国日本の弾圧が強くなると、一九一一年ごろには実質的に壊滅した。

〔3〕大東青年党は、安熙濟（アン・ヒジェ）、徐相日（ソ・サンイル）らが慶尚南道地域で組織した抗日秘密結社である。新民会の会員をふくめ、近代的な啓蒙教育を受けた青年たちがおもに参加していた。私立学校の設立や独立運動に尽力するほか、安熙濟が立てた「白山商会」を拠点として海外の独立運動団体を支援した。

〔4〕新韓革命党は、上海と北京などに移住していた独立運動家たちが一九一五年に結成した団体である。李相卨（イ・サンソル）、成楽馨（ソン・ナキョン）、李春日（イ・チュンイル）、申圭植（シン・ギュシク）、朴殷植らが中心人物であった。内部の対立はあったものの、対外的には帝政の復権を主張した。第一次世界大戦の勃発とともに、中国と日本の戦争に備えて、安奉線鉄道の破壊と「中韓誼邦条約」の締結などを目指したが、失敗に終わると組織も自然に消滅した。

〔5〕「大東団結宣言」は、新韓革命党が崩壊した後、独立運動の方向転換が模索されるなか、上海で公表された。申圭植、朴殷植、申采浩、趙素昂（チョ・ソアン）ら一四人が発起人として参加した。臨時政府樹立のための民族大会議の提唱を訴えるもので、とりわけ国民主権説を採用したことで知られる。

〔6〕大韓光復会は、一九一五年に大邱で結成された独立運動団体で、武装闘争の展開を目指していた。具体的には、満洲に武官学校をつくり、来たるべき帝国日本との戦争に備えようとした。朴尚鎭（パク・サンジン）、禹在龍（ウ・ジェリョン）、權寧萬（クォン・ヨンマン）などが核心メンバーであって、朝鮮各地や満洲などに支部を設置し、おもに軍資金の獲得に尽力した。軍隊式の組織として共和主義を志向した。一九一八年ごろから弾圧を受け、主要メンバーが処刑されると、勢力も弱まっていった。

〔7〕朝鮮国民会は、一八九七年に平壌に建てられたミッション系の学校、崇実学校の在学生や卒業生を中心として、一九一五年に結成された抗日秘密結社である。崇実学校出身の張日煥（チャン・イルファン）が、アメリカで朴容萬（パク・ヨンマン）と協議してつくったキリスト教系武装団体である。金日成の父、金亨稷（キム・ヒョン

ジク）も参加していたことが知られている。秘密保持のため、会則や会員名簿などは一切つくらず、アメリカや間島などでの会員募集に注力した。集めた軍資金一万円で拳銃を購入し、アメリカへの亡命を準備するなど、具体的な行動を計画していたが、一九一八年に発覚し、主要メンバーが逮捕されると、組織も瓦解した。

〔8〕李光洙（イ・グァンス、一八九二―一九五〇）は、朝鮮の近代文学を代表する文人である。幼いときにコレラで両親を亡くした。一九〇五年から一道会の推薦で日本の大城中学や明治学院などに留学し、日本語小説「愛か」を発表して文学活動をはじめる。帰国後、故郷の平安北道定州に戻り、五山学校の教員となるが、ふたたび日本へ渡り早稲田大学予科に入学する。結核で帰国し、一九一七年から長編小説「無情」を『毎日申報』に連載する。日本と中国を往来しつつ、朝鮮青年独立団、新韓青年党などで活動した。大韓民国臨時政府の一員としてその機関紙『独立新聞』の社長も務めた。一九二二年五月、天道教の雑誌『開闢』に「民族改造論」を載せる。その後、民族改良の立場から著述活動をつづけていたが、一九三七年に修養同友会事件で投獄されると、転向をとげる。一九三九年、朝鮮文人協会の会長となり、香山光郎と創氏改名する。帝国日本の戦争を支持し、徴兵制の朝鮮での施行を奨励する文章などを残した。こうした李光洙の諸活動について、最近は親日／反日の二分法を越えて、多様な解釈がなされていることを記しておく。たとえば、波田野節子『李光洙』(中公新書、二〇一五年）を参照。

〔9〕安重根（アン・ジュングン、一八七九―一九一〇）は、伊藤博文を暗殺したことで日本でも広く知られている朝鮮の独立運動家である。黄海道海州の地主の両班の家に生まれた。一八九四年、民衆の反政府闘争である東学農民運動が勃発すると、開化派と関係していた安重根の父は自警団を組織し、農民軍と対峙した。そのさい農民軍から軍糧を奪ったことが問題となり、カトリック司祭に匿われる。それが契機となり、安重根はカトリックの洗礼を受ける。一九〇四年に日露戦争がはじまると、中国へ渡り朝鮮と世界の情勢を学ぶ。帰国してからは、私財を投じて三興学校と敦義学校を設立し、また国債報償運動にも参加した。一九〇七年、間島を経てウラジオストクに渡った安重根は、李範允（イ・ボムユン）らと義兵を組織し、日本軍と交戦した。最初は日本軍を撃退

し、軍人や商人を捕虜にするなど戦果を挙げるも、捕虜の処理をめぐって釈放を主張した安重根と、殺害を主張した他の義兵隊員とのあいだで論争が起こり、部隊が分かれることとなる。結局、安重根の部隊は日本軍に撃破され、かれは深い失意に暮れるようになる。その後、ロシアに在住していた朝鮮人たちの新聞『大東共報』に関わっていた安重根は、伊藤博文が視察にくることを耳にし、ハルビン駅の構内で伊藤を射殺した。旅順監獄に投獄された安重根は「東洋平和論」の執筆に没頭し、脱稿まで死刑の執行を延期することを請願したが、受け入れられず、未完に終わってしまった。

〔10〕周時経（チュ・シギョン、一八七六―一九一四）は、朝鮮語の近代的研究と普及に尽力した人物である。黄海道鳳山郡で生まれた周時経は、一八九四年培材学堂に入学し、二年後、徐載弼（ソ・ジェピル）が独立協会の機関誌として創刊した『独立新聞』の会計事務および校閲を務めるようになる。『独立新聞』は最初のハングル新聞であったが、表記の統一などを図るべく社内に国文同式会を組織し、ハングル研究の端緒を開いたと評される。ほかにも多くの学校でハングルの教育と研究にとり組みながら、『国語文法』『말의 소리（言葉の声）』などを刊行した。

〔11〕張志淵（チャン・ジヨン、一八六四―一九二一）は、近代初期の言論人である。とりわけ、一九〇五年の日韓交渉条約を批判する「是日也放聲大哭」を『皇城新聞』に掲載したことで知られる。その後、大韓自強会、大韓協会などを組織し、またウラジオストクや上海、南京などを回りつつ、帝国日本を批判する文章を残した。ただ、一九一四年から朝鮮総督府の機関誌『毎日申報』に参加し、朝鮮総督府の支配政策に協力・順応したことなどが指摘され、その評価が分かれている。

〔12〕三韓は、三国時代（高句麗、新羅、百済）以前に朝鮮半島の南部にあった三つの国（馬韓、辰韓、弁韓）の通称である。朝鮮語では「サムハン（삼한）」と発音される。大韓帝国の大韓もまた「テハン（대한）」と発音されるが、著者は、このように「ハン（한）」の漢字（韓）に字を意味する「グル（글）」をつけて「ハングル（한글、韓の字）」となったことを指摘しているのである。

〔13〕崔鉉培（チェ・ヒョンベ、一八九四―一九七〇）は、戦前から戦後にかけて朝鮮語の教育と研究をおこなった人物である。普成学校では周時経の教えを受けたこともある。広島高等師範学校文科を一九一九年に卒業し、京都帝国大学文学部哲学科で学んだ。「조선민족 갱생의 도（朝鮮民族更生の道）」などの文章を発表し、民族啓蒙運動に尽力した。延禧専門学校に在職しながら朝鮮語学会などでも活動した。一九四二年の朝鮮語学会事件で検挙され、朝鮮が独立する四五年八月まで服役した。解放後は、米軍政下で教科書の編纂を命じられ、大韓民国政府の文教部編集局長も務めた。

〔14〕李克魯（イ・グンノ、一八九三―一九七八）は、解放後北朝鮮で活動した朝鮮語学者である。上海の同済大学予科を卒業すると、ドイツに渡りベルリン大学哲学部で学んだ。帰国後は朝鮮語学会を中心に積極的に活動しながら、『朝鮮語事典』の編纂執行委員長などを務めた。解放後は、北朝鮮で祖国統一民主主義戦線中央委員会議長、科学院研究所長などを歴任し、言語規範化事業である「文化語運動」を主導したことで知られている。

〔15〕新幹会は、一九二七年二月、「民族唯一党民族協同戦線」というスローガンのもとで、民族主義陣営と社会主義陣営が提携して創立した団体である。一九三一年五月まで存続した新幹会は、本格的な左右合作を標榜し、ソウルに本部を、全国に支部を設置していた、植民地朝鮮において最大規模の社会運動団体であった。初代会長には李商在（イ・サンジェ）が選ばれ、綱領を通じて自治運動などの妥協的な政治運動に反対するとともに、植民地支配そのものに対する抗争の意志を表明していた。しかし、民族主義左翼戦線を掲げるも、路線や主導権をめぐる左右の対立がつづき、とりわけ、一九二八年にコミンテルンの一二月テーゼが採択され、民族主義に対する批判の声が高まると、労働者階級のヘゲモニーを唱えつつ新幹会の解消を主張する動きが台頭する。結局、一九三一年五月の新幹会第二次全体大会で解消案が可決することにより、解体した。

〔16〕天道教は、一八六〇年崔濟愚（チェ・ジェウ）が創始した東学を、一九〇五年孫秉煕（ソン・ビョンヒ）が天道教に改称した民衆宗教である。「人乃天」思想を中心とする天道教は、普文社という印刷所を設立し、『天道教月報』『開闢』『新女性』などの雑誌を通じて啓蒙思想の普及にも尽力した。

〔17〕玄相允（ヒョン・サンユン、一八九三―?）は、平安北道定州出身の文学者である。早稲田大学で史学を専攻し、一九一八年に帰国してからは独立運動にたずさわった。同郷の李光洙などとともに文学活動をおこない、一九一九年の三・一運動に参加したために二年間服役した。とりわけ、三・一運動において孫秉熙の天道教とキリスト教を仲介する役割を果たした。解放後は、高麗大学の初代総長になるが、朝鮮戦争のさい北朝鮮に連れていかれた。

〔18〕金泳植（キム・ヨンシク、一八九九―一九三〇）は、植民地朝鮮の社会主義運動家である。全羅南道木浦に生まれ、早稲田大学留学中に社会主義思想に接することになる。安光泉（アン・グァンチョン）、李如星（イ・ヨソン）らと東京で社会主義団体、日月会を結成した。雑誌『思想運動』を刊行し、そのために朝鮮に帰国したさい逮捕されたこともある。木浦前衛同盟を結成し、労働組合の組織やストライキの主導に尽力した。社会主義グループの統合団体である正友会の幹部や、朝鮮共産党中央執行委員会の候補委員、新幹会木浦支会の大委員などを歴任した。一九二八年の第三次朝鮮共産党事件のさいソ連に亡命し、朝鮮共産党満洲総局委員に選ばれた。朝鮮共産党の再建のために活動していたなか、吉林省で病死した。

〔19〕一九四五年一二月、アメリカ、ソ連、イギリスはモスクワで外相会議を開き（モスクワ三国外相会議）、戦後処理や占領政策などについて討議をおこなった。とりわけ、朝鮮半島に関しては、中国をふくむ四ヵ国が最長五年の信託統治をおこなうことを決めた。帝国日本の植民地から独立したばかりの朝鮮は、この信託統治案に猛烈に反対した。金九（キム・グ、一八七六―一九四九）や李承晩（イ・スンマン、一八七五―一九六五）などは信託統治反対運動（反託）の中心となり、全国的な示威・集会を主導した。一方、左翼陣営は、最初は同様に反対する立場をとっていたが、一九四六年一月から信託統治を賛成する（賛託）方向へと転換していった。この対立は、解放期における政治の構図を決定的に形づくるものとなった。韓国の場合、反託を主張した民族主義陣営が社会主義陣営の代わりに政局のイニシアティブを握るきっかけとなった。

〔20〕曺奉岩（チョ・ボンアム、一八九九―一九五九）は、京畿道江華郡出身の独立運動家・政治家である。一九〇九

年、キリスト教の洗礼を受け、一九一九年には三・一運動に参加し、西大門刑務所に一年間投獄された。一九二〇年からは京城のＹＭＣＡ中学部に入学し、李商在らの影響を受ける。その後日本の中央大学に入学し、朴烈（パク・ヨル）らとともに社会主義・アナキズム団体である黒濤会で活動する。社会主義に心酔したかれは、黒濤会が解散すると、コミンテルンの指令によりモスクワの東方勤労者共産大学に入る。しかし、結核のため朝鮮に帰国し、火曜会の一員として朝鮮共産党の設立などを主導する。上海に渡って共産主義活動をおこなうが、一九三二年に日本の警察に逮捕され、七年間の懲役刑に処される。解放後、朝鮮共産党に復帰するも、アジア・太平洋戦争期に活動を中断していた曺奉岩に対する不信が高まったこともあり、右翼に転向する。中道派的な立場から、左右合作を主張し、一九四八年には韓国でおこなわれた制憲国会議員選挙で当選した。以後、李承晩政権下で農林部長官を歴任し、土地改革などを推進したが、朝鮮戦争などを経て李承晩と対立していくようになる。一九五六年の大統領選挙で多くの票を獲得し、李承晩の政治的な対抗馬として浮上した曺奉岩は、進歩党を組織する。しかし、曺奉岩の勢力拡張に不安を感じていた李承晩政権は、進歩党を北朝鮮のスパイ団体とし、一九五九年に曺奉岩を死刑にした。

第七章　申采浩の民族主義
——民衆的民族主義、あるいは民族主義を越えて

はじめに——申采浩を再読する義務

一九八〇年代以来、国民−国家[1]と民族主義の自然性・絶対性を否定、脱自然化し、相対化しようとする議論が強まってきた。これは、冷戦体制が解体し、経済成長の絶対性が否定される傾向と一定の関連がある。冷戦体制の解体、あるいはグローバリゼーションの進展は、民族国家という認識構造における絶対的な領域の体制を越え、時空間を再構成することを要求している[2]。他方、経済成長の絶対性に対する懐疑は、近代の克服という課題が社会主義の追求によって達成されるので

はなく、社会主義もまた資本主義世界体制の重要な構成要素として機能しており、真の近代を構成する絶対的な要素だったという自覚をもたらした。さらには、近代以来の成長の方式が人間の生存の条件を崩し、生活自体を根本的に脅かしているという自覚のもとで、環境主義・生態主義の問題意識が台頭するとともに、いわゆる発展論の再構成が要求されている。その意味で、国民国家と民族主義を脱自然化し、相対化するという課題は、近代化論、さらに近代認識の再構成という課題とも相まって、歴史認識における近代的時空間論や発展論を再構成する必要性を提起しているのである。この課題は、「民族国家」の樹立という民族主義的な課題に牽引されてきた韓国の近代歴史学界の「近代」認識に対して、新たな、そして重大な知的挑戦になるであろう。時空間論と発展論の再構築が、韓国の歴史学における目下の急務として台頭しているのである。

一九九〇年代の韓国社会のいわゆる思想的「混迷」は、その意味では、世界的な趨勢とも無関係ではないだろうが、だとすればこの思想的混迷は、思想的「模索」として修正されなければならないであろう。一九七〇年代の西欧におけるポストモダン的な問題意識が、西欧中心の「近代」の道具と化した理性に対する批判と、二元論的な世界認識に対する異議申し立てであったとすれば、九〇年代の韓国思想界の模索も、こうした問題意識を共有しているといえよう。八〇年代まで圧倒的だった二元論的な世界把握の方式は、冷戦と分断、反共主義と自由主義－民主主義を相対化しうる認識能力をもちにくかったということを考慮するなら、今になってようやく韓国の思想は、真の意味での世界史的な普遍主義の地平へと扉を開きつつあるといえるだろう。だとすると、私たちには、申采浩《シン・チェホ》の読解を民族主義の枠から解き放っていく義務が課されているのではないだろうか。

既存の申采浩理解は、甚だしきは晩年の思想的な基調がアナキズムに移った後も、なお民族主義の枠組みを一方的に用いるほど相当かたよったものだったといえるだろうが、前述した文脈も勘案すれば、申采浩を多面的に理解することは、韓国近代の新たな構成にもつながっていくだろう。西欧の近代にもっとも敏感に反応しもしたが、ある面では西欧近代を独自に理解することにもっともこだわったのが、申采浩であった。したがって、申采浩はいくつかの面で近代理解の欠如を示した反面、その理解の欠如を通じて近代を乗り越えうる余地があった、とみることもできる。

申采浩を再読することは、韓国近代の国民国家と民族主義、そして発展論の再構成における試金石となろう。本章では、申采浩における国民国家、民族主義、近代化、民衆を読みなおすことを通じて、韓国近代の時空間論と発展論の再構成をこころみたい。朝鮮史を研究した梶村秀樹は、申采浩の民族主義は自己満足的なものではなく、自分自身に対してきわめて厳格な民族主義であったとし、かれの文章には個性的な人間性が脈打っていると指摘し、「新しい申采浩」を再発見して「新しい対話」を交わす必要があると主張した[3]。

さて、申采浩を再読するということは、どのような文脈で可能であり、また必要なのだろうか。いわゆるテキストを読解するということは、テキストをコンテキストのなかで読みとるということを意味する。テキストが社会的な構成物だとすれば、社会的な文脈においてこそテキストを読みとることができるようになるはずである。とりわけ、最近西欧で流行している言語論的転回

(linguistic turn)や脱構築は、言語の独立性をますます強調しようとするものだと思われる。「テキストの外にはなにもない」という言葉は、これまで無意味なものとして排除されてきたものに新たな意味をあたえるために提起されたといえよう。言語は社会的実在を反映する。しかし同時に、言語は独立に存在し、社会的実在を形成するものでもある。「言説の社会的構成」が、言語の社会的な役割を強調する表現だとすれば、「社会的なものの言説的構成」とは、言語の社会的機能に強調点をおいた表現であろう[4]。言説の社会的構成を強調することは、コンテキストのなかからテキストを読解することと同様な次元を指し示しているといえる。ただし、社会的なものの言説的構成という面に注目するさい、申采浩再読解の必要性と可能性はいっそう切実なものとなる。要するに、申采浩は、テキストとしてのみ存在するのではない。申采浩というテキストがすでに社会的構成に深く介入してきたことを否定しえないのであれば、私たちは申采浩のテキストが構成した社会的文脈の上でテキストを再読解している、という事実を自覚しなければならない。以下では、テキスト読解におけるこうした側面に留意しながら、申采浩がみずからの民族主義と発展論をどのように構成していき、また懐疑し、解体していったのかを、思想の変化と発展という面から、大韓帝国期と一九二〇年代を対比させる形で再構成してみたい。

1　大韓帝国期における申采浩の民族主義の性格

(1)　進化論の受容と発展論

大韓帝国期〔一八九七〜一九一〇年〕における申采浩の民族主義を理解するためには、この時期に集中的に受容された社会進化論の性格をまず理解する必要がある。周知のように、社会進化論は、大韓帝国期の韓国の民族主義に論理的な基礎を提供していた。当時の知識人たちは、競争を「進歩の母」、つまり進歩の原動力であると紹介しており、不可欠で望ましい価値として高揚させようとしていた[5]。申采浩も「競争は人の天職であり、生活の資本である。ゆえに天職を忘れ資本を棄てたら、憔悴した死境にかならず陥ってしまうのだが、それは個人であれ、一国であれ変わらない」[6]と述べ、競争論にもとづく社会進化論を積極的に受け入れていた。

しかしながら、申采浩が受容した社会進化論は、国家有機体論にもとづくものであった。申采浩は「国家は、すでにこの民族精神によってなり立つ有機体であって、単純に血族が伝来してきた国家はもちろん、混雑した種族により結集された国家もまた、そのなかにつねに主動力となるべき特別種族を有してこそ、国家たるのである」[7]と述べ、国家が民族精神から構成される有機体であることを強調しつつ、これを民族史の叙述における基本的な論理にすえていた。申采浩の有名な観念史学の出発も、これと無関係ではなかった。「まず精神上の国家（抽象的国家）があって、その後に形式上の国家（具体的国家）があるのであり……精神上の国家が亡びたら、たとえ形式上の国家は亡んでいないとしても、その国はすでに亡んだ国にほかならず、精神上の国家さえ亡びなければ、形式上の国家が亡んだとしても、その国は亡んだ国ではない」[8]という、精神上の国家の存続、すなわち独立・自由といった精神の存在を保持し独立を獲得しようとする発想も、じつは国家有機体論的な発想に由来するものである。「国民の魂があれば、その国民は両手で福利を挽回することができ、その国家をして楽土をつくらしめ、その国民をして福音を歌わせるというのに、果たして国民の魂は重要でなく、強くもないといえるだろうか」[9]と述べ、かれが国魂の重要性を強調していることは広く知られている。

かれは、こうした国家有機体論にもとづき、国家を家族と分離されたものではなく、家族が進化したものとして認識していた。申采浩は、「国家のことがとやかくいわれているが、国家とははたしてなんであろうか……西洋のいうところによれば、「国家とは、すなわち家族という二字の大書」であり」、「国家とは、すなわち一大家族である」[10]と理解していた。また、「国とは一家族の結集体であり、歴史とは一国民の譜諜である」[11]と述べているところからも、家族を拡大したものが国家だと考えていることがわかる。さらに、「国家という名称は古代に生まれたが、その古代の国家は一家族を有するのであり、今代の国家は一民族を有するのである」と述べ、近代国家は民族国家であると強調し、「人間界における進化の状態は、おおむねこの身・家・国から抜けでるものではなく」[12]といい、人間の進化は身・家・国の観念の変化として理解することができると考えていた。

ところで、申采浩のナショナリズムが国民主義的な展望をとり下げて民族主義の道に走っていったのは、民族と国家主義の強力な結合のためであった。かれは「保種と保国は、一路であって二路ではなく……保種以外に別段の保国策があると誤解するものは狂人にほかならない」[13]と論じ、保種と保国を一致させていた。この点から申采浩における社会進化論の受容をみれば、民族と国家はひとつの有機体、ないしは統合体と理解されるため、社会内部の矛盾・対立と発展は考察の対象からはずされるほかなかった。

しかし、社会進化論の論理的な枠組みを定礎したスペンサーの社会進化論は、基本的に自由放任主義的で公利的な社会有機体論にもとづくものであった。それでは、大韓帝国末期に民族あるいは国家を単位とする集団間の生存競争論として社会進化論が受容されるとき、社会有機体論はどのような形で理解されたのだろうか。一八八〇年代後半以降、日本で社会進化論は国家有機体説と結びつけられ、国民主権と自然権的な社会進化説を否定する論理として用いられた。中国でも、たとえば厳復は、これを集団の価値を重視し個人の価値を軽視する集団主義的な社会進化論として受け入れていた。また梁啓超は、厳復の主張と日本の国家有機体論を結びつけ、社会有機体説と倫理的な行動を前提に公徳を主張する社会進化論を定立した。朝鮮でも、一九〇〇年代以降になると、社会進化論は救国の論理として用いられ、国家有機体、さらには民族有機体的な論理と結びついていった[14]。

朝鮮における社会進化論の受容の問題を、日本と比較しながら、もう少し敷衍しておきたい。日本では、社会進化論をはやくから受容していた加藤弘之が、一八八〇年代はじめから社会進化論を唱え、天賦人権論については妄想にすぎないと批判したこともあって、社会進化論は帝国主義の現実を優勝劣敗・適者生存という殺風景な論理によって合理化する道具になっていた。したがって日本では、天賦人権論に依拠する民権論者のほとんどが、国内に向けての自然法的な合理主義の立場と、国際社会に対しての弱肉強食の観点という思想的分裂を余儀なくされていたといえる。一方朝鮮では、少なくとも救国の思想が前面に台頭する以前は、殺風景な適者生存を合理化するための論理としての社会進化論より、天賦人権を唱え、富国強兵を主張することがむしろ一般的であった。『独立新聞』に社会進化論の発想があまり見当たらないのもそのためである。とはいえ、独立協会にも、ある種の思想的な分裂現象がみられる。徐載弼《ソ・ジェピル》〔1〕と尹致昊《ユン・チホ》〔2〕の社会進化論の受容をみると、発展論の欠如が著しいことに気づくが、こうした側面は、かれらが単純な西欧中心的文明化論に人種主義論を結びつけ、それを通じてアジア連帯論に移行したということからもわかるだろう[15]。

しかしながら、「社会なき社会」に社会進化論が受容されるときには、これをどのように解釈すべきか、という重大な問題が生じる。西欧で社会進化論が成立した背景には、国家から社会が分離する過程、ないしはその過程をめぐる概念化が下敷きになっていたが、東アジアが社会進化論を受容するにさいしてそれらを期待することは無理でしかなかった。近代国民国家が成立しておらず、社会の分化も進んでいない状態で社会進化論を受容すると、いったいどのような形になるだろうか。社会進化論における進化という概念は、生存競争および社会発展という論理の複合物だったといえるが、大韓帝国の場合には、生存競争、それも個人間の生存競争ではなく民族や国家といった集団間の生存競争を中心に受容するほかなかった。個人の発展、または社会発展論としての社会進化論は、意識されることさえなかったであろう[16]。これは、発展論の欠如という問題とも関係することであった[17]。

申采浩の社会進化論的な民族主義に大きな影響をおよぼした梁啓超は、ベンジャミン・キッドの社会進化論を受容し、現在を犠牲にする発展論を基盤にしていた[18]。これは進化による進歩という考えを積極的に受け入れたものであり、未来のために現在の個人と公共性を犠牲にしなければならないとする集団中心の発展論であった。さらに、梁啓超は公羊学的歴史学もとり入れていた。公羊学的歴史学、すなわち公羊学の三世説における発展論は、大同という太平の世を未来に設定することによって、それまでの儒教思想における尚古主義を乗り越えようとするものであった[19]。

さて、申采浩の初期民族主義の論理において、進化論的な発展段階論はどのように設定されていたのだろうか。というより、進化論的な発展段階論そのものが、はたして受容されていたのだろうか[20]。もっとも社会進化論とは、社会の発展という概念と結びつけられているものである。すでに朝鮮においても、社会進化論は発展論と結びついた形で受容されていた。「ダーウィン氏の出現する前は、東西の碩学がみな「退歩」の二字で人類の歴史を断案し、今人は古人におよばない、今世は古世におよばないといい、人びとはひたすら古人の成規や遺志を守り、古人に勝とうとすることに力を注がず、「古人の奴隷」になることだけを求めたが、ダーウィン氏が出現して宇宙の真理を探究し歴史の公例を立てて、人類とは元来進化であり、退化ではないことをあきらかにした」[21]という記述からもわかるように、一方で社会進化論は発展論の一環として受容されていた。

ところが、申采浩の社会進化論の特徴は、発展論の欠如にあった。「しかし、世界には進化のみがあるのではなく、退化もあるのであって、……わが国の文明観を試論するに、檀君・夫餘〔3〕・箕子〔4〕時代は文明の萌芽時代であり、高句麗・百済・新羅は文明の方長時代であり、高麗中業以後は文明が日に日に退歩し、本朝初業以来……日々下降して、本朝中業以後になると暗黒時代に漸堕し、今世紀に入ってはついに惨憺悲憤の天地をつくってしまった。……而して世界は進化者の世界となったが、万一退化者が退化ばかりするのであれば、畢竟その終極は滅亡に陥るほかないだろう」[22]と述べているように、退化を進化現象の一部と解釈しなかった申采浩にとって、発展論の積極的な構成はむずかしかったと思われる。

「太古時代にもっとも早く開化した民族として、その文化を示して六州に伝播し、その能力を培い万国に轟かせたことは、むしろ論ずるまでもなかろう。しかし、次第に堕落し、年毎衰えていき、中世が上世に若かず、近世が中世に及ばず、数千年を経た今日に至ってわずか数年前をふりかえると、地獄と天堂のごとく顕著な差異がある。かなしいことだ」[23]という言明や、進化したのは圧政であり、日毎に堆積したのは依存の思想にすぎないという指摘も、同様の発想に由来するものである[24]。申采浩は、中世以降の韓国の歴史はむしろ退歩したのであって、その退歩が国家を危機に陥らせたのだと考えていた。

さて、西欧近代的な進歩の時間構造は、現在によって過去が圧倒されるというところにその特徴がある。だが、歴史に焦点を当てている申采浩の問題意識は、現在の補完をねらうものではなかった。いい換えれば、ここで過去は現在に圧倒されていないのである。このような申采浩の時間認識は、直線的発展という近代的な時間観とは相容れないものであった[25]。申采浩が考える歴史的時間は、直線的に発展する時間ではなかったという点で、近代的な時間の構造とは異なっていた。一方で申采浩は、未来のために現在を犠牲にすべきだという進化論的な時間構造をさまざまな形で意識してはいたが、それはむしろ国家有機体論的な発想を社会進化論と結合させたためだったと思われる。しかしながら、申采浩の時間構造は、現在もまた過去によって圧倒される構造をもっていたということに注意を払わなければならない。このことは、申采浩の歴史研究、とりわけ古代史を強調し、古代的な発展過程を正当なものとみなしながらも、中世史を批判し、中世的な発展を退行の過程として否定する歴史理解に著しくあらわれているといえるだろうが、はたしてこれを真当な発展論だと考えることができるだろうか。これは、西欧的な発展構造を代表する直線的な発展構造、もしくは時間構造とは異なるものである。このような時間観はむしろ、前近代的な一治一乱の循環論を彷彿とさせる。西欧近代的な時間認識は、現在的時間のダイナミズムのなかで構成される時間経験の全体性の確保に関わるものだと思われる。近代的な時間意識の構造、つまり時間経験の全体性は、世界に対する近代的な思考構造のなかで確保しうるものである[26]。その意味で、申采浩の時間認識は、伝統的な次元にとどまっていたといわねばならない[27]。

このことは、一九二〇年代なかばに書かれた「朝鮮上古史総論」と比べるとさらに際立つだろうが、他方、領域国家をもって空間を理解する方式は、この時期からすでに論理的に整理されていた。こうした領域国家的な空間の理解を『読史新論』からみてみよう。申采浩は、「高句麗が先に覆され、渤海〔5〕が後に亡びると、内競が途絶え、外寇も遠のいたため、荒々しい盗賊たちがこの機に乗じて強い群をなし、一尊の位を定めては民気を催し、朝廷の権威を示すようになった。この三千里の山河に大きな鐵甕をつくり、一国の人民をその内に閉じこめて、一歩も外へ出ることを許さず……」[28]と述べ、鐵甕論（あるいは鉄の壺論）とでもいえる領域理論を構成していた。これは、申采浩の民族史の構成において、ある特異な役割を果たしていた。「地理上の発展の跡に準じて韓国民族の将来を測るに、これから一歩ずつ前進して高句麗の旧域をとり戻し、檀君の遺事をふたたび輝かせる時代がまた来るだろう」[29]と述べているところからもわかるように、近代的な時間経験の代わりに、国家領域の拡大を熱望する空間意識を積極的に構成していたのである。

このように、大韓帝国期における申采浩の民族主義の特徴として、近代的な時間認識の欠如とともに、攻勢的な領域国家論を構成せんとする空間認識を挙げることができる。空間によって圧倒される時間構造という面からも、私たちは近代経験の欠如を論ずることができるだろう[30]。

(2) 民族主義の公共性とアジア連帯論批判

一九世紀後半――おおよそ独立協会の運動――までのブルジョア的変革運動を「開化運動」と、それ以降のブルジョア的変革運動を「自強運動」と分類するならば、両者に一貫しているのは啓蒙だったということができる。両者のちがいは、前者が富国強兵を土台にして近代国家に移行することを目指していたのに対して、後者は救国を目指す運動を展開した点にある。ただし、啓蒙と結びついた富国強兵と、啓蒙と結びついた自強、救国とのちがいは、富国強兵と救国とのややあいまいなちがいから見出されるのではなく、むしろ啓蒙の論理におけるちがいにみることができると思われる。

さて、申采浩の民族主義論における個人と民族あるいは国家の関係を、公共性に関する議論から検討してみたい。前近代の公共性とはいかなるものだろうか。前近代の中国における公と私の分別は、王朝の存立基盤であり、量的な問題であった。つまり、郡県制は私を、封建制は公を意味していたのである。ところで、秦漢の時代に成立した郡県制は、唐代以降になると治者に士人が加えられて公へと変化していくが、有能な士人が参加することにより、公私の概念は質的なものへと変わっていった[31]。清末の梁啓超の段階に至ると、西洋民主主義が積極的な意味における公へと変化する。これは、人為的な進化としての道徳的革命であり、新民の育成や、公徳の実現を意味するものだったが、その後の韓国における近代的な公共性議論の原型になる。いわば、梁啓超にとっての公共性とは、士人ではなく新民こそが担わなければならないものであった。

近代の転換期における公に対する思惟は、義と利の関係を公と私の関係へと転換させた。それはなにを意味するのであろうか。社会進化論における発展論的な思考、団体・国家・民族などの集団を自覚し発明することは、名分論的な義の構造に代わって、私に対立する公の構造をつくりあげる必要性を提起していた。伝統的な利の構造が解体されることによって、公と私の対立の構造ができ上がったのである。それはじつに近代的なことであった。このように公と私の構造を創造しなければならなかったのだが、その構造は、基本的には西欧的なものにならざるをえなかった。そのさい公を代表するのは基本的に集体的なものになるしかなかったが、では、私は基本的に個人的なものであっただろうか。梁啓超において、公私構造への転換はどのような形であらわれるのか。梁啓超は、新民=新国民を形成するためには人為的な契機としての道徳的革命が必要であるとし、その道徳的革命は公徳の形成を通じてなしとげることができると考えていた。公徳は、集団や国家を集団や国家たらしめるものであり、かれはこれを利害の関係と解釈した。そして、道徳的革命は、独の状態を脱して群を形成することを必要とするが、そのためには学会をつくることが必須だと考えていた。この集団や国家のための道徳としての公徳とは、ただ生存競争のためのものにすぎず、公の道徳は、その集団的な利害に隷属しつつ、集団（国家）を利するものにほかならなかった。このように公私を対立させる議論構造は、梁啓超の新民論=公徳論に淵源をもつものとして、社会進化論と進歩論における核心的な論理的基盤をなすものであった。それゆえ、新民論の論理的展開の行きづまりは、公徳論の進展、とりもなおさず公共言説の論理的展開の行きづまりを意味していた。

それでは、申采浩の場合はどうだっただろうか。申采浩にとって「二〇世紀新国民」とは、梁啓超と同様に公徳を通じて育成することができる存在であり、また保種＝保国の論理に強く隷属するものであった。したがって、かれにとって公共性とは、集団すなわち国家や民族に隷属するものであり、その利害関係の対立を示すものにほかならなかった。その申采浩にとって、前近代における公共性の担い手としての士の存在は、「二〇世紀新国民」においてどのように変化していたのだろうか。

以下では、「二〇世紀新国民」を通じて、公共のもつ意味構造を検討してみたい。まず、内部的な公共性の問題、つまり公徳論は、集団主義的・国家有機体論的な議論により軽視されていた。一九〇七年前後、救国の論理が国家的な保種の論理へと転換するなかで、民族主義における種族主義的な面が強調されるようになると、最低限の公共性さえ消えていった。申采浩は「われわれはいう、国民同胞は二〇世紀新国民にならなければならない、と。おおよそ二〇世紀の国家競争は、その原動力が一人二人ではなく国民全体にあるのであって、その成敗の結果は、一人二人に由らず国民全体に由り、政治家は政治で競争し、宗教家は宗教で競争し、実業家は実業で競争するが、時には武力で、時には学術でこれをおこない、国民全体が優れた者は勝ち、劣った者は負けるであろう。……今日は、その競争がただちに全国民の競争となるのである。ゆえにそれは烈しく長い競争となり、それによる禍も大きいため、国民同胞が二〇世紀新国民にならなければならないのである」32

と述べ、新国民にならなければならない理由を、国家の競争に見出している。

また「韓国の同胞は、公共心のほとんどない国民である。個人だけを知り社会を知らず、家族だけを知り国家を知らない。志者の痛嘆するところであろう。思うに、わが同胞は公共心を奮興して、(1)団体に親しみ(2)公益に勉め、同胞を自分自身とみなし、国家を自分の家と考えるべきである。しかるに韓国は、昔から私己心が固く、排除性が強い国である。公徳は滅びて、内紛がひどく、今次、天惨地暗の奴窟のなかでも、むしろ兄弟の共食いの演が絶えないのである。かなしいことだ」[33]といい、新国民になる道は、国家を打ち立てる公益=公徳に尽力するほかないと主張する。国家中心の民族主義によって公共性が流用されてしまったのである。「独善主義に拘って自家の幸福ばかり求める者は、たとえ高尚な宗教家・哲学家だとしても、結局個人の目的地を追う者にすぎない」[34]といい、一身を犠牲にして国民の目的地までともに進もうと主張するが、ここにもまた、国家による公共性の流用があらわれているといえよう。

一方で「目覚めよ、儒者よ。回頭せよ、儒者よ。諸公が時勢を利用して、時務も研究すれば、儒林にも幸甚、国家にも幸甚なことになるだろうが、もし高等知識を有しながら上流社会の最多数を占める儒林が、今なお悟らないのであれば、韓国に対して野心をいだく外人の跳躍がいよいよ甚だしくなり」[35]と、士類の役割を強調しもする。これは、儒教的な公共性からいまだに完全に切り離されていないことの反証であろうが、いい換えれば、国民的な公共性、すなわち新民の形成がなお国民の段階に進んでいないということを物語っている。そのことは、次の発言からもわかるだろう。

「道徳は破壊され、民智は腐敗し、ついに今日に至ったが、私は儒教の信仰がその道を得なかったがゆえにここまで衰弱してきたと思う」[36]。依然として儒教と儒者の役割に期待を寄せているのである。

他方で申采浩は、このように脆弱な公共性を、英雄の叙事を書き起こすことで代替しようとした。「英雄は世界を創造した聖者であり、世界は英雄の活動する舞台である」「その国に世界と交渉しうる英雄がいてこそ、その交渉が可能となり、世界と奮闘しうる英雄がいてこそ、それと奮闘することができるようになるのである。英雄がいなければ、その国が国たるを得ないのである」[37]と、聖者としての英雄が出現してこそ国が国らしくなるとまで主張していた。かれは「人物も昔日と異なる者が必要なのだが……その人はどこにいるのか。私は手を額に当てて切望する」[38]ほど、英雄の出現を待ちこがれていた。しかし、その英雄は国民的な英雄でなければならなかった。「今日に至り、一国の興亡は国民全体の実力にかかるようになり、一人二人の豪傑の問題ではないだけでなく、且つ完全なる教育がなければ、一国の近世的な豪傑があらわれることもないだろう」[39]と、英雄を待望するも、その英雄は国民的な英雄であるとはっきり述べていた。今や英雄は、国民的宗教、学術、実業、美術などを可能ならしめる、つまり東国人による東国を可能ならしめる国民的な英雄が出現しなければならない、というのである[40]。「渤海の歴史が伝わらないため、第一に、国民の英雄崇拝心が滅殺され、第二に、後人が祖宗相伝の彊土を忘却し、これによって大国が小国となり、大国民が小国民になってしまったのである」[41]。このように、英雄待望論は領域国家の空間構成とも関係していた。とはいえ、国民的な英雄を国民の代わりにすることはできなかった。なぜならば、国民の論理構造は、民族主義の公共性を代替しえないからである。これは、いまだに新民が真の国民の段階までは進むことができていないということと関係している。一九二〇年代になると、英雄待望論は否定され、時勢論に変わっていくが、これは民族叙事の潜伏、あるいは民衆論の登場と連動していた。

申采浩の民族主義を理解しようとすれば、かれが近代の国家間秩序のなかで国家をどのように理解していたのかを検討しなければならない。前近代の「地域的世界秩序」としての中華秩序が瓦解し、近代移行期における万国公法の秩序、または新たに理解されつつあった資本主義の世界秩序という、近代の「国家間体制」との対立・拮抗のもとで、おもに日本が主導したさまざまなアジア連帯論――新しい地域秩序の樹立を目指すこころみ――は、近代国民国家的な認識構造を形成していた。

民族主義は民族形成のイデオロギーであるのみならず、前近代的な「世界」秩序、あるいは地域秩序から成立した新しい「国家」や政体（政治秩序）との関係に対する認識構造でもあるため、私たちは民族主義が結ぶ外部との関係という面を無視してはならない。ところが、これまでの韓国の民族主義をめぐる理解は、外部との関係を「抵抗」の構造としてのみとらえ、民族主義の認識構造が成立し、国民国家が形成される過程を一面的にとらえてきた。この点を看過すると、民族主義の理解をめぐって逆転現象が起こる場合がある。とりわけ、民族主義のイデオロギーがもっぱら内部との関係だけで認識されるのである。しかしながら、前近代的な普遍の秩序から脱皮しないかぎり、民族主義が形成されることはありえない。「小中華」意識から全面的に脱皮できないまま斥邪衛正思想を維持している人びとに、近代的な民族主義を期待することは不可能に近い。

一七世紀以来の小中華思想から、たとえ内面的なものだったとはいえ、前近代的な普遍の秩序が動揺していることが認められる。一九世紀後半、中華主義的な普遍秩序が最終的に崩壊した後、新しい普遍秩序がまだ形成されていない状況で台頭したのが各種のアジア連帯論だったとすれば、私たちはこれについて、近代国民国家を単位とする西欧中心の国家間秩序に対する理解の不足から生じたものだと理解することもできるだろう。地域の秩序も国家間秩序へと発展していくべきであったが、民族主義はこれに対する積極的な理解を妨げていたのではないだろうか。申采浩の中華秩序に対する理解の低さはよく知られているが[42]、ただかれは、中華秩序における事大主義を強く批判することによって、民族主義の主体性を確立しようと意図したのである。

このような側面から、東亜三国連帯論の意味と、そこから脱却していく構造を正確に理解しなければならない。各種のアジア連帯論が三国鼎立論と日本盟主論に分化し、三国鼎立論が次第に現実的な力の構造のなかで説得力を失っていき、日本盟主論が支配的になる過程で、日本盟主論の構造をもっとも積極的に批判していたのが申采浩であった。ただ、その申采浩も、最初から三国鼎立論的な連帯論から自由だったとは思われない。「韓国人がこの列国競争時代に国家主義を提唱せず、東洋主義の迷夢をみるのであれば、それは今日の時代の人間が、未来においてほかの星の世界との競争を懸念することにほかならない。またこの悲境のなかで羈絆から脱却する道を考えるより、東洋主義に頼るのであれば、それはポーランド人が西洋主義を説くのと同じようなことになる」[43]と述べ、日本を盟主とする東洋主義に猛烈な批判を加えているが、それはおそらく自己批判でもあっただろう。三国鼎立論の残滓だといえるだろうが、それに対する未練をこのように表現していたのではないだろうか。

「東洋平和だの同種相愛だのといった問題を口先だけで言うのではなく、平和の実事をおこなっていき、相愛の実情を発表し、目前の小利をむさぼって百年の大計を誤ることがなければ、吾々アジア主義の黄種の無量の幸福となるだろう」[44]と述べている一九〇九年の『皇城新聞』の論説でも、アジア連帯論の残滓、あるいは執着がみられるが、これは近代民族主義の形成がアジア連帯論の意味構造から脱却していく過程だということを示すひとつの証拠であろう。

とはいえ、中采浩は帝国主義競争の国家間体制を、ただ穏当なものとみていたわけではなかった。「東西六州の列強がみな心の深いところからこの帝国主義を崇拝し、みな先駆けるために奮闘してこの帝国主義に屈服し、世界の舞台がひとつの帝国主義の活劇場となった」[45]といい、帝国主義体制の非道徳的な側面を見抜くと同時に、民族主義は単に帝国主義の侵入を防ぐ道具としてのみ有効だと考え、懐疑の念をもっていたのである。こうした国家間体制の非道徳的な面と民族主義に対する懐疑は、一九二〇年代におけるアナキズムの受容へとかれを向かわせていく。

2　一九二〇年代における申采浩の民衆的民族主義、あるいは民族主義の克服

(1)　発展論の再編と時空間認識の構造

一九二〇年代の申采浩の民族主義を理解するためには、まずアナキズムの受容について検討する必要がある。今もなお論争の余地が多い部分だが、申采浩はアナキズムをかなり漸進的に受け入れていた。中国ではアナキズムが早くから受容されていたが、その点を勘案すれば、申采浩もまた一九一〇年代はじめからアナキズムに接していたと思われる。さらに、一九一八年ごろから李石曾など中国のアナキストたちと交流していたことはあきらかであり、五・四運動前後の知的論争がさかんだった時期に上海と北京で活動していたことを考えあわせると、申采浩がアナキズムに対して相当の理解を積み重ねていたことは疑う余地がない[46]。

申采浩は、少なくとも一九一九年に『新大韓』が発刊された時点では、アナキズムを受容すべき対象として強く意識していたと思われる。そうして、一九一九年から二五年のあいだに、アナキズムをみずからの思想として受容したことはまちがいない。一九一九年一〇月の『新大韓』の発刊から[47]、二五年一月「浪客の新年漫筆」を『東亜日報』に連載した時点のあいだのことであろう[48]。「浪客の新年漫筆」では、アナキストとしての言明がはっきりと示されているからである。だが、

そのあいだに執筆したと推定される文章には混乱した様子が見られるため、ある時点を選んで思想の転換を特定することは不可能である[49]。

かつて申采浩は、思想の漸進的な受容を主張したことがある。「漸は愛情を植えつける道具である。……情を育つこともこれと同様で、水が湿るがごとく漸を以て進み、芽吹くがごとく漸を以て進み、知らず知らずに染み入ってこそ深く真摯な情となるのであって……」[50]と述べるように、愛国心の漸進的な教育、すなわち情を育てることに対する主張と照らしあわせてみるに、アナキズムの受容も、漸進的な過程だったと推察される。このような推定は、思想の朝鮮化の問題とも関連している。朝鮮のための道徳と主義を強調する文章で、最終的にアナキズムの受容が言明されていることを見逃してはならない[51]。「浪客の新年漫筆」は、アナキズム受容の最終的な宣言だろうが、それは独自の朝鮮的な受容の宣言でもあった。申采浩にとってアナキズムとは、「朝鮮のアナキズム」でなければならなかったのである。このように、思想受容における漸進性は、その独自性の表現でもあった。まちがいなく一九二四年から二五年ごろに執筆したであろう「朝鮮上古史総論」を、アナキズム運動に身を投じた後の一九三一年になって、ためらいながらも発表を許可したのも、このような思想受容の特性を示していると思われる。

だとすれば、申采浩がクロポトキンのアナキズムを漸進的に受容したのも、さして特別なことではない。それは、既存の社会進化論的な理解とアナキズムの相互浸透の過程でもあった。とりわけクロポトキンのアナキズムには、競争ではなく相互扶助を発展の原動力とみなすという特徴があった。したがって、クロポトキンを受容する過程とは、社会進化論を発展論として再解釈することになるが、相互扶助論は、生存競争論よりも発展論としての意味を強く帯びたものであった。このように、社会進化論を持続させつつ、発展論を受容することとそれを乗り越えるということは、同時に進めうるものである。このことは申采浩に典型的にみられるが、社会進化論の発展的な理解とそれを克服していくことが同時的に示されているのである。

それでは、「朝鮮上古史総論」を中心に、かれが発展論を再編していく過程と、その時空間認識の構造を考察してみよう。「歴史とはなにか。それは人類社会における我と非我の闘争が時間から発展し、空間から拡大してきた精神的な活動状態の記録であるが、世界史とは世界人類のそのようになってきた状態の記録であり、朝鮮歴史とは朝鮮民族がそのようになってきた状態の記録なのである」[52]。歴史とは時間的な継続と空間的な発展によってつづいてきた社会の活動状態の記録であって、時・地・人は歴史を構成する三つの要素である、と定義される。つまり、「時間の相続性とは、時間的に生命が絶えないことをいい、空間の普遍性とは、空間的にその影響が広く伝わることをいう」[53]と述べているが、時間の相続性と空間の普遍性を歴史的な主体、すなわち人の条件として掲げることによって、現在的な時間の重要性が立ちあらわれると同時に、空間としての普遍性が明確に意識されるようになったといえるだろう。これは、近代的主体が近代的な時空間をはっきりと意識するようになったことを意味しており、たとえば『読史新論』における時空間の認識とは明確な対照をなしている。

ここに、現在的な必要によって圧倒される過去という時間認識のあり方がみてとれるが、それが単なる実証主義の外観を備えて強調されているだけである。つまり、単線的に発展する時間という近代的な時間の形態が整えられるようになったともいえよう。このことを具体的に理解するためには、「朝鮮上古史総論」におけるあの有名なくだりをふりかえってみなければならない。「我のなかに我と非我があり、非我のなかにもまた我と非我があるが、そうして我に対する非我の接触が頻繁であればあるほど、非我に対する我の闘争がいっそう猛烈になるため、人類社会の活動が止まる間もなく、歴史の将来が完成される日もなくなるのである。よって歴史は、我と非我の闘争の記録となるのである」[54]。ここで私たちは、進化論に対する申采浩の認識と、それを乗り越えていこうとする苦痛に満ちた過程を見出すことができよう。我と非我の闘争という図式は、いわば進化論的な発展の図式であるが、我と非我のなかにそれぞれ我と非我をふたたび設定することによって、生存競争という単純な図式はもはや成り立たなくなるのである。しかも歴史発展は、競争ではなく闘争の過程である。闘争は、我と非我の関係であり、いわば契約書上の甲と乙の関係である。しかしながら、競争はさまざまな要因のなかでも甲により適したものをいうが、乙が不利な場合はかならず甲が勝利し乙は敗北するのだから、競争においては適応という概念が考慮されているといえる[55]。申采浩の思考には、もはや競争による進化や発展など存在しない。ただ闘争があるのみで、その闘争は我と非我の闘争であり、闘争による発展である。

このように、申采浩は発展論を積極的に再構成していた。また「我のなかの非我」を確認することは、「自我のなかの他者性」をみつけることにほかならない。「先天的な実質から話すと、我が生じた後に非我が生じたのだが、後天的な形式から話すと、非我があった後に我があるのであり、すなわち朝鮮民族——すなわち我——があらわれた後に、はじめて朝鮮民族と相対する苗族・支那族など——非我——があったのであり、これは先天的なことに属する」[56]という叙述からも、私たちは他者性に対する積極的な理解を垣間みることができる。自我のなかの他者性を認め、他者のなかから自我を認めることは、進化論的な発展論をすでに乗り越えているものといえよう。我のなかの発展は、我のなかにおける非我との闘争によるものである。こうした闘争を前述した時空間の構造につなげると、時空間の構成はきわめて複合的なものとならざるをえないが、このような複合的な時空間の構成こそ、進化論的な発展論を乗り越えた発展論の構成を可能にしたのである[57]。申采浩にとって、国民国家を通じた単線的な展開としての発展は、もはや大した意味をもつものではなくなったのではないだろうか。

このように、「総論」は二つの顔をもっていた。近代的な時空間の構造があらわれているが、その時空間はただちに新しい発展論と結びつくことで複合化してしまう。近代的な時空間を構成し、それを闘争という概念を通じて複合化したため、単線的な近代の時空間は居場所をなくしてしまうのである。単線的な発展のあり方は、すぐさま否定の対象になる。私たちは、この点を「朝鮮革命宣言」と「朝鮮史整理に関する私疑」から確認することができる。民衆という概念を見出したことで、支配者の時空間から民衆をとりだすことができるようになったのである。民衆の発見は、支配者の時空間から分離される過程の所産であり、国民国家の時空間から脱却していく出発点となる。

しかし、「社会を離れた個人的な我と非我の闘争もあるわけだが、ただ、その我の範囲があまりにも弱小であり、かつ相続的・普遍的なものにもなりえず、人類というのも社会的行動を通じてのみ歴史になりうるのである」[58]というように、いまだ民衆は個人の自覚を通じて発見されるべきものではなかった。ここに、一九二〇年代の申采浩の近代性認識にも欠如があったことが認められるが、それは民衆論の構成においては不可避なものでもあった。

まず「朝鮮史整理に関する私疑」では、朝鮮の民衆全体の進化を叙述したものだけが真の朝鮮史になる、という考えが述べられている[59]。つまり、民衆史をもって歴史と規定しているのであって、民族の歴史は否認される。だが、民衆は二〇世紀に発見されたものにすぎないということをあきらかにし、その民衆史叙述のむずかしさが吐露されてもいる。「朝鮮革命宣言」は、「朝鮮上古史総論」が書かれる直前に発表されたものだが、二つの文章のあいだには、相乗的な概念の発展過程がみられる。民衆とはいかなる存在であり、なにができる存在なのか。

今日、革命といえば、民衆がただちに民衆自身のためにおこなう革命であるがゆえに、民衆革命、ないしは直接革命と呼ぶわけであり、民衆が直接おこなう革命であるがゆえに、その飛騰・膨張の熱度が数字上の強弱の比較の観念を打破し、その結果の成否がつねに戦争学上の定軌を逸脱し、無戦・無兵の民衆が百万の軍隊と億万の富をもつ帝王を打倒し、外寇を駆逐しうる。したがって、わが革命の第一歩は、民衆の覚悟の要求となる。民衆はいかにして覚悟しうるのか。……ただ民衆が民衆のために、一切の不平・不自然・不合理といった民衆の向上の障害から先に打破していくことが、民衆に覚悟をもたらす唯一の方法である。換言すれば、先覚した民衆が民衆全体のために革命的先駆となることこそが、民衆の覚悟の第一路となるのである。[60]

民衆はもはや、民族主義や国民国家に帰属する存在ではない。民衆は民衆の向上における障害をみずから打破するときにこそ、おのれを自覚することができる存在である。民衆とは、内部の亀裂を恒常的にかかえこまざるをえない存在なのである。同時に、民衆は帝王を打倒し外寇を駆逐しうる存在であり、私たちの生活にとって不合理な一切の制度を改造し、人類によって人類を圧迫することのできない、社会によって社会を削剥することのできない、理想的な朝鮮を建設することができる存在でもある[61]。内部的な亀裂をかかえたまままみずからを形成していかなければならないが、その敵は、すでに国民国家を越えているといえよう[62]。

(2) 民衆の「発見」と民衆の「連帯」

このように、民衆的な時空間の分節と複合化は、国民国家的な時空間を乗り越えていくことと重なっていた[63]。以下では、民衆の発見と民衆の連帯を「宣言文」や「龍と龍の大激戦」から検討していきたい。しかしその前に、一九二〇年代はじめのものと思われる一連の論説と、そこにあらわれている問題意識をどのように解釈すべきか、という問題にとり組まなければならない。

まず、英雄待望論に対する懐疑が散見される。「およそ人物というのは、そのほとんどが時勢によって形づくられるものであり……古代のいわゆる英雄偉人たちも、たいてい時勢の産児であって、それ自体で偉大な者はなかった」[64]と述べていることからわかるように、かつて公共性を代替していた英雄待望論は、その位置が転倒されている。英雄は時勢の産物だというのである。英雄待望論における民族叙事は、もはや立つ瀬を失ってしまっている。「失敗者をあざ笑い、成功者を賞讃するのもまた愚夫の僻見である。成功者は、足萎えのように部屋のなかで年老いていく者ではないものの、利口に立ち回る者になりやすく、与しやすいことに着手するから成功するのに、これを偉人だと称し……したがって、失敗者と成功者を比べれば、失敗者は百歩に至る広い川を飛び越えようとした者であり、成功者は一歩にすぎない川を飛び越えた者なのに、成功者を賞讃し失敗者を嘲笑うとは、人の世の転倒も甚だしい」[65]といい、いわゆる偉人、英雄を戯画化している。

金銭、鉄砲の力が大きければ大きいほど、それに対抗する呪いの力も大きくなる。往々にして仁人・志士たちが咀呪師として顕現し、億兆の民衆を指導しながら敵を呪うさい、哲学をもってその呪いの根拠を立て、文学をもってその呪いの現象を描き、その結果呪いの炎が雲を突いたのだが、『民約論』『資本論』などはあからさまな呪いの書であり、イプセンの『海の夫人』やトルストイの『アンナ・カレーニナ』なども隠れた刃のような呪いの書である。[66]

このように、英雄が戯画化され消え失せた場所に民衆の呪いが座りこんでくるのだが、これほど民衆的時空間の分節をよく示す表現がほかにあるだろうか。

「理解」という論説では、「おおよそ人類は、生存以外の目的をもたないものであり、生存に付合するものは利といい、生存に反対するものを害といい……倫理・道徳・宗教・政治・風俗・習慣のすべてが、この利害の二字のもとで語られる。……私は愛国者がみられないのならば、浮浪者でもみたいのであり、熱侠者がみられないのならば、窃盗犯でもみたいと思うが、人心を悪い方向に煽り、金銭を盗むことが、また治安を妨げることとなり、仇敵の厭悪する者となるからである。今日のわれわれの状況では、浮浪や窃盗も、破壊の導火線になるのであって、これらのほうがむしろ束身自愛・安文守己する奮儒より優っている」[67]と述べ、利害の観点から既存の倫理と制度をみるならば、かえって破壊の行為が利をもたらすのだと主張する[68]。さらに、付和雷同を非常に好む社会なので、いっそ怪物でもみてみたい、ともいい放つ[69]。このように私たちは、一九二〇年代の一連の論説を、時空間の複合化と発展論の再構成のための公的空間の創造を目指した作業として読みとることができるのである。その創造的な公的空間が、まさに民衆であった。大韓帝国期の民族主義における公共性の欠如は、民衆という空間を創造することによって埋められたのである。

一九二八年に発表された「宣言文」にあらわれる民衆は、もはや朝鮮の民衆ではない。それは東方の無産民衆であり、世界の無産民衆である。そして「わが無産民衆――さらに東方の各植民地における民衆の頭から爪先までの……わが民衆は死滅よりももっと陰鬱な非生存の生存を有している」[70]と宣言する。また「龍と龍の大激戦」では、民衆の敵は単に朝鮮内部の敵や帝国日本ではなく、資本主義帝国とその支配階級へと拡張される。絶対的な敵が設定されているのである。「天国が全滅する前は、龍の正体はただ「0」と表現される。……数字上の「0」は、場所だけあって実物はないが、龍の「0」は、銃にも剣にも炎にも雷にもその他あらゆる「テロ」にもなりうる。今日では龍が「0」と表現されるが、明日には龍の敵が「0」に消滅し、帝国も「0」、天国も「0」、資本家も「0」、その他あらゆる支配勢力が「0」になるであろう。すべての支配勢力が「0」になるとき、龍の正体とそれによる建設がわれわれにもみえるようになるだろう」[71]と述べ、天国と帝国をはじめとするあらゆる支配勢力が絶対的に消滅するという。絶対的に消滅する絶対的な敵。これは資本主義的で現実的な敵ではない。主体と敵の設定において、すでに近代を乗り越えているのである。

こうして、民衆は主体となって「絶対的な敵」を設定することになる。「絶対的な敵」は、その外縁において帝国を越えていき、内部的には時空間を分節することで「非同時的な同時性」を実現していく。このように民衆の発見は、民族と国家の再解釈、または「公的空間」の創造へと進んでいく。この空間は、国民国家と対決するものにならざるをえない。その「公的空間」は、私と対立するものの、私の総体でもあるため、国家や民族といった機構の介入を許さない。このように民衆は、近代的な公共の空間でありながら、同時に脱近代的な空間でもあったのである。

こうした申采浩の民衆論を、民衆＝民族としての「民衆的民族主義」と規定することはできないだろうか。一般的に、民衆であれ民族であれ、いずれも国家の樹立、ないしは近代化のための集団的主体としての性格を強く帯びているのだが、その場合、民衆＝国民と同様に、民衆は民族に帰属する価値にほかならない。だとすれば、民衆的民族主義とは、あくまでも過渡的な概念にすぎなくなるのであり、申采浩もまた、民族ではなく民衆へと意識を帰結させていかざるをえなかった。そして、申采浩の民衆は、国民国家の外縁を乗り越えつつあった。一方、民衆＝民族の枠組みは、「国民」への統合の過程と変わるところのない、排除を通じた抑圧の枠組みにもなりうる。そのため申采浩は、民衆＝民族としての民衆ではなく、民衆の連帯を目指す開かれた枠組みを考慮していた。民衆の枠組みを内部と外部に同時に開いていくとき、そうした統合の論理とは異なる民衆連帯の枠組みがつくられるだろう。

民衆の連帯は、「宣言文」においてその頂点に達する。

一朝に資本帝国の経済的な野獣どもの経済的搾取と政治的圧力が全速力で前進し、わが民衆を挽き臼の一回しで皆殺しにしようとする状況なので、もしわが東方民衆の革命が急速度で進まなければ、東方民衆はその存在を失ってしまうであろう。それでも存在するなら、それは墳墓のなか〔脱字〕われわれが徹底的にこれを否認し破壊する日こそ、かれらがその存在を失う日であろう。[72]

このような民衆連帯の主張は、わずか三年前の「民衆の利害も常に生活の利害に帰着するのであり、日本の無産者を朝鮮人とみなすことは、強族にへつらうまぬけな卑劣、それとも鐘路〔6〕の物乞いが都承旨〔7〕を哀れむようなとぼけた仁厚になるだけである」[73]という認識に比べると、雲泥の差がある。このような変化と自己批判に、申采浩の思想におけるその高さをみることができるだろう。

申采浩が思うに、近代国家間体制と帝国主義的な秩序が成立し、民族主義を通じてその秩序を乗り越えようとする課題が絶望的なものになるならば、中華秩序とアジア連帯を踏み越えた地点に近代国家の秩序が座を占めることも不可能であった。逆に、近代国民国家を克服した地点に民族主義がすえられないのも、同様に正当なことであった。その意味でも、申采浩の議論が東アジアの民衆連帯に向かっていったことは正当だったといえよう。ところで、その東アジアの民衆連帯が目指した地点はどこだったのだろうか。民衆＝民族としての民族主義ではなく、民衆に帰属すべき民族主義であれば、その連帯は国家間体制における連帯ではなく、それを乗り越えるための民衆連帯でなければならないだろう[74]。「蝉の歌」[75]で申采浩は、蝉の言葉を借りてこのことを主張していたのではないだろうか。

蝉の歌

3

一時的・瞬間的なおまえの体をささげて
同胞、国家、社会、人類、すべてに尽くせという
おまえたちの倫理、争いが禁じられない
争いなき蝉の社会倫理なんぞどこに使えるか
全世界のすべての同胞、一声に和して答えよう　ミーンミーン

5

夏はわが時代、緑樹はわが家郷
露はわが糧食、生活が平等だ
いいじゃないか、蝉の生活　ミーンミーン、ミーンミーン
父が蝉なら息子も蝉
夫が蝉なら妻も蝉

名前に差別がない
いいじゃないか、蝉の名前　ミーンミーン、ミーンミーン

国家・社会・人類のために、という人間の倫理が争いを起こすから、それをやめて平等な連帯を実現しようという話だろう。

結論にかえて

まず、中采浩の時空間論と発展論をここで簡単にまとめてみよう。中采浩は、社会進化論の受容において、国家有機体論を中心にすえ、民族と国家を単一の統合体として理解した。そのさい発展論を受容しなかったため、近代的な時間経験の全体性を獲得することができなかった。しかし、一九二〇年代にアナキズムを受容するなかで、単線的な発展論ではなく、時空間的に複合化した発展論を構成するようになり、それにもとづいて民衆という公的空間を新たに創造したのである。ここで絶対的な敵を設定することによって、国家間体制を克服する民衆の連帯へと進んでいくようになる。

民衆とはなにか。一九世紀以来、前近代的な身分制度の解体は、植民地帝国の拡大を通じて西欧ブルジョア的な理念、すなわち自由主義の理念の拡大とともに一般化した。身分が解体したところに新しい大衆が台頭する。ただ、国家なき状態における大衆は、人民や国民として積極的に認識されることはないため、その代替概念として民衆が使われるのは自然なことである。もはや権力と抵抗勢力はともに、その大衆を獲得するため、民衆という概念を積極的に解釈して活用するようになる。帝国日本の支配下の民衆概念は、こうした意味で一見混乱しているようにもみえるが、獲得の対象になったという点では、さほど不自然なことでもない。

解放後は、国家を構成する要素としての民衆が、人民や国民にとって代わられるのが自然である。しかしながら、反共主義体制のもとでは、抵抗概念としての民衆、そして北朝鮮が流用している人民という語は、共有不能な概念になってしまう。こうした反共主義的な概念の使用法に不満を感じる者なら、抵抗の概念としての民衆の復元に当然関心を寄せるようになる。一九五〇年代以降の咸錫憲《ハム・ソクホン》〔8〕の場合や、七〇年代以降民衆論が運動論として劇的に復元されたことは、そのような意味で積極的に解釈することができる。今、解放後の民衆の運動性は、申采浩の民衆論からなにを学びとるべきだろうか。時空間を複合化し、それを基盤にして発展論を構成していく方式から、私たちは韓国的な近代認識における一面を認めることができるのではないだろうか。しかも、その民衆論は、韓国の国民国家の「国民化」戦略から一歩引き下がることで、おのれの複合的な意味を活用しつつ、国民国家を乗り越える主体を構成していくひとつの戦略としての有効性をもっているのではないだろうか。

ところが、申采浩のテキストはその後、歴史的現実を反映したテキスト読解に縛られてしまい、解放－分断－冷戦において民族主義言説の構造を生産する作業に積極的に用いられるようになった。いい換えれば、申采浩のテキストは、植民地－分断という現実が織りなす実際の民族主義の文脈が考慮されないまま、もっぱら民族主義の流れのなかでのみ読解されてしまい、むしろ現実をより色濃く民族主義的に彩られる側面をもっていたといえる。社会的なものの言説的構成とは、まさにこのことを指すものであろうが、申采浩のテキストもまた、それが構成した社会的な文脈を摘出してはじめて再読解が可能になると思われる。今や、申采浩を民族主義の呪縛から解き放たなければならない。そして、国民国家を乗り越える展望をゆたかに備えている申采浩のテキストを通じて、私たちは新しい「東アジア共同の市民社会」の構想につながる勇気を受けるべきであろう。

その一方で、韓国近代精神史の高い水準を代弁する申采浩の研究を進展させるために、これからは新たな一歩を踏みだしていかねばならない。中国各地に散らばっていると思われる一九二〇年代の申采浩の資料を積極的に発掘し、新しい著作年報を作成してこそ、申采浩の再読解という任務に着手することができるようになるだろう。先述したように、申采浩の思想は、変化の思想であり、境界の思想であった。そして、朝鮮の思想、特殊の思想を通じて普遍の地平を広げていこうとしたという点でも、かれは先駆者であったのである。私たちは、このような申采浩思想の本質を通じて、今日の思想的地平を広げていく責務を負っているのではないだろうか。

原注

1 「国民国家」や「民族国家」とのちがいを正確に理解するため、国民と国家の間にハイフンをつけた。これは、民族主義と民族国家の認識論的な呪縛から抜けだすために必要なことである。では、これらの概念のあいだにはどのようなちがいがあるだろうか。国民–国家は"nation-state"に、国民国家または民族国家は"nation state"に、それぞれ対応させることができる。その意味で、国民–国家は、国民nationをもって近代国家を構成する絶対的な要素ととらえるのではなく、むしろ近代国家を構成していくひとつの方式として国民を理解する概念であって、いわば構成主義的な立場に立っている。"nation"と"state"という元来異なる概念を合成させたものであり、逆説的に"national identity"が強調されるのも、"nation"の構成における複合性を示すものといえよう。西欧近代国家の場合は、一般的にこうした形で両者の関係が理解される。他方、アメリカの社会学者チャールズ・ティリーは、"national state"という言葉を用いるが、これは"nation"の自立性そのものを否定するときにだけ可能となる用法である。

次に「国民国家」とは、構成主義的な立場から離れて、国民を国家構成において前提となる要素とみなす用法であろう。人種主義的な要素、すなわち"ethnos"あるいは"ethnic group"の近代国家の構成における歴史性と絶対性を認めるかぎり、民族国家という用法も可能となるだろうが、韓国では、"nation"の国民的な要素よりも族的、ないしは人種的な要素が強調されるにつれて民族という言葉が好まれるようになったため、民族国家という用法が多く使われているといえよう（このような解釈は、西江大学の朴煥珷（パク・ファンム）先生の教示によるものである）。

もちろん、韓国での用法には歴史的な文脈が介入しているため、このように機械的に対応させることには無理な面もあるだろう。韓国においても国民－国家の概念にもとづいて近代国家が理解されるべきだと思うが、ここでは混乱を避けるため、国民－国家を国民国家として一般化して用いることにする。

2 認識論的な範疇としての国民国家がもっている問題を指摘し、国民国家中心の時空間認識を多様化させながら、時空間的なきしみにおける複合的な側面にもっと敏感に対応する必要性については、最近多くの議論がなされている。これについては、『창작과 비평（創作と批評）』一〇七号、二〇〇〇年春号の特集「21세기의 한반도와 새로운 공동체（二一世紀の韓半島と新しい共同体）」、そのなかでも朴明圭（パク・ミョンギュ）「복합적 정치공동체와 변혁의 논리（複合的政治共同体と変革の論理）」を参照。

3 梶村秀樹「일본인으로서 신채호를 읽다（日本人として申采浩を読む）」丹斎申采浩記念事業会『신채호의 사상과 민족독립운동（申采浩の思想と民族独立運動）』蛍雪出版社、一九八六年。

4 この点については、金基鳳（キム・ギボン）「역사적 사실과 언어로의 전환（歴史的事実と言語論的転回）」『'역사란 무엇인가'를 넘어서（「歴史とは何か」を越えて）』푸른역사（プルン歴史）、二〇〇〇年を参照。

5 この時期の社会進化論の受容については、田福姫（チョン・ボッキ）『사회진화론과 국가사상：구한말을 중심으로（社会進化論と国家思想――旧韓末を中心に）』（한울（ハンウル）、一九九六年、一四〇―一七七頁）を参照。

6 申采浩「崔都統傳」『丹斎申采浩全集』中巻、蛍雪出版社、一九七二年、四二四頁（以下『全集』と表記）。

7 申采浩「読史新論」『全集』上巻、四七一―五一三頁。

8 申采浩「精神上国家」『全集』別集、一六〇―一六一頁。

9 申采浩「국민의 혼（国民の魂）」『全集』別集、一六七―一六八頁。

10 申采浩「국가는 즉 일가족（国家は即ち一家族）」『全集』別集、一四八―一四九頁。

11 申采浩「역사와 애국심의 관계（歴史と愛国心の関係）」『全集』下巻、七二―八〇頁。

12 申采浩「身家国 삼관념의 변천（身・家・国三観念の変遷）」『全集』別集、一五三―一五六頁。

13 申采浩「보종 보국의 원비이건（保種保国の元非二件）」『全集』下巻、五三―五四頁。

14 梁啓超の『飲氷実文集』を中心として社会進化論が朝鮮に受容されたことは、すでに多くの論者によって指摘されてきた。申一澈（シン・イルチョル）『신채호의 역사사상 연구（申采浩の歴史思想の研究）』（고려대학교출판부（高麗大学出版部）、一九八〇年、五六―一五二頁）、田福姫前掲書（四九―五一頁）などを参照。

15 日本の状況については、丸山眞男『日本の思想』（岩波新書、一九六一年、一二一―一二八頁）、注六を参照。独立協会の社会進化論の受容とアジア連帯論に関しては、李光麟（イ・グァンリン）「개화기 한국인의 아시아연대론（開化期韓国人のアジア連帯論）」『개화파와 개화사상 연구（開化派と開化思想の研究）』（一潮閣、一九八九年、一三八―一五四頁）を参照。

16 おおよそ西欧においても、ドイツのような後進国の場合は、社会進化論が国家有機体論と結びついて受容されるのが一般的な現象であったという。ドイツでは、社会進化論が最初から国家有機体論と結びついて受容されるか、優生学と結びつくことで俗流化していったという。これは日本の場合も例外ではなかった。田福姫前掲書を参照。

17 「（永遠なものに照らして）事物を評価する思考法の弱い地盤に、歴史的進化という観念が導入されると、思想的抵抗が少なく、その浸潤がおどろくほど早いために、かえって進化の意味内容が空虚になり俗流化する。そこではしばしば進化が過程から過程へのフラットな移行としてとらえられ、価値の歴史的蓄積という契機はすべりおちてしまうのである」と、丸山は日本における社会進化論の受容がもつ問題を指摘している（丸山前掲『日本の思想』、一二一―一二三頁）。しかしこれは、むしろ朝鮮においてもっと深刻な問題であったと思われる。

18 ベンジャミン・キッドは、人間の理性はすべて反社会的な効果しかもたないといい、急進的自由主義と社会主義の双方を敵視していた。またかれは、社会進化論を俗流化し、帝国主義的な膨張を正当化していたため、社会帝国主義者と呼ばれることもある。鄭瑢載（チョン・ヨンジェ）『찰스 다윈（チャールズ・ダーウィン）』（民音社、一九八八年、二一〇―二一三頁）を参照。

19 申一澈前掲『신채호의 역사사상 연구（申采浩の歴史思想の研究）』、一六二―一六六頁。

20 ここで私は、発展論が進化論によってようやく樹立されたと考えているわけではない。ただ、進化論ほどあざやかに発展論を描きだすものもないといえるし――たとえば、原始社会から古代社会へという発展観には、進化論がもっとも強い影響をあたえただろう――申采浩からその点を解明することも非常に重要だといえる。さらに、朝鮮における近代政治思想の形成や西洋思想の受容においても重大な問題だといわなければならない。

21 『大韓毎日申報』一九〇八年二月八日の論説。鄭瑢載前掲『찰스 다윈（チャールズ・ダーウィン）』（一七三頁）からの再引用。

22 申采浩「진화와 퇴화（進化と退化）」『全集』別集、二〇八―二〇九頁。

23 申采浩「한국자치제의 약사（韓国自治制の略史）」『全集』中巻、一二七―一二九頁。

24 申采浩「許多古人之罪悪審判」『全集』別集、一一九―一二一頁。

25 アメリカの宣教師ホーマー・ハーバートは、大韓帝国期の韓国人一般が進歩的な時間観を欠いていると批評している。李光麟「헐버트의 한국관（ハーバートの韓国観）」（『한국근현대사 논고（韓国近現代史論考）』一潮閣、一九九九年、一〇〇―一〇六頁）を参照。

26 過去と現在と未来の分節した契機を静的に理解する客観主義的な態度から離れて現在を中心におくとき、過去と未来をダイナミックに統合する視座が可能となるのである。김영민（キム・ヨンミン）『현상학과 시간（現象学と時間）』（까치（カチ）、一九九四年、一五―一六頁）を参照。

27 こうした点にみられる、魯迅のいわゆる「奴隷史観」との類似性は驚くほどである。両者がともに、西欧的近代の一方的な摸倣ではなく、「伝統との対決」を通じて新たな「近代」、新たな歴史を創造していかなければならないという展望をもっていたからである。

28 申采浩前掲「読史新論」、四七五―四七七頁。「読史新論」において人種と地理はそれぞれ一部分を占めているが、時間に対する認識は欠けていた。

29 申采浩「韓国民族地理上発展」『全集』別集、一九八―一九九頁。

30 一般的に、西欧近代的な時空間の認識は、時間によって支配される空間経験を特徴としており、空間は次第に無化していくという。世界に対する経験と思考が一次的なものだとすれば、同様に空間の範疇に対する時間の範疇がもつ優位も正当に導きだすことができるのである。

31 민두기（ミン・ドゥギ）「중국의 전통적 정치사상의 특질（中国の伝統的政治思想の特質）」『중국근대사론（中国近代史論）』1（知識産業社、一九七六年、一一一―一一三頁）を参照。

32 申采浩「二〇世紀新国民」『全集』別集、二一〇―二二九頁。

33 同右。

34 申采浩「금일 대한민국의 목적지（今日の大韓国民の目的地）」『全集』別集、一七五―一七八頁。

35 申采浩「警告儒林同胞」『全集』別集、一〇五―一〇七頁。

36 申采浩「유교계에 대한 일론（儒教界に関する一論）」『全集』別集、一〇八―一一〇頁。

37 申采浩「영웅과 세계（英雄と世界）」『全集』別集、一一一―一一三頁。

38 申采浩「인생의경우（人生の場合）」『全集』別集、一九六―一九七頁。

39 申采浩「소회 일폭으로 보고동포（所懐一幅に普告同胞）」『全集』下巻、九二―九四頁。

40 申采浩「二〇世紀新東国之英雄」『全集』下巻、一一一―一一六頁。

41 申采浩前掲「読史新論」、五一〇―五一三頁。

42 これについてはかつて申一澈が論じたことがあるため、ここでは事大主義に対する理解が申采浩なりの現実的必要によって無視されたのだろう、ということだけを指摘しておきたい。しかし、民族主義という現実的必要のため、歴史の発展的な側面は無視されたのである。つまり、発展論の欠如という代償を払わなければならなかったともいえる。申一澈前掲『신채호의 역사사상 연구（申采浩の歴史思想の研究）』（一三八―一五二頁）を参照。

43 申采浩「동양주의에 대한 비평（東洋主義に対する批評）」『全集』下巻、八八―九一頁。

44 『皇城新聞』一九〇九年五月二六日の論説。

45 同右。

46 李浩龍（イ・ホリョン）によれば、申采浩は大韓帝国末期からアナキズムをふくむ社会主義について認知しており、三・一運動以降は、大同思想にもとづいたアナキズムをおのれの思想として受容していたという（『한국의 아나키즘（韓国のアナキズム）』知識産業社、二〇〇一年、一三七―一六六頁を参照）。しかし、この時期に申采浩がみずからを総体的なアナキストとみなしていたと考えるだけの根拠はない。

47 同右（一五一―一六六頁）を参照。

48 一九二一年二月に発刊された『天鼓』二号には、「対於古魯巴特金之死之感想」というタイトルでクロポトキンの死を追悼する文章が掲載されている。最近『天鼓』二、三号を北京大学図書館から発掘した崔光植（チェ・グァンシク）の報告による。「민족주의자서 아나키스트로、단재 1921 년 이전에 〝사상전향〟（民族主義者からアナキストへ――丹斎、一九二一年以前に「思想転向」）」『東亜日報』二〇〇〇年一二月五日。

49 こうした側面に対する指摘は、徐仲錫（ソ・ジュンソク）「신채호의 무정부주의에 대한 소고（申采浩の無政府主義についての小考）」（『조동걸선생 정년기념논총2（趙東杰先生定年記念論叢2）――한국민족운동사연구（韓国民族運動史研究）』（一九九七年、七二三―七四二頁）を参照。

50 申采浩「신교육과 애국（新教育と愛国）」『全集』下巻、一三一―一三五頁。

51 申采浩「낭객의 신년만필（浪客の新年漫筆）」『全集』下巻、二五―三四頁。

52 申采浩「朝鮮上古史」『全集』上巻、三一―七三頁。

53 同右。

54 同右。

55 鄭瑢載前掲『찰스 다윈（チャールズ・ダーウィン）』、一九七―一九八頁。

56 申采浩前掲「朝鮮上古史」。

57 申一澈は「朝鮮上古史総論」を分析し、申采浩の史観は進歩の概念を欠くニヒリズムだと批判する。しかし、このような批判は、大韓帝国期の申采浩にとってのみ適切だといえよう。申一澈前掲『신채호의 역사사상 연구（申采浩の歴史思想の研究）』、一六二―一六六頁。

58 申采浩前掲「朝鮮上古史」。

59 申采浩「조선사 정리에 대한 사의（朝鮮史整理に対する私疑）」『全集』中巻、一三〇―一三九頁。

60 申采浩「朝鮮革命宣言」『全集』下巻、三五―四六頁。

61 同右。

62 申采浩にとって民衆は創造的破壊の空間だったという点で、それはきわめて近代的であると同時に、脱近代的なものでもあったといえる。創造的破壊とは、個人主体の形成のための破壊の空間を提示するものであり、破壊的創造のための民衆的な連帯の空間を提示するものでもあるからである。したがって、申采浩の民衆論は、創造的破壊とともに「破壊的創造」を目指す同時的な契機を提供するものであったといえよう。この点については、尹海東「한국역사에서 사회사란 무엇인가（韓国歴史において社会史とは何か）」（『사회사로 보는 우리 역사의 7가지 풍경（社会史から見るわが歴史の七つの風景）』歴史批評社、一九九九年）を参照。

63 これについては、民衆論をある種の「イデオロギー空間」と規定し、民衆概念の両義性に注目する必要があるだろう。同右を参照。

64 申采浩「연개소문의 사년（淵蓋蘇文の死年）」『全集』中巻、一四九―一五八頁。

65 申采浩「실패자의 노래（失敗者の歌）」『全集』下巻、一二四―一二六頁。

66 申采浩「金銭・鉄砲・咀呪」『全集』下巻、一二七―一三〇頁。

67 申采浩「利害」『全集』下巻、一四五―一五一頁。

68 あらゆる現実的な暴力に対する批判可能性としての申采浩の暴力論については、趙寛子（チョ・グァンジャ）「「반」 제국주의의 폭력과 멸죄의 힘（「反」帝国主義の暴力と滅罪の力）」（『文化科学』二四号、二〇〇〇年、

一六九―一八七頁)を参照。

69 崔元植(チェ・ウォンシク)は、これを植民地民衆が美しい主体に生まれ変わる自己革新の過程ととらえる。こうした解釈もまた、新たな公的空間、つまり民衆の発見という側面と関わっていると思われる。「서양과 일본, 이중의 충격 사이에서(西洋と日本、二重の衝撃の狭間で)」『民族文学史研究』一六号、二〇〇〇年、一二八―一三九頁。

70 申采浩「宣言文」『全集』下巻、四七―五〇頁。

71 申采浩「용과 용의 대격전(龍と龍の大激戦)」『全集』別集、二七五―二九八頁。

72 申采浩前掲「宣言文」。

73 同右。

74 新自由主義的なグローバル化の暴力性を牽制しうる可能性として、そして国民国家を乗り越える連帯の可能性として、地域的市民社会、世界的公民社会の形成の可能性がさかんに論じられているが、こうした現今の議論においても申采浩の民衆連帯の思想は有用なものとなるだろう。

75 申采浩「蝉の歌」『全集』別集、三三七―三四一頁。

訳者注

〔1〕徐載弼(ソ・ジェピル、一八六四―一九五一)は、アメリカなどで活動した啓蒙運動家である。金玉均(キム・オッキュン)、朴泳孝(パク・ヨンヒョ)ら開化派の人物たちと交友関係をもち、一八八四年の甲申政変に参加するが、失敗に終わると日本へ亡命する。以後、アメリカのサンフランシスコに渡航し、一八八八年にはフィリップ・ジェーソン(Philip Jaisohn)と改名してアメリカ国籍を取得する。その後、東学農民運動の鎮圧を口実に朝鮮における勢力拡張を企てていた日本によって開化派の人物たちが実権を掌握していくなか、一八九五年帰国し、中枢院の顧問に任じられる。翌年、啓蒙主義的な色彩の強いハングル新聞『独立新聞』を創刊し、独立協

会を創設する。しかし、朝鮮半島に対するロシアの影響力が強くなったため、ふたたびアメリカへわたり、独立運動に献身する。朝鮮の独立後、韓国にとどまって米軍政の顧問を務めたこともあるが、すぐ立ち去り、余生はアメリカですごした。

〔2〕尹致昊（ユン・チホ、一八六五—一九四五）は、徐載弼らとともに独立協会を率いた啓蒙運動家。一八九一年から二年間日本に滞在し、同人社などで学んだ。甲申政変には直接加担しなかったものの、政変の失敗後、上海に亡命し、さらにアメリカへ渡航する。一八九五年帰国し、独立協会の副会長・会長などを歴任しながら、啓蒙運動を展開する。政府の弾圧により独立協会の運動は挫折するが、「大韓自強会」「新民会」などで活動をつづける。しかし、一九二〇年代に入ると、親日的な論説を発表し、とりわけ日中戦争が勃発すると、国民精神総動員朝鮮連盟の常務理事、朝鮮臨戦報国団の顧問を務めた。一八八〇年代から書きはじめた『尹致昊日記』がある。

〔3〕夫餘は、BC二世紀ごろから四九四年まで現在の中国東北地方一帯に存在した部族連盟国家。

〔4〕箕子は、殷の末期に朝鮮半島にわたり、BC一一〇〇年前後に箕子朝鮮を建てたといわれる。箕子朝鮮については、中国の歴史書である『尚書大伝』『史記』『漢書』などに記録されているが、その解釈をめぐっては、現在も諸説がある。

〔5〕渤海は、高句麗の滅亡後、その遺民が現在の中国東北部地域を中心に建てた国家。七世紀末から一〇世紀前半まで存続した。

〔6〕鐘路（チョンノ）は、ソウルの道路であり、朝鮮王朝時代から商業の中心地であった。最初の電車路線が敷かれたところでもある。

〔7〕都承旨は、高麗・朝鮮王朝時代の官職である。その機能が王権と直結するほど、大きな権力をもっていた。

〔8〕咸錫憲（ハム・ソクホン、一九〇一—一九八九）は、軍事独裁下の韓国でキリスト教にもとづいた民衆運動を展開したことで知られる。平安北道の龍川出身で、定州の五山学校を経て、一九二四年東京高等師範学校に入学する。在学中に内村鑑三の無教会主義の影響を受け、金教臣（キム・キョシン、一九〇一—一九四五）らと同人誌

『聖書朝鮮』を刊行した。それらの活動により、植民地下の朝鮮で何度も投獄された。解放後も、『思想界』などの雑誌で韓国政府を批判する文章を掲載しつづけ、反独裁民主化運動に尽力した。

第八章　トランスナショナル・ヒストリーの可能性
——朝鮮近代史を中心に

はじめに——トランスナショナル・ヒストリー、どうみるべきか

近年、「トランスナショナル・ヒストリー」に対する関心が、国内外の学会を問わず、急速に高まっている。「トランスナショナル・ヒストリー」とはなにか、に関する合意が形成されていない現在、なぜこれに対する関心が高まっているだろうか。ある問題意識が新たに生まれるのは、既存の概念や方法論では解決できないなにかが期待されるためである。それゆえ、「トランスナショナル・ヒストリー」についての関心がなぜ高まっているのかを詳しく考察してみる必要がある。はた

して、トランスナショナル（transnational）な歴史学の方法論に期待されているのはどのようなことなのであろうか。

しかし、「トランスナショナル・ヒストリー」という語そのものが明確ではないため、まずこれに関する考察が必要である。“trans”という語は、普通は“across”（横断）、“beyond”（超）、“through”（通）といった意味を包括する接頭語である。つまり、トランスナショナルという語は、横断−国家的、超−国家的、通−国家的という意味をふくんでいるといえるが、いまだに東アジア地域では適切な翻訳語さえない状況である[1]。しかし一方で、トランスナショナルという語は、私たちが気づいていないだけで、日常的によく使われている。金融と企業の超国籍化、超国籍的、あるいは全地球的共治（governance）の発展、超国籍的犯罪の増加といった用例がある。

要するに、トランスナショナルという概念の必要性は、“international”（国際あるいは国家間）または“multinational”（多国的）という修飾語が現実を十分に表象できていないだけではなく、変化していく現実を縛りつける阻害要因として働くという認識によるものである。近い例として、トランスジェンダーという概念を挙げることができる。この概念は、「一般的に正常なジェンダー役割からはずされている個人、行為、集団、そして性向」を指し、ある特定の性的志向を意味するのではない。トランスジェンダーは、“heterosexual”“homosexual”“bisexual”“pansexual”“polysexual”“asexual”などの状態をすべてふくむ概念として使われている[2]。つまり、複雑なジェンダー・アイデンティティをあらわす概念を探りだす過程のなかでつくりあげられたのが、トランスジェンダーという概念である。

そのような意味で、「トランスナショナル・ヒストリー」は、国家間の関係(international)また は多国籍的な状況(multinational)を乗り越える新たな現実を表象するためにつくられたといえよう。人類の歴史、とりわけ近代世界体制の歴史は、一国を単位とすることを前提としてのみ理解されてきたが、それはまさしく近代歴史学の重要な属性でもあった。ところが、国家を乗り越え、国家のあいだを横断し貫通しうる視角をもたないかぎり人類の歴史を正しく把握することはできない、という自覚から提起されたのが、「トランスナショナル・ヒストリー」のこころみである。

要するに「トランスナショナル・ヒストリー」とは、一国史を乗り越えようとする代案的な歴史として提起されたのである。しかし、「地球史(global history)」、「世界史(world history)」、「普遍史(universal history)」、「統合史(ecumenical history)」、「巨大史(big history)」、「交差する歴史(histoire croisee)」などの概念と交錯した形で使われていることからもわかるように、「トランスナショナル・ヒストリー」の志向は明確だとはいいがたい。最近、強力に台頭している地球史には、次のような問題意識がふくまれていると思われる。第一に、ヨーロッパ中心主義を乗り越えようとするこころみ、第二に、中心に対する周縁の問題提起、第三に、国史(national history)の二分法的な視座を乗り越えようとするこころみ、第四に、地域史(regional history)の閉鎖性に対する懸念である[3]。地球史は、近代歴史学の基礎である一国史を乗り越え、ヨーロッパ中心主義を克服し、周縁とマイノリティーを中心に、全地球的な次元から歴史を新たに理解しようとする問題意識をふくんでいるといえる。さらに、人間中心の歴史を相対化することにより、生態史的な問題意識を強めるという点においても、地球史研究の意義を高く評価することができるだろう[4]。

「トランスナショナル・ヒストリー」が地球史の問題意識と混在して使用される場合もあるが、用語があらわしているように、その志向において相違点もある。「トランスナショナル・ヒストリー」は、ナショナルな状況を乗り越えたり横断したりするが、ナショナルな状況そのものを無視することはない。それが実体的な基盤になっていることを認めざるをえないからである[5]。いい換えれば、「トランスナショナル・ヒストリー」はひとつのパラダイムというより、ある種の志向としての性格を強く帯びているとみられる[6]。

このように考えると、「トランスナショナル・ヒストリー」の志向は、植民地を経験した歴史、あるいは逆に植民地を保有した、つまり帝国支配の経験をもつ歴史を解明する場合、もっとも適切な認識体系を提供してくれるかもしれない。植民地、あるいは帝国主義支配を経験した歴史とは、近代世界体制一般の経験をふくむことであり、近代の経験を解明する上でも意味のある問題意識をふくんでいるといえる[7]。

植民地と帝国は、その発生と維持の暴力性・抑圧性を除けば、トランスナショナルな状況を固有の属性としてもつ体制ととらえることができる。このような指摘は、周辺地域を吸収し、同化と永久併合を支配の目標として掲げた帝国日本の植民地統治の場合を通じて、トランスナショナルな状況をよく読みとることができるということを意味する。帝国日本が掲げた同化と永久併合というスローガンからもよくわかるように、帝国主義の植民地支配は、支配の一方的な貫徹を意味するものだとはいいがたい。帝国主義支配の抑圧と葛藤、抵抗、協力、同化、交流といった両民族のあいだに起こるさまざまな相互作用をふくみこむのが、帝国主義支配の本質だからである。しかも、植民地が帝国の奥深いところまで編入されればされるほど、両民族集団間のトランスナショナルな状況は、さらに複雑で先鋭な問題を引き起こす。帝国と植民地をつなげていた同化、または東アジアの連帯を唱えたさまざまなスローガン（東亜協同体、大東亜共栄圏など）が示すように、帝国主義的近代のトランスナショナルな状況は、非常に複雑で微妙な問題をはらんでいる。こうしたことから、朝鮮、さらに東アジアの近代経験をトランスナショナルな問題としてとらえなおすことが、近代経験の新しい解釈に大きく寄与するということはあきらかだろう。

本章は、朝鮮近代史を対象に、トランスナショナルな歴史学の可能性を検討する試論である。朝鮮近代史におけるトランスナショナルな経験を理解するため、ここでは近代性を理解する方式を二つに分け、これに対する歴史学的なアプローチ法を再検討する。「国民国家時代の近代理解」と「全地球化（global）時代の近代理解」を比較しつつ[8]、歴史理解と叙述の方法論について検討してみる。二つの時期における異なる近代理解は、それぞれどのような特徴があり、その特徴は歴史理解と叙述にどのような方式で顕著になってきたのか、そしてこれからどう変わっていくのかを中心に、議論を進めていきたい。

1　国民国家（nation-state）時代の近代理解

(1)　国民国家時代における近代把握の特徴

二〇世紀は、国民国家の時代として記憶されるだろう[9]。国民国家の時代は、国際（international）の時代であり、世界体制の視角からすれば、国家間体制（inter-state system）の時代でもある。国民国家の時代とは、国民国家を歴史的行為の主体にすると同時に単位とみなす時代を指す。この時期における個人の政治的・経済的・社会的な行為は、国民国家を拡大させ（帝国主義）、国民国家を創設（植民地）することに収斂され、また収斂されなければならないものとしてとらえられてきたといっても過言ではない。国民国家の時代に近代歴史学は、国家−国民形成に寄与する学問として自己を位置づけてきた。つまり、近代歴史学は自己のアイデンティティを国民形成（nation-building）に一致させてきたのである。

国民国家時代の歴史学を国民形成に寄与する歴史学とみなす場合、その特徴は近代性を一国史的にとらえることにあるといえよう。近代性を一国史的にとらえる場合、近代性の起源を一国史の眼差しから探りだそうとするだけではなく、近代性の作動原理を一国史の枠におさめて解明しようとすることろみが同時に起こることは必然だともいえる。第二次世界大戦以降、東アジアの歴史学界を席巻した「内在的発展論」(あるいは内発的発展論)を、国民国家時代の国民形成に寄与した歴史学という観点からとらえれば、その「時代的妥当性」が理解できなくもない。まず、朝鮮近代史を対象にして、国民国家時代における近代理解の属性として、一国史的近代性について考察してみる。

(2) 一国史的近代性(national modernity)

朝鮮の植民地経験をめぐる解釈は、いわゆる「収奪論」対「近代化論」という二分法的な対立図式を形成したまま、断続的ではあったものの、長いあいだ対峙をくりかえしてきた。「収奪対近代化」あるいは「市場対階級搾取」という図式は、植民地を解釈する枠組みとして、根本的に異っているようにみえる[10]。だが、近代性に対するアプローチの方式においては、一国史的な立場をとっている点で共通点がある。以下では、まずその点を検討していきたい。

まず、「植民地近代化論」について考えてみよう[11]。「植民地近代化論」は、利己的な存在である経済人(ホモエコノミクス)がおこなう合理的な行為を立論の出発点とし、これを通じて植民地化による経済成長と近代化を証明しようとする。植民国家(朝鮮総督府)の産業政策によって自立した経済領域の独自性を強調し、さらに自立的な市場の存在を通じて植民地化による経済成長の歴史的正当性を立証しようとする。土地調査事業をはじめ、植民地産業政策によって自立的な市場が創出された側面をクローズアップして、自立的な市場による植民地の工業化の遂行を植民地近代化の指標として強調する。さらに、植民地期に一人当たりの生産が増加するにつれて、朝鮮人の所得も増加し、平均生活のレベルが向上したと主張する[12]。

しかし、「植民地近代化論」における植民地の解明は、不当な前提と過剰解釈が下敷きになっているといわざるをえない。経済の主体を、欲望にあふれる利己的な存在である経済人とみなし、かれらの活動が合理的だと想定するのは、新古典主義の主流経済学一般にみられる共通の現象である。これに対しては、すでに重要な反論が提起されている[13]。また「植民地近代化論」が、朝鮮人と日本人のあいだに生じる経済主体としての差別性を認めないことは、植民地理解において不当な前提を提供しがちである。被植民地民であった朝鮮人には基本的な人権に制約があると同時に、政治参与は強く制限されていた。朝鮮人にはみずから社会を営む権利があたえられておらず、経済活動においても深刻な制約を受けていた。植民地期の経済と社会を営むさまざまな法令は、日本人を中心に編制・運営されていた。

植民国家が経済領域の独自性を生みだす役割を果たしたことに疑問はないが、朝鮮人が経済主体として深刻な制約を受けていたことを認めるなら、いかなる制約もない自律的な市場を想定することはできなくなる。植民地においても、商品市場、資本市場、土地市場、労働市場など、各種の市場が存在していた。しかし、それらは植民国家によって強く統制されており、経済主体の内側に民族ごとの分断が存在する不完全な市場にすぎなかったのである[14]。

この市場は、帝国主義本国や帝国の領土内の植民地、あるいは国民国家などと交流したのであって、いい換えれば、世界市場に連動しつつ開かれていたのである。このようなことから、植民地経済をひとつの「地域」経済概念としてとらえなおすことも可能であろう。だが、民族問題＝政治的な次元の問題を経済分析の過程から除外して、植民地経済が自律的・均衡的に働く市場経済だったと考えるのはまちがいである[15]。植民地の市場は、世界市場と連動する不完全な市場だったし、政治論理から強く影響を受ける市場だったことを見逃してはならない。

ちなみに、帝国主義の経済力が、「広域的公共財」の提供によって中心と周縁の結びつきを強めるという指摘にも注意を払うべきである。「広域的公共財」とは、中心が主導する広域的な道路交通網、貨幣制度、貿易圏の整備のことで、その相互性によって周縁を中心に引きつける力があるというのである[16]。植民地の経済成長が、「広域的公共財」の提供によって植民地が帝国に編入されていく度合の上昇を意味するといえるならば、それをもって被植民地側の経済成長を語ることがいかに危険であるかがよくわかるだろう。

被植民地の経済主体による経済行為が、不完全な市場において差別される存在だったことを念頭に入れれば、植民地全体の経済成長を植民地近代化として解釈することが論理の飛躍なのはあきらかである。被植民地民に対して、その根拠の不明確な経済成長という指標を突きつけるだけで、植民地近代化を主張することはできないからである。基本的な人権と政治参与の問題はさておくとしても、植民地近代化とは、植民地社会－経済の構造的変化と市民福利の増進を意味する開発の概念をふくむべきであるが、経済成長(growth)は開発(development)と同じものではない。「植民地近代化論」者は、植民地下における社会−経済的な次元の開発すら立証できないまま、経済成長という経済的・部分的な指標だけをもって近代を主張する自家撞着に陥ってしまったのである。かれらの主張は「開発なき成長」にすぎないものであって、この場合の成長は、結局のところ植民地の経済そのものをあきらかにすることにも役立たない。

植民地支配下における開発を正しく理解するためには、開発が単なる経済の成長ではなく、人間の潜在能力(capabilities)を拡大させることによって「自由」を広げる開発にならなければならないというアマルティア・センの議論に耳を傾けるべきである。仮に植民地支配を通じて経済が成長し所得が増加したとしても、それは福祉と自由に貢献するひとつの要素にならねばならない。開発とは、経済的な富より、生の基盤となる人間的な富を進展させるものでなければならず、人間がなにかを成しとげうるような、なんらかの状態をつくることができる潜在能力を引きあげるものでなければならない[17]。だとすると、基本的な人権が存在せず恒久的な差別が存在する植民地での総合的な経済成長とは、被植民地民たちの潜在能力を奪いとり、自由を抑制する「貧困」にほかならないものであろう。「植民地近代化論」は、植民地の経済成長が被植民地民の能力を剥奪し、自由を否認する貧困化にすぎないというパラドクスに応えなければならない。

これに比べて、いわゆる「収奪論」はどうだろうか。事実、主流歴史学一般の植民地解釈を「収奪論」と名づけることには問題がある[18]。一般化・俗流化された植民地認識のすべてを「収奪論」

としてとらえるのは無理があるが、「植民地近代化論」に対峙するものとして、「収奪論」を議論の対象とすることはできるだろう。「収奪論」はある行為の主体としての一般的な人間像を前提とはしないが、「植民地近代化論」の「経済人」に対応する意味としての「抵抗人」を想定するといえよう。被植民地民の「抵抗人」としての特質が強調されることにより、むしろかれらの経済行為に関する解釈に制約がかけられる。「収奪論」は、植民地下で経済領域が独自性をもって機能しはじめたことや、経済を構成する各種の要素を対象とする独自の市場が形成されはじめたことを認めようとはしない。それが「不完全な市場」であったとしても、各種の市場を通じた経済行為と経済の量的変化を探求することは無意味ではないだろう。

経済成長をふくむ植民地資本主義を根幹として、植民地支配や収奪の効率性を高めるために帝国主義の開発と収奪がおこなわれたこと[19]を強調するが、厳密な分析による成果はまれだと思われる。「収奪論」は、植民地下で経済が分化し、各種の市場が成立することを認めず、政治−社会的な権利の制約による経済的な不平等を強調しすぎる。このような点から「収奪論」的な立場をとっている「開発なき開発」[20]というテーゼは、みずからの論理的ジレンマをあらわすものだといえる。植民地経済のさまざまな市場は民族ごとに「分断」されていたが、その状況を民族ごとに「分割」して量的に示すのはむずかしい。分割ができないほど、植民地社会と経済は、民族的かつ階級的に複合・混成化されていたためである。したがって、収奪を分析的な概念としてとりあつかうやり方も、再検討すべきである。

収奪という概念は経済的な分析概念ではないし、そのように考えるべきでもない。民族的・階級的に混成化されており、また帝国主義本国と分離した独自の国民経済としてとらえることもできない植民地で収奪がおこなわれたということは、なにを意味するのだろうか。階級搾取的な収奪は、もっぱら植民地下でのみおこなわれる現象ではない。収奪を階級搾取的な次元や民族的な次元においてのみ解釈することはできない。とはいえ、植民地で収奪がなかったわけではない[21]。植民地での収奪は、市場的／非市場的な統制を通じて日常的におこなわれていたといえる。つまり、植民地における収奪とは、近代性と差別が同時的に発現する状況を指しているのである[22]。近代性と差別が同時に発現するということは、植民地の「規律権力」における二重の働きを暗示する。植民地における欲望と規律化の二重性は、被植民地民に対する差別化によって作動するものだが、これこそまさに植民地での収奪の意味を示すものだといわなければならない[23]。

このように、「収奪論」と「植民地近代化論」は背反する議論を展開しているが、近代性の指標の設定においては、共通性と差異を同時にもっているようにみえる。それらは、植民地の近代性を、世界体制のなかで相互連関している現象の一環としてとらえるのではなく、むしろ独立した現象とみなすという共通点をもっている。空間的な隠喩を用いるとすれば、「収奪論」は近代の指標を雲の上（近代人、または近代的な市民社会、近代国家）に、「植民地近代化論」は地中（経済領域）に設定しているといえよう。一方は近代的な国民国家もしくは市民社会の形成を、他方は近代的な経済成長をもって近代性の指標と設定するのだが、いずれも近代性に対する一国史的な解釈に淵源をもつといわねばならない。その点で、両者はともに近代至上主義から離れることができない。こうして両者は、近代的な進歩という歴史観を共有するものの、「収奪論」は過去の回想という、「植民地近代化論」は現在の不当な追認という過剰解釈に陥ってしまうのである[24]。近代は、つねに近代以外のさまざまな存在を前提とする。世界体制論者たちは、これを非資本主義的市場、つまり資本主義的市場に編入されるべき対象であると説明する。しかしながら、両者はともに資本主義的な近代におけるこうした側面を無視する[25]。

一国史にもとづく近代性の解釈は、国民づくりにどのように関係するだろうか。まず「収奪論」は、ホッブスーレーニン以来の古典的な帝国主義論、あるいは従属理論の韓国的な変容という性格を帯びているといえる。したがって、帝国主義から独立的な国民国家の建設と独自の国民経済の形成に焦点を当てつつ、民族解放運動の展開や解放後の統一国家の樹立運動、または民主化運動に正当性をあたえる。朝鮮半島の分断という現実は、国民国家の建設と国民経済の形成という観点からすると、近代に達していない状態をあらわすにすぎなくなる。統一民族国家の建設と自立的な国民経済の樹立という課題は、韓国が近代に「適応・克服」する過程でなしとげるべき至上目標に設定される[26]。これに対して、一九五〇年代以降の近代化論、そして「市場均衡論」の韓国的な変容ともいえる「植民地近代化論」は、植民地期の経済成長を受け継いだ韓国の経済成長とその連続性を証明することに力を注ぐ。「植民地近代化論」の立場からすると、経済成長に失敗した北朝鮮は、「文明史的」な文脈での「野蛮」におき換えられ、韓国の「建国」にあまりにも重要な意味があたえられる。かれらにとって南北における「建国の等価性」などは認められず、経済成長に成功した韓国だけが正当性をもつ[27]。

このようにパラレルに進行している「統一対建国」という二項対立的な現代史の解釈は、「収奪対成長」という植民地近代性に関する一国史的な解釈に強く影響されている。ただ、この両者の立場から「国民づくり」の両義性を確認することは容易ではない。国民づくりは、国民国家的な正当性の創出にともなう抑圧性とともに、国民的なアイデンティティをあたえるという両義性をつねにかかえこむものである[28]。国民国家時代における国民づくりに貢献してきた近代性の解釈に対する自己批判が必要な時点である。

(3) 国際関係史と比較史研究

国民国家を行為の主体であり単位としてとらえる国民国家時代の歴史理解を代弁する典型的な方法論として、国際関係史と比較史研究を挙げることができよう。

まず国際関係史をみてみよう。国際関係史は、国家間（inter-national）時代に考案された典型的な方法論である。ところで、帝国－植民地の関係は国際関係ではない。そのため、朝鮮近代における国際関係は、朝鮮をめぐる列強の国際関係になりかねない[29]。さもなくば、植民地だった朝鮮と周辺諸国が互いに対してもっていた認識を研究する程度のものになるだろう[30]。とはいえ、東アジア地域内における国家―民族間の相互認識を研究することは、東アジア研究につながっていく踏み台になりえたという点で、歴史的な意味をもつといえよう。この相互認識にもとづく東アジア研究を、東アジアをめぐる記憶の研究として積極的に発展させていくべきではないだろうか。「万宝山事件」〔1〕のように、東アジアの人びとの記憶においてナショナルな境界に立っている事件は、記憶研究における典型的な事例となりうるだろう。万宝山事件は、東アジアの各国が異なるやり方で流用してきた記憶の場であった。万宝山事件は、東アジア各国の内部において、それぞれちがうやり方で忘却され、破片化し、記憶されてきた。東アジアが共有している共同の記憶を喚起することは、新たな「東アジア意識」、さらに「東アジアのアイデンティティ」を形成する上で重要であり、かつ必要でもあると思うが、支配／被支配、侵略／被侵略という互いに背馳・葛藤する歴史の場を忘却からとりだし、異なる形で記憶していくことも大事であろう[31]。

次に比較史をみてみよう。比較の対象を国民国家と設定するときに可能となるのが比較史の方法論であるが、そのほとんどは、国民国家の正当性を合理化することに帰結してしまう危険性を帯びている。国民国家とは、そもそも互いに比較することができない複合的なものである。それらを比較するというのは、その複合的な面を無視することにほかならず、結局のところ国民国家の正当性を証明する作業になりがちである。したがって比較史は、一九五〇年代以後、近代化論のおもな方法論的武器として登場した。近代化論は、一国の発展段階、すなわち近代を時間の前後の問題におき換え、これを空間の問題へと転換させる。換言すれば、近代化が遅かった国家（後進国）は近代化が早かった国家（先進国）に追いついていくべきだ、となり、これは近代化を構成する要素の問題に還元されてしまうのである。

この点を念頭におきつつ、比較史研究におけるヨーロッパ中心主義、ないしは視角の錯綜に留意しなければならない。ベネディクト・アンダーソンは、このことを「比較の亡霊」と呼ぶ[32]。アンダーソンは、インドネシアのスカルノ大統領が、「教徒ナショナリズム」が普遍性をはらんでおり、国際主義と切り離せないと主張した演説において、孫文、ケマル・パシャ、ガンディー、デ・ヴァレラ、ホーチミンなどの事例をとりあげていたという。スカルノにとっては、ヒトラーも反ユダヤ主義者であって、ホロコーストの犯罪者というより、むしろ強烈な民族主義者として覚えられていたのである。これこそ、スカルノの周辺はもちろん、非西欧地域を日常的に徘徊している西欧の「亡霊」であろう。アンダーソンは、望遠鏡を通してみるときに生じる錯視をもって、比較史研究のむずかしさを説明する。アンダーソンはこの西欧の亡霊を退治するため、望遠鏡を逆回しにしてみることを提案する。いわば「逆回しの望遠鏡（the inverted telescope）」である[33]。「比較の亡霊」とは、西欧との比較によって発生する距離感の混乱を示しているが、それは同時に、比較を通じて持続するヨーロッパ中心主義をも意味する。

しかしながら、帝国主義の支配と植民地経験の特殊性を強調する韓国の学界において、比較史研究の有効性を認めることは容易ではなかった。近代化論の比較史研究とはちがって、朝鮮的近代の特殊性を強調することは比較不可能性を前提とするからである。帝国日本の支配は、前例のない収奪と残酷さを特徴とするものであり、それに対する朝鮮人の抵抗も、ほかの植民地とは比較できないほど持続的で強靭なものであったという、ある種のアプリオリな植民地理解が、比較史にもとづく植民地研究をさえぎっていた[34]。

最近は植民地比較研究の事例が蓄積されているが、これは植民地経験の特殊性に関する認識が薄まっている傾向をあらわしていると思われる[35]。帝国日本内の植民地（内部植民地もふくむ）、つまり沖縄、台湾、朝鮮、満洲などを相互に比較する作業とともに、ほかの帝国主義国家の植民地だったベトナム、インド、アルジェリアなどと植民地朝鮮を比較してみる研究は、植民地はもちろん、韓国の近代性に関する理解をさらにゆたかなものにするだろう。こうした共時的な次元での比較研究、そして通時的な次元での比較研究は、帝国と植民地の相対性をみきわめ、統合的な歴史認識をもたらすことに役立つと思われる。

このように、比較史研究は、その配置によってヨーロッパ中心主義を強め、国民国家の正当性を裏づける研究にもなるし、逆に帝国－植民地認識の特殊性を稀釈する役割を果たすこともある。国際関係史や比較史研究は、このように一国史的な観点を基礎とする近代歴史学のおもな方法論的基盤、あるいはそれを補う役割を担ってきたといえる。

2　トランスナショナル・ヒストリーの可能性――グローバル時代の近代理解

(1)　グローバル時代における近代把握の特徴

国際（あるいは国家間）時代を乗り越え、グローバル時代、またはトランスナショナル時代に移行しているということは、なにを意味するのか。それは、少なくとも次のいくつかの意味をふくんでいるだろう。第一に、交流と相互作用の単位、あるいは行為の主体を、国民国家だけが担っていた時代が終わりを告げようとしている点である。とくにグローバル資本の登場によって国民国家の役割はかなり縮小され、その消滅まで唱えられている。第二に、それにしたがって、国民国家ではない新たな行為主体、またはさまざまな交流と相互作用の単位が登場している。個人と市民社会をはじめ、多様なエージェントがグローバルな行為の主体として登場し、新しい形の交流と相互作用が多元的におこなわれている。その結果、第三に、国民国家という行為の主体を乗り越える新たな共通の場――それが地域であれ、地球であれ――があらわれている。東アジア市民社会、東アジア共同体、地球市民社会といった新たな共治の単位が議論されていることがその例となろう[36]。

「このような時代に必要な歴史学とはいかなるものなのか」という問いをふくんでいるのが、「トランスナショナル・ヒストリー」だろう。「トランスナショナル・ヒストリー」は、国民づくりに役立つ歴史学、すなわち一国史的な歴史学を乗り越えようとするこころみであり、志向である。いい換えれば、「トランスナショナル・ヒストリー」は、一国史的な次元を乗り越え、近代性を規定しなおそうとする志向をはらんでいるといえる。一方、近代とは、その体系の世界性を特徴とするものであるため、近代の属性を一国史的にとらえることは、近代に対する根源的な誤解を生みだすしかない。その意味で「トランスナショナル・ヒストリー」は、「内在的発展論」のように一国的次元から近代性の起源を探りだし、解析しようとする論理を克服するこころみとなるのである。近代性をグローバルな次元から再解釈しようとするなら、それに随伴する歴史学の方法論もまた変わらなければならない。以下では、グローバルな近代性とともに、国際関係史や比較史を乗り越える新たな対案としての歴史学のあり方を、帝国史あるいは地域史という方法論を通じて検討してみたい。

(2) グローバルな近代性、あるいは植民地近代(colonial modern)

植民地の解釈をめぐる古い論争に対して、代案の論理として提示されたのが「植民地近代性論」である[37]。「植民地近代性論」は、植民地に関する議論を近代性の議論として転換させた点にその意義があるが、近代性の解釈における一国史的な観点を完全に脱皮したとはいいがたい[38]。

とはいえ、近代性に関する議論が、「グローバルな近代性(global modernity)」の展開を前提としなければならないのはあきらかであろう[39]。今までの植民地近代性についての多くの誤解は、その点を無視したため起こったものである。「植民地近代性論」をグローバルな次元から発展させようとした議論が「植民地近代」論であろう。植民地とは、近代世界システムが、その体制としての属性を帯びていく地点である。すなわち植民地体制とは、近代世界システムの下位体制であり、文化的な交流と融合、同化がもっとも活発におこなわれる体制でもある。だからこそ、逆説的にも植民地体制は、国民国家体制を構成していく出発点として位置づけられるのだが、国民国家のパースペクティブのみではその属性をくみとることができない体制でもあるのである[40]。

この点で、西欧と植民地は、同時的に発現した近代性の多様な屈折をあらわしており、近代はもはや特定の地政学的位置に結びつけて考えられるテーマではない。つまるところ、「近代はすべからく植民地近代」である。これは、植民地を社会進化論的な文明論の発展段階に準じて下位に位置づけることを拒否する、ということを意味する[41]。このような認識は、植民地が一国的かつ自足的な政治・経済・社会的な単位ではなく、帝国の一部を成していたということ、そして帝国と植民地は相互作用するひとつの「絡みあう世界」を成していたということを前提としている。他方、植民地支配から解放され、政治的・経済的・社会的に独立した単位を構成したといっても、それがただちに植民地との決別を意味するとはいえない。古い議論ではあるが、植民地主義は、ポスト植民地期を特徴づけるもうひとつの現象でもある[42]。したがって、「植民地近代論」は、帝国と植民地をつらぬく共時性と、植民地とポスト植民地をつなぐ通時性を同時にもつのである[43]。さらに、植民地もまた収奪と文明化・開発の両面を兼ね備えている。要するに、植民地近代という問題意識は、近代の両義性と植民地の両義性が交錯する地点に位置しているのである[44]。

植民地朝鮮の資本主義は、帝国日本全体の経済を構成する下位部分として徐々に編入され、帝国主義における経済的分業の一環に巻きこまれていった。朝鮮に浸透した日本の独占資本は、朝鮮人資本を隷属させながら朝鮮全体の生産力を向上させた。このような生産活動の積極的な展開は、経済の全分野にわたって、商品経済の発展と市場の拡大をもたらした。市場の発展と自律性の増大は、次第に市場価格の均衡な形成を志向するようになる。しかし、政治的に従属させられた植民地では、市場の均衡が達成されず、不均等成長するほかない。うらがえしていうと、植民地において市場の均衡が確保できず、不均等成長がつづくほかないのは、複数の生産様式、すなわち資本主義の生産様式と前近代的あるいは小農経済的な生産様式が共存していたからである。前近代的あるいは小農経済的な様式の維持は、資本主義の生産様式の分解でもなく、純粋な保存でもない「再編（reconstruction）」の過程だったといえるだろうが、これをいわば生産様式の「節合（articulation）」といってもよいだろう。小農経済的な様相が帝国の独占資本とどのように結びつき、どのような植民地的な状況を構成していくのかについては、それぞれの植民地的な特殊性に注目するしかない。この点で、生産様式の節合による不均等市場の持続という問題意識は、グローバルな近代性の理解ともつながっているといえる。

ウォーラーステインの世界システム論（world system theory）によると、資本主義世界経済の拡張の過程とは、万物の商品化の過程であって、資本主義世界経済はこれを通じて蓄積の政治学を駆動してきたという。地理的な膨張による異質な生産様式との「節合」が絶えずおこなわれ、多くの人びとが新しいプロレタリアとして創出されたのである。新しいプロレタリアの創出とは、社会を合理化する過程でもあるが、他方では資本の絶え間ない蓄積がその裏面に隠れていたというのである[45]。帝国主義の新しい植民地の確保とは、世界経済の拡張にともない、旧来の生産様式との節合をもって新しいプロレタリアを創出する過程である。植民地支配を通じて拡がる旧来の身分的拘束からの解放や合理性の拡大とは、このように資本主義世界経済の拡張の過程であり、新しいプロレタリアの創出の過程でもあったのである。たとえば、植民地朝鮮でおこなわれた白丁集団〔2〕の社会的な身分解放運動をこのような観点からみるならば、身分解放運動を単なる民族解放運動の枠組みから理解してきた古い認識から抜け出すこともできるだろう[46]。植民地における多様な近代性は、このようにグローバルな近代性という次元から新しく解釈していくことができるのである。

一方で、グローバルな近代性に対する問題意識は、新しい地球史、あるいは世界史（world history）の議論に結びついていく。アーリフ・ディルリクは、ヨーロッパ中心主義的な目的論を脱皮するために、多元的近代性（もしくは代案的近代性）を設定するが、近代性の形成においてヨーロッパの変形的な役割を否定することはできないという点から議論をはじめる。また、ヨーロッパ／アメリカによって発明された近代性を「植民地近代性（colonial modernity）」と規定し、これが現在のグローバルな存在条件を形成していると述べる。グローバル化とそれが生みだしたグローバル近代性は、「植民地近代性」の遺産である不平等な発展と権力関係を持続させる点に問題があるという。そして、それを克服するための材料を、「初期近代性（early modernities）」ではなく、近代の初期局面における代案的な側面のなかから探り当てている[47]。

グローバルな近代性が地球史の叙述とつながっているという点でもそうであるが、グローバルな近代性を解明しようとするこころみそのものが世界システム論、または初期近代論にまで拡張され、代案的近代性の議論とも共振しているという点を考えても、グローバルな近代性が包括する時間的・空間的な範囲は、さらに拡張していくと思われる。グローバルな近代性に関する考察は、「トランスナショナル・ヒストリー」の志向が地球史についての議論の地平まで進んでいくことに、重要な基盤を提供することになるだろう。

(3) 帝国史（Imperial History）、あるいは地域史（Regional History）の台頭

一国史（植民地史、帝国主義史）や関係史、比較史において無視されてしまう帝国、またはある地域のなかでの構造的な関連を浮き彫りにする方法論的代案として、帝国史、そして地域史を想定することができよう。こうした問題意識においては、関係ではなく、交流、移動（商品、資本、労働など）、相互認識の統合、収斂などが前提となる。さらに、これらの観点を通じて全体のなかでの構造的な関連を解明することが目指される。

最近、新しく台頭しつつある帝国史研究の問題意識をみてみよう。一九八〇年代イギリスでは、帝国史という問題意識が、歴史学研究の下位分野として登場した。イギリス帝国の歴史を、単なる「イギリス史」ではなく「ブリテン史」として、しかもかれらを中心とする「大英帝国史」としてとらえようとする動向が定着しはじめたのである[48]。イギリスの歴史を大英帝国史としてとらえようとする帝国史の問題意識は、地球上の多くの地域と異なる民族のあいだに存在する、重なりあう接続と連関性をあきらかにすることを本質的な目標とする。帝国史研究について、リンダ・コリーは以下のように述べる。

ブリテン人学者は、帝国が何であったのか、そして何をしたのかについて多角的に理解し、かつまた、ブリテンによって影響を被った社会の自律的な過去についても理解する必要がある。実際、これは正しい。だが、同様に、アジア、北アメリカ、カリブ海、アフリカ、そして太平洋の歴史家たちも、帝国におけるブリテン的特質についての最新で多様で微に入った理解を深めなければならない。彼らには、ブリテンの力や社会が特定の時代ごとに実際どうだったかについて、そう思われていたこと、もしくは、今なお広く信じられていることと区別して、根拠ある知識が必要である。[49]〔傍点は原文〕

こうしたイギリスの帝国史研究に影響を受け、日本の学界でも一九九〇年代以後、帝国史研究が一種のブームを起こすようになった。日本の帝国史研究は、日本近代史研究の範囲を小日本＝日本本土に限定せず、帝国の全範囲にひろげようとする意図をもっていた。ここには、近代日本における帝国の形成が、本国の国民づくりと不可分の関係にあるという認識が下敷きとなっていた。帝国史研究は、朝鮮対日本、満洲対日本といった二項対立を越えて、帝国日本をその全体構造としてとらえようとするものであった。このような問題意識は、国民史はつねに帝国史でなければならないという認識として発展していった[50]。

山本有造は、近代の帝国はトランスナショナルな力によって形成されるといい、次のように主張する。

〔帝国の属性である〕求心性と拡散性を併せ持つ帝国的な支配と被支配の関係は、強力な中央統治機構を備える中心、中心からの影響力に対して抵抗力の弱い周辺、そして中心と周辺を結合するトランスナショナルな軍事的・政治的・経済的あるいはイデオロギー的な諸力・諸装置、という三つの要素から形成される。中心から発せられるトランスナショナルな力は、基本的には、そして特に帝国の形成期においては軍事力という暴力装置に裏付けられるが、それは同時に、貨幣や貿易といった経済的利益、あるいは宗教やイデオロギーといった文化的吸引力によって補完されなければならない。[51]

山本は、中心と周辺、そして両者を結びつけるトランスナショナルな力と装置によって帝国が形成されるととらえている。帝国史の理解においてトランスナショナルな力を重視する発想は、近代帝国がもつ固有な性格に由来するといえよう。近代帝国は、いわば国民国家段階の帝国であり、国民国家を中核としつつ帝国的支配をも遂行しなければならないという二重性をもつ存在であった。別言すれば、国民国家と帝国的支配というそれぞれ異なる原理のあいだで帝国はどのような態度をとったのか、そしてそれをどのように理解すべきなのか、が問題の核心となるのである[52]。

山室信一の「国民帝国論」は、二重性をもつ存在としての帝国を対象とする帝国史の理解について、非常に興味深い論点を提示してくれる。山室は、国民帝国を「主権国家体系の下で国民国家の形態を採る本国と異民族・遠隔支配地域から成る複数の政治空間を統合していく統治形態」[53]と定義する。そして、国境を越えた民族が資本と軍事という二つの力によって獲得した空間を、自分とは異なる政治社会として、つまり「外部」と規定しながら、同時に自分の主権領域へ「内部」化するという、相反するベクトルによって形成される超領域政治体（supra-territorial body politic）が国民帝国であるという。近代の帝国は、植民地を外部とみなしながらも内部化しなければならないという、二つの矛盾した力によって規定される超領域政治体だというのである。山室は、国民帝国を分析するに当たり、四つの課題を設定する。第一に、世界帝国と国民国家の拡張でもありながらそれぞれがその否定としてあらわれるという矛盾と双面性（第一テーゼ）、第二に、形成・推進基盤が私的経営体からナショナルなものに転化していった側面（第二テーゼ）、第三に、〝多数の帝国が同時性をもって争いつつ手を結ぶ〟という競存体制としての世界体系（第三テーゼ）、本国と支配地域とが「格差原理」と「統合原理」にもとづく異法域結合として存在する点（第四テーゼ）を分析することで、帝国史をあきらかにしようとするのである[54]。

ちなみに、中華秩序という前近代帝国および近代日本の帝国支配が比較的に連続性を強くもち、その領域もさほど変わらなかったという点で、帝国史研究を東アジアの地域史研究と結びつけてみることも可能だろう。とりわけ、日・韓・中の間で、歴史教科書および歴史認識の問題が「焼き芋」〔3〕になっているが、韓国では「東アジア史」の叙述と教育が歴史学界の懸案として浮上していることも念頭におけば、地域史としての東アジア史叙述を考えてみることは無意味ではないと思われる。すでに東アジア史の叙述は進行中であり[55]、これに関して活発な議論がおこなわれている[56]。いわば、今こそ一国史のモザイクを乗り越え、地域史としての東アジア史をつくりあげていくことができるか、そのために留意すべき点はなにか、などについての理論的なアプローチが必要な時期であろう。

以下では、近代における東アジア世界の形成をめぐる力学関係を考察した上で、それを踏まえて近代東アジア史叙述の可能性を検討してみたい。前近代において東アジア世界は、中華秩序を中心に形成されていた。それは、中華帝国と周辺の相互関係によって存在する「地域秩序」だったが、一方では、中華を完全な体系として天下＝普遍と認識した「普遍秩序」でもあった。「普遍的地域秩序」としての中華秩序は、欧米帝国の進出によって崩壊しはじめた。同時に、いくつかの「普遍秩序としての地域秩序」の多元的な結合によって構成されていた前近代世界は、ひとつの資本主義の世界体制に統合されていった。このように、欧米帝国の進出によって強要された多元的な地域秩序の解体は、新しい事態をもたらした。

欧米帝国の世界への進出によって、地域秩序におけるそれぞれの政治社会は、政治的には国民国家の枠に編入され、経済的には資本主義世界市場の一部に編入されることを強いられる。万国並立の公法秩序に編入されるためには、現実において国民国家としての資格を要求されなければならなかった。万国公法の秩序のもとに国民国家として編入される資格とは、欧米「文明の標準」に合致する法制を備えることを意味していた。他方で、この国民国家としての資格は、資本主義の経済システムを整えることと表裏一体であった。要するに、それは欧米文明を標準とする国民国家への標準化だったのである[57]。

とはいえ、国民国家への標準化の過程が簡単に進行することはなかった。異質な国家制度を欧米標準の国民国家に変化させることは、多くの障害をともなわずにはいなかった。先に国民国家の形成に成功した周辺国家を目標として、ほかの国家も国民国家の形成にとり組んでいくわけだが、東アジアでは、国民国家日本を目標とした国民国家の樹立が本格化していった。この過程のなかから、東アジア地域世界という意識が本格的にあらわれるのである[58]。このように東アジア地域世界は、一方では欧米の侵略に抵抗し、他方では欧米文明を受け入れながらつくりあげられた世界であった。なお、東アジア地域世界では、新しい国民国家を形成しつつも、かつての地域秩序にもとづいた共通の文明に対する意識も存在していた。

このように、近代の東アジア世界は、グローバルな世界体制、地域秩序、国民国家が重層的に交差する世界であった。さらに、帝国主義、国民国家、植民地など、それぞれ異なる政治体が織りこまれてひとつの秩序を成していたのが、近代の東アジア世界であった。その意味で近代の東アジア世界は、トランスナショナルな状況をふくむ地域秩序でもあったのである。というのも、近代の東アジア地域では、帝国と帝国、帝国と国民国家、帝国と植民地、国民国家と植民地、植民地と植民地とのあいだでおこなわれる相互作用が、さまざまな次元で横断しつらぬかれていたのである。たとえば、帝国の本国である日本を中心に、国民国家としての中国、植民地としての台湾、「傀儡国家」としての満洲などを同時的に分析しないかぎり、植民地朝鮮をとらえることはできないし、こうした重層的な交差に目を向けなければならないのである[59]。

このようにトランスナショナルな状況におかれていた東アジアの近代世界を認識し、叙述するためには、考慮しなければならないことがあるが、二つの側面に注目すべきである。第一は、下からの東アジアに対する認識である。東アジアの地域統合が志向すべき目標は、東アジア地域主義ではなく、世界市民社会を目指す東アジア市民社会の形成にある。別言すれば、下からの東アジアを志向することで、東アジア市民社会を形成し、それを基礎として開かれた東アジア共同体をつくりあげていくべきである。下からの東アジア、すなわち東アジア市民社会を形成することが、東アジア共同体を築くことにおいてなによりも重要となるのは、まさしくこのような理由からである。

第二は、東アジアに対する省察的な視角である。東アジアをめぐる議論が活発におこなわれるようになった歴史的背景には、東アジア地域を強く束縛していた冷戦体制の解体とグローバル化の急速な進行があった。このような背景から、儒教資本主義論、またはアジア的価値を主張する議論は排除されていった。また、東アジア論は、国家主義を乗り越えるための議論でもある。国民国家がそのまま存在するかぎり、東アジア共同体を形成することはできないからである。東アジア論は、世界（共同体）形成における新しい原理を探究するものであり、既存の民族主義や国家中心主義に対する省察を根幹とする、平和への希求をふくんでいるものでもある。

下からの東アジア、そして国民国家を抜け出した省察的な東アジアを基盤とする新たな東アジア認識と叙述は、東アジア共同体の信頼形成のためにも欠かせない課題である。東アジア市民社会は、互いに信頼することができないかぎり、絶対につくられないからである。このような相互信頼をもとにしてこそ、新しい東アジア的アイデンティティは形成されていくだろう。もし、東アジア的な価値がえられるならば、それは排他的な価値ではなく、相互信頼にもとづく東アジア市民社会のアイデンティティを形成するものでなければならない。また、東アジアの共同のアイデンティティを形成することにおいて、東アジア共同の記憶を喚起し、共有することが大きな助けになると思われる。東アジアの統合に東アジア（地域）史が大事な役割を果たすというのは、このような理由からである。

終わりに――「トランスナショナル・ヒストリー」のために

地球をひとつに結びつけるグローバル化は、今も急速に進行している。現在経験しているアメリカ発の経済危機は、グローバル化の強化をいっそう実感させる。アメリカからはじまった金融危機は、世界金融危機をうながすだけではなく、地球の至るところで実体経済までも恐慌状態に陥らせる原因となっている。現在進行している経済危機が、一九二〇年代後半からはじまった世界大恐慌と根本的に異なる理由もここにある。つまり、地球全体の経済が奥深いところまで絡みあっているため、経済危機から「自由な地域」など地球上のどこにもないのである。昨今のアメリカ発の経済危機は、近代的資本主義世界体制における根本的な転換を示しているかもしれない。

グローバル化は、このように国家間の関係を中心とする多国籍的な状況を、完全に次元の異なるトランスナショナルな状況へと転換させている。逆説的にも、こうしたトランスナショナルな状況が到来したことによって、人類の足跡に対する新たな展望が可能となったといえる。国民国家を乗り越えつつ、国民国家を貫通する新しい視角をもつようになったことで、かつての歴史を読み替えることができるようになったのである。グローバル化、あるいは資本主義世界体制の転換がうながしたトランスナショナルな状況は、過ぎ去った時代をトランスナショナルな文脈から読みかえす視角をあたえている。

「トランスナショナル・ヒストリー」は、地球史とはちがい、一つのパラダイムとして位置づけられるようなものではない。ナショナルな実態的基盤を認めた上で、トランスナショナルな状況をとらえようとする点において、「トランスナショナル・ヒストリー」とは、ある種の歴史的な志向といえるだろう。植民地支配を経験した朝鮮の近代は、トランスナショナルな状況をよくあらわしている。帝国主義支配の抑圧と葛藤、抵抗、協力、同化、交流、混成化といった民族間のさまざまな相互作用をはらむのが、帝国主義支配と植民地経験の本質である。植民地が帝国主義に深く編入されればされるほど、トランスナショナルな状況はいっそう複雑で先鋭な問題を引き起こす。その点で、朝鮮近代の解釈において、トランスナショナルな視角は有用だといえる。

朝鮮近代のトランスナショナルな状況は、植民地解釈における一国史的な近代性の理解を認めはしない。「収奪論」と「植民地近代化論」のあいだでおこなわれている古い論争は、一国史的な近代性の理解という点においてはまったく同じである。「トランスナショナル・ヒストリー」は、「内在的発展論」や「植民地近代化論」のように、一国史のレベルで近代性の起源を探りだしととらえようとする論理を乗り越えている。近代性はつねにグローバル的である。朝鮮の近代性をグローバルな近代性の展開という視角からとらえるとき、朝鮮近代史における解釈は根本的な転換を迎えるだろう。植民地は一国的で自足的な単位ではなく、帝国の一部を構成していたのであり、しかも帝国と植民地は、互いに絡みあう世界をつくりあげていたのである。

トランスナショナルなグローバル近代性に注目することは、一国史的な近代理解をともなう国際関係史と比較史を克服し、新たな帝国史と地域史の認識へと歴史学を向かわせるだろう。帝国と植民地をひとつの単位とみなし、帝国の全範囲を対象として全体の構造を把握しようとする帝国史的な問題意識は、地球上のさまざまな地域と民族の重なりあいをあきらかにすることを目指す。要するに、帝国史研究は、国民史はつねに帝国史でなければならないという認識を出発点にしているのである。このような帝国史の問題意識は、植民地支配の歴史を国民史、または国民国家史へと単線的に編入しようとする既存の問題意識をも拒んでいる。帝国史が国民国家史でもあるように、植民地支配の歴史もまた、帝国史と重なりあうといわなければならない。

この帝国史研究の問題意識は、東アジアを対象とする地域史、つまり東アジア史の認識をもたらすのである。地域史としての東アジア史を追究することは、近代東アジアのさまざまなトランスナショナルな経験に目を向けさせる。近代の東アジア世界は、トランスナショナルな力をもとに築きあげられたものであり、それゆえ近代東アジア史は、トランスナショナルな地域史になるべきである。こうして、新しく記述される東アジア史は、これからの東アジア地域の協力と相互依存を強めることに寄与していくだろう。「トランスナショナル・ヒストリー」の問題意識が有効になる地点を、ここにも確認することができる。「トランスナショナル・ヒストリー」に対する志向は、近代性の地平を広げると同時に、これを根幹に帝国史、地域史研究へと開かれていく。歴史学の代案としての帝国史、地域史研究にさらに注目するべきである。

原注

1 日本では、インターナショナルの翻訳語である「国際」に対する用語として、トランスナショナルを「民際」と翻訳した事例があるというが、まだ詳しくは確認できていない。国家ではなく市民、あるいは市民社会の役割を重視するという点で、「民際」という用語は興味深い翻訳ではあるが、トランスナショナルという用語の含意をすべてあらわしているのかについては疑問を感じる。ここでは合意された用語がないため、「トランスナショナル」という用語を翻訳せず、そのまま使うことにする。

2 Wikipedia, transgender の項目を参照。

3 地球史研究の問題意識と現況については、林志弦（イム・ジヒョン）「지구사, 연구의 오늘과 내일（「地球史」研究の今日と明日）」（『歴史批評』八三号、二〇〇八年）、趙志衡（チョ・ジヒョン）「지구사란 무엇인가（地球史とはなにか）」（『西洋試論』九二号、二〇〇七年）を参照。

4 しかし一方で、地球史研究がはらむ危険性についても注意する必要があるだろう。新しい地球史が英語中心のヨーロッパ中心主義を克服すると同時に、グローバル化した利益集団に利用される可能性をさえぎることにも力を注がねばならない。趙志衡前掲「지구사란 무엇인가（地球史とはなにか）」（三一七―三二五頁）を参照。

5 現実におけるナショナルな基盤を認めることによって、"global"という用語を使うさいに陥りかねない危険から抜けでられるという点からも、「トランスナショナル・ヒストリー」がもつ現実性を認めることができるだろう。

6 林志弦は、トランスナショナル・ヒストリーを「方法論的民族主義」（Methodological Nationalism）ととらえる。Jie-Hyun Lim, "Transnational History as a Methodological Nationalism-Comparative Perspectives on Europe and East Asia," *Globalization form Below: Theory and Praxis of Transnationalism*, RICH Hanyang University, 2008.

7 近代経験一般を解明することに役立つということは、帝国と植民地、もしくは植民地主義を本質とする近代世界の歴史的経験を解明することにおいても、トランスナショナル・ヒストリーが有効であることを示唆する。

8 ここでいう「全地球化時代」というのは、一九九〇年代以降、加速化しているグローバル化の傾向とそのイデオロギー（globalism）を示す言葉で、それよりも前の時期を「国民国家時代」と名づけ、区分する。

9 李成市（イ・ソンシ）は、東アジアの二〇世紀を史学史の観点から以下のように評価する。「後日、東アジアの史学史における二〇世紀とは、国民国家の鋳型のなかで想像の共同体を創出するためのストーリーを再生産した「国史の時代」として位置づけられるようになるだろう」と、国民国家時代を国史の時代と表現している。国民国家時代に近代歴史学が遂行した役割をよく示しているといえる。李成市『만들어진 고대（つくられた古代）』（朴ギョンヒ訳、삼인（サムイン）、二〇〇一年）を参照。

10 収奪論と植民地近代化論の論争については、次の書物が参考となる。趙錫坤（チョ・ソクゴン）『한국 근대토지제도의 형성（韓国近代土地制度の形成）』（해남（ヘナム）、二〇〇三年）、韓国精神文化研究院編『식민지근대화론의 이해와 비판（植民地近代化論の理解と批判）』（백산서당（ペクサンソダン）、二〇〇四年）、鄭泰憲（チョン・テホン）『한국의 식민지적 근대 성찰（韓国の植民地的近代省察）』（선인（ソンイン）、二〇〇七年）、金洛年（キム・ナクニョン）「식민지근대화 재론（植民地近代化再論）」（『経済史学』四三号、二〇〇七年）など。

11 鄭泰憲は、植民地近代化論の属性を「経済成長論」によってとらえつつ、その名称も「経済成長論」と呼ぶことを主張する。植民地近代化論は帝国主義の侵略と支配の属性について語らず、植民地支配下の経済的成長を強調するとともに、植民地期における近代化を経済成長におき換える傾向が強い。このようなことから、植民地近代化論を「経済成長論」と呼ぶことには妥当性があるといえるだろう。鄭泰憲「경제성장론 식민지상의 대두와 파탄의 논리（経済成長論という植民地像の台頭と破綻の論理）」（前掲『한국의 식민지적 근대 성찰（韓国の植民地的近代省察）』、一四五―一四九頁）を参照。しかし、ここでは、一般化された名称である植民地近代化論をそのまま使うことにする。

12 植民地近代化論の代表的な成果としては、金洛年編『한국의 경제성장（韓国の経済成長）』（서울대학교출판부

（ソウル大学出版部）、二〇〇五年）を参照。この著作は、植民地期における国民勘定を新たに推計した労作であるにもかかわらず、植民地状況を不当に前提とし、推計を過度に解釈することで問題を引き起こしている。植民地期における経済状況を国民勘定の推計によってとらえるときには、統計そのものに対する疑問とともに、解析の範疇に対する根本的な再検討が必要となる。なぜなら、植民地は独立した国民国家ではないからである。

13 新古典主義経済学に対する批判は、行動経済学と情報経済学から確認することができる。行動経済学については、エリック・D・ベインハッカー『부의 기원（富の起源）』（安鉉実他訳、랜덤하우스（ランダムハウス）、二〇〇七年）、情報経済学については、ジョセフ・E・スティグリッツ『시장으로 가는 길（市場への道）』（姜信昱訳、한울아카데미（ハンウルアカデミー）、二〇〇三年）を参照。

14 市場中心主義の代表的な見解として、朱益鐘（チュ・イクジョン）の論文が挙げられる。朱は植民地工業化を植民国家の市場介入的な産業政策によるものではなく、相対価格体制の変化による市場中心的な論理からとらえようとする。植民地には工業化に必要な要素が存在しなかったため、もし市場親和的な産業政策がおこなわれなかったら、植民地の工業化も不可能だったと主張する。植民地の工業化を、植民国家の産業政策を考慮しなくても理解することができるという主張は、植民地の市場を完全で自立的なものとみなすがゆえに可能な発想である。しかし、それは歴史的な文脈を無視した市場至上主義にほかならない。朱益鐘「일제하 한국의 식민정부、민간기업、그리고 공업화（日帝下韓国の植民政府、民間企業、そして工業化）」（『経済史学』三五号、二〇〇四年）、同『대군의 척후（大軍の斥候）』푸른역사（プルン歴史）、二〇〇八年）を参照。

15 金洛年『일제하 한국경제（日帝下韓国経済）』（해남（ヘナム）、二〇〇三年）を参照。

16 山本有造「帝国とはなにか」同編『帝国の研究』名古屋大学出版会、二〇〇四年、一〇—一九頁。広域的公共財、あるいは国際公共財については、杉原薫「近代国際経済秩序の形成と展開——帝国・帝国主義・構造的権力」（同『帝国の研究』）を参照。

17 アマルティア・セン『自由と経済開発』（石塚雅彦訳、日本経済新聞社、二〇〇〇年）、ネルミーン・シャイク『グ

ローバル権力から世界をとりもどすための13人の提言』(篠儀直子訳、青土社、二〇〇九年）を参照。

18 鄭泰憲は、収奪論を原始的収奪論と科学的収奪論、あるいは開発・収奪論に区別する。収奪論を具体化させるこころみとしての意味はあるだろうが、まだみずからの論理を体系化する段階には至っていないように思われる。鄭泰憲前掲『한국의 식민지적 근대 성찰（韓国の植民地的近代省察）』を参照。

19 同右。

20 許粹烈（ホ・スヨル）『개발 없는 개발 : 일제하 조선경제 개발의 현상과 본질（開発なき開発――日帝下朝鮮経済開発の現象と本質）』(은행나무（ウンヘンナム）、二〇〇五年）を参照。

21 みずからの論理を「開発・収奪論」であると主張する鄭泰憲もまた、収奪は単純な概念ではないということを認めている。かれは、収奪を究明するためには、帝国主義の植民地に対する収奪の作動原理と規模をあきらかにしつつ、それが植民地朝鮮の社会と植民地以降の歴史におよぼした影響を究明しうる方法論が必要だという（鄭泰憲前掲『한국의 식민지적 근대 성찰（韓国の植民地的近代省察）』、一四七―一四八頁）。しかし、収奪は分析概念としては使いにくく、収奪の作動原理と規模をとらえる方法論をはたして樹立することができるかについても疑問を呈したい。

22 尹海東「식민지근대의 패러독스（植民地近代のパラドクス）」同『식민지근대의 패러독스（植民地近代のパラドクス）』휴머니스트（ヒューマニスト）、二〇〇七年、五四―五五頁。収奪に対するこのような理解は、植民地の特質を「植民地に居住する異民族による植民地土着民族への組織的差別」と定義する朴燮（パク・ソップ）の論議と通じるところがある。朴燮「식민지기 한국의 경제성장 : 제국주의 정책과 식민지민의 상호작용（植民地期韓国の経済成長――帝国主義政策と植民地民の相互作用）」(韓国精神文化研究院編前掲『식민지근대화론의 이해와 비판（植民地近代化論の理解と批判）』、四七―五三頁）を参照。

23 筆者は、収奪概念と同じく「抵抗」も再概念化する必要があると主張してきた。植民地支配下において抵抗と協力が交差する地点に「政治的なるもの」としての「公的領域」が存在し、これを通じて植民地をとらえなおそう

としてきた。前掲『식민지근대의 패러독스（植民地近代のパラドクス）』（五五―五六頁）を参照。

24 植民地近代化論者が政治的にニュー・ライトの立場をとりつつ、国家中心主義の観点から現代史をとらえるのは、市場中心主義の面からは理解しがたいところがある。しかし、経済成長中心の一元論という点からは一貫性があるといえよう。

25 台湾の近代に対する柯志明の解釈は興味深い。台湾の植民地経験に対する歴史も、長いあいだ、発展と従属、市場均衡と階級搾取という二分法的な論争に陥っていた。このような難局を克服するために、柯志明は連属理論（articulation theory）の立場をとる。資本主義と前資本主義という相異なる生産様式の運動法則を個別的にとらえながら、具体的な文脈のなかで両者がいかなる立場をとっていたのかを経験的に説明することで、台湾における近代性を解明しようとするのである。柯志明『식민지 시대 대만은 발전했는가（植民地時代の台湾は発展したのか）』（文ミョンギ訳、一潮閣、二〇〇八年）を参照。韓国の場合も、柯志明が主張するいわゆる節合理論を植民地近代性の解明に活用してみる必要があると思われる。柯志明は「節合（articulation）」を「連属」という言葉に翻訳して使っている。

26 代表的なものとして、鄭泰憲前掲『한국의 식민지적 근대 성찰（韓国の植民地的近代省察）』を参照。

27 たとえば、朴枝香（パク・ジヒャン）他『해방 전후사의 재인식（解放前後史の再認識）』一・二（책세상（チェクセサン）、二〇〇五年）、李栄薫（イ・ヨンフン）『大韓民国の物語』（永島広紀訳、文藝春秋、二〇〇九年）を参照。

28 尹海東「머리말：한국 근대 인식의 새로운 패러다임을 위하여（はしがき――韓国近代認識の新しいパラダイムのために）」（尹海東他『근대를 다시 읽는다（近代を読みなおす）』一、歴史批評社、二〇〇六年）を参照。

29 ク・デヨルの植民地期朝鮮半島の国際関係研究が、こうした立場を典型的にみせているといえよう。구대열（ク・デヨル）『한국 국제관계사 연구（韓国国際関係史研究）』一・二（歴史批評社、一九九五年）を参照。このような系統を引きつぐ研究は非常に多い。最近の成果としては、長田彰文『日本の朝鮮統治と国際関係』（平凡

社、二〇〇五年）が挙げられる。

30 閔斗基（ミン・ドゥギ）の一連の著作が、この方面の研究を開拓することに先駆的な役割を果たしたと思われる。閔斗基『시간과의 경쟁（時間との競争）』（연세대학교출판부（延世大学出版部）、二〇〇一年）を参照。他方、解放以後の中国史研究を、中韓関係史の研究が牽引していたということは興味深い。中韓関係史の研究が、植民地主義歴史学から影響を受けているという指摘もあるが、これは国際関係史の研究が、研究者の主観的な意図とはちがって、無意識に陥ってしまう危険を暗示するものと思われる。河世鳳（ハ・セボン）「한국 동양사학계에 대한 비판적 검토（韓国東洋史学界の批判的検討）」（『동아시아 역사학의 생산과 유통（東アジア歴史学の生産と流通）』亜細亜文化社、二〇〇一年）を参照。

31 尹海東「'만보산 사건' 과 동아시아 '기억의 터' : 한국인들의 기억을 중심으로（「万宝山事件」と東アジア「記憶の場」——韓国人たちの記憶を中心に）」（『사이（サイ）』第一四号、二〇一三年）を参照。

32 ベネディクト・アンダーソン『比較の亡霊』イ・ヨンスク他訳、作品社、二〇〇五年。

33 文学−文化研究分野を中心に、グローバルな研究の動向を分析しつつ、比較研究のむずかしさを論じた論文としては、박성주（朴ソンジュ）「궐위의 시대 학문의 지평 : 글로벌연구의 동향（空位の時代における学問の地平——グローバル研究の動向）」（『안과 밖（内と外）』二五号、二〇〇八年）を参照。

34 いちいち例を挙げるまでもなく、植民地期に関する通史的な叙述や多くの個別研究のほとんどは、今もなおこうした認識にもとづいている。

35 朴燮『식민지의 경제변동 : 한국과 인도（植民地の経済変動——韓国と印度）』（문학과지성사（文学と知性社）、二〇〇一年）、姜萬吉（カン・マンギル）編『일본과 서구의 식민통치 비교（日本と西欧の植民統治比較）』（선인（ソニン）、二〇〇四年）、卞恩眞（ビョン・ウンジン）『제국주의 시기 식민지인의 정치참여 비교（帝国主義時期における植民地人の政治参与の比較）』선인（ソニン）、二〇〇七年）、堀和生・中村哲編『日本資本主義と朝鮮・台湾』（京都大学学術出版会、二〇〇四年）などを参照。

36 デヴィット・ヘルド他『グローバル・トランスフォーメーションズ――政治・経済・文化』古城利明他訳、中央大学出版部、二〇〇六年)、H・K・アンハイア他『지구시민사회 : 개념과 현실(地球市民社会――概念と現実)』(趙孝濟他訳、아르케(アルケ)、二〇〇四年)を参照。

37 植民地近代性論については、以下の著作を参照。申起旭(シン・ギウク)/マイケル・ロビンソン編『한국의 식민지 근대성(韓国の植民地近代性)』(都晃會訳、삼인(サムイン)、二〇〇六年)、林志弦・李成市他編『植民地近代の視座』(岩波書店、二〇〇四年)、孔提郁(コン・ジェウク)・鄭根植(チョン・グンシク)編『식민지의 일상 : 지배와 균열(植民地の日常――支配と亀裂)』(文化科学社、二〇〇六年)。

38 植民地近代論がおもに民族主義との関係で読まれていることから、逆説的に一国史の観点の強固さを確認することができる。李承烈(イ・スンリョル)「식민지근대론과 민족주의(植民地近代論と民族主義)」(『歴史批評』八〇号、二〇〇七年)を参照。

39 台湾と日本でおこなわれている多元的近代性、あるいは代案的近代性をめぐる議論もやはり、グローバルな近代性に対する問題意識と関わっていると思われる。張隆志「식민주의 : 근대성과 대만 근대사 연구(植民主義――近代性と台湾近代史の研究)」(『歴史問題研究』一二号、二〇〇四年)を参照。

40 尹海東前掲『식민지근대의 패러독스(植民地近代のパラドクス)』、五四―五五頁。

41 尹海東「1부를 묶으며(一部の結び)」尹海東他前掲『근대를 다시 읽는다(近代を読みなおす)』一、三三〇―三三一頁。

42 西川長夫は、グローバル化時代の植民地主義を、新植民地主義として再規定している。西川長夫『新植民地主義論――グローバル化時代の植民地主義を問う』(平凡社、二〇〇六年)を参照。

43 尹海東前掲『식민지근대의 패러독스(植民地近代のパラドクス)』、同編前掲『근대를 다시 읽는다(近代を読みなおす)』を参照。

44 同右。

45 代表的なものとして、イマニュエル・ウォーラーステイン『史的システムとしての資本主義』(川北稔訳、岩波書店、一九九七年）が挙げられる。
46 白丁運動を人権の視角からとらえた論文としては、金仲燮（キム・チュンソップ）「인권을 찾아서：식민지 한국의 백정운동（人権を探して——植民地韓国の白丁運動）」（申起旭／マイケル・ロビンソン編前掲『한국의 식민지 근대성（韓国の植民地近代性）』、四三九－四六七頁）を参照。
47 Arif Dirlik, "Comtemporary Perspectives on Modernity"（成均館大学東アジア学術院の海外碩学招請学術会の発表文、二〇〇七年）を参照。グローバル近代性をめぐる議論は、世界体制論、あるいはそれにもとづいたさまざまな世界史叙述のこころみとしてあらわれている。ちなみに、カリフォルニア学派の世界史論議をあつかったものとして、강진아（カン・ジンア）「동아시아로 다시 쓴 세계사（東アジアで書きなおす世界史）」（『歴史批評』八二号、二〇〇七年）を参照。フランクの世界史論議については、A・G・フランク『リオリエント——アジア時代のグローバル・エコノミー』（山下範久訳、藤原書店、二〇〇〇年）、姜聲湖（カン・ソンホ）「'전 지구적' 세계체제로 본 세계사와 동아시아（「全地球的」世界体制からみた世界史と東アジア）」（『歴史批評』八二号、二〇〇七年）を参照。
48 山本有造「序文」（山本有造編前掲『帝国の研究』）を参照。日本における帝国史の台頭については、山内昌之・増田一夫・村田熊二郎編『帝国とは何か』（岩波書店、一九九七年）を参照。
49 リンダ・コリー「いま帝国史とは何か」ディヴィッド・キャナダイン編『いま歴史とは何か』平田雅博他訳、ミネルヴァ書房、二〇〇五年、二二三頁。
50 山本前掲「序文」。
51 同右、一一－一二頁。
52 帝国史とはその性格を異にするが、近代における国際経済の形成過程でのトランスナショナルな力を強調する杉原薫の研究、そして「地域」と「ネットワーク」を強調しつつ、領域性を前提とする国民国家形成史を批判する濱下武志の研究なども、「トランスナショナル・ヒストリー」の重要な事例として挙げることができよう。杉原薫『アジア間貿易の形成と構造』(ミネルヴァ書房、一九九六年)、濱下武志『朝貢システムと近代アジア』(岩波書店、一九九七年)。

53 山室信一「「国民帝国」論の射程」山本有造編前掲『帝国の研究』、八九頁。

54 同右、八九頁。

55 代表的な東アジア史叙述のこころみとしては、日韓中三国共通歴史教材委員会『未来をひらく歴史』(高文研、二〇〇五年)が挙げられる。成田龍一「동아시아사의 가능성(東アジア史の可能性)」(『창작과비평(創作と批評)』一三一号、林城模訳、창작과비평사(創作と批評社)、二〇〇六年)を参照。そのほかにも、さまざまな主体と形式により、日韓両国の共同歴史教材が編纂されている。

56 柳鏞泰(ユ・ヨンテ)「다원적 세계사와 아시아, 그리고 동아시아(多元的世界史とアジア、そして東アジア)」(『역사교육과 역사인식(歴史教育と歴史認識)』책과함께(チェククヮハムケ)、二〇〇五年)、金基鳳(キム・ギボン)『동아시아 공동체 만들기(東アジア共同体をつくる)』(푸른역사(プルン歴史)、二〇〇六年)、白永瑞(ペク・ヨンソ)「자국사와 지역사의 소통：동아시아인의 역사서술과 성찰(自国史と地域史の疎通――東アジア人の歴史叙述と省察)」(『歴史学報』一九六号、二〇〇八年)を参照。

57 山室信一「国民国家のトリアーデと東アジア世界」(古屋哲夫・山室信一編『近代日本における東アジア問題』吉川弘文館、二〇〇〇年、一二〇―一五三頁)を参照。

58 同右。

59 冷戦期におけるアメリカ中心の東アジア経済体制が、中国中心の朝貢貿易体制と類似しているという世界体制論者たちの指摘は、戦後の東アジアのトランスナショナルな状況をよくあらわしているといえる。ジョヴァンニ・アリギ他編『체계론으로 본 세계사(体系論からみる世界史)』(崔ホンジュ訳、모티브북(モティヴブック)、二〇〇八年、三八一―四二九頁)を参照。

訳者注

〔1〕万宝山事件とは、一九三一年七月二日、中国吉林省の長春にあった万宝山地域で起こった、朝鮮人入植者・日本人警察と中国の農民たちが衝突した事件のことである。一九三〇年五月、万宝山方面に移住していた朝鮮人たちは、田づくりのための水路の工事に着手したが、これによって、稲作をおこなわない現地の中国人の農地に多大な被害が出る。緊張が高まるなか、七月に入り朝鮮人と中国人のあいだで衝突が起こると、日本の警察は、朝鮮人を保護するという名目で銃撃をおこない、中国側の強い反感を買う。また、植民地朝鮮の各地では中国人排斥運動が発生し、一〇〇人以上の中国人が殺害される残酷な暴動へと発展した。この事件は、抵抗と協力という二分法では植民地支配の本質を語りえないということを示しているだけでなく、帝国日本のアジア侵略によって、日中韓のあいだで複雑に交錯する思惑が生じていたことをもあきらかにしている。

〔2〕白丁は、おもに朝鮮王朝時代に屠畜などをおこなっていた集団である。もっとも差別された集団であり、一八九四年の甲午更張（近代化を目指した改革政策）のさい、ひとまず身分的な拘束から解放されるが、社会の根深い差別意識はほとんどそのままであった。一九二〇年代に、差別撤廃を掲げた「衡平社運動」が展開され、以後ほかの労働運動団体と提携しながら社会運動として発展していった。

〔3〕焼き芋を食べるのは熱くて大変だという意味で、とりあつかいにくい問題を示す言葉である。

第九章　ジャラパゴス、あるいは孤立した楽園？
――私のみた日文研と日本

一

二〇〇九年四月一日、私の日文研〔国際日本文化研究センター〕生活がはじまった。その後一年間、二人用の夫婦寮に滞在しながらとり組んだ私の研究テーマは、「国家としての朝鮮総督府（Chosun Government General as a modern state）」である。一般の人びとには少し生硬に思われるかもしれないが、このテーマは、朝鮮総督府を「近代国家（Modern State）」、あるいは「植民国家（Colonial State）」として規定しえるかどうかを検討しようとする意図をもつものであった。朝鮮総督府を植民国家として規定することは、ある面からすれば、近代日本の国家と社会の性格を理解するために非常に重要な意味をもちうる。では、そのある面とはなにか。

私は今、「私のみた日文研と日本」という主題のもとで文章を書き起こしている。したがって、朝鮮総督府における国家論的な性格と本章の主題にどんな関係があるのかを、もう少し具体的にあきらかにしなければならない。これまで朝鮮総督府は、それが帯びている抑圧性が研究者たちによって過度に前提とされてきたため、有意義な研究テーマとしてあつかわれることはなかった。しかしながら、植民地期における朝鮮の「国家と社会」の性格を掘り下げて理解するには、まず「統治権力」の性格を考慮してみる必要がある。のみならず、最近の「ポストコロニアリズム」の文脈から提起された「植民地近代（Colonial Modern）」という問題意識に照らしてみても、これは決して軽くあつかうべき主題ではないだろう。

私の研究テーマに関する話が長引いているが、もう少しつきあっていただきたい。朝鮮総督府は、朝鮮における行政権・立法権・司法権、そして軍隊を使用する権利までもち、日本の天皇に直隷すると規定されていた総督を中心として、強大な力と自律性を有する権力であった。むろん、主権（Sovereignty）という面からみれば欠格とならざるをえないが、国家の能力および自律性という基準からみれば、朝鮮総督府は「植民国家」と呼ばれても遜色のない権力であった。

要するに、私は日文研に滞在するあいだに、以下のような事実をあかるみにだそうとしたのである。つまり、「朝鮮総督府は、日本の天皇と議会に「隷属」してはいたものの、強大な力と自律性をもつ独自な植民国家」だったということである。これこそが、私の研究の目標であった。朝鮮総督府という植民権力は、本国の行政府および議会、さらには市民社会とも深い関わりをもっていた。よって、近代的な植民統治を研究することは、本国社会と植民地のあいだの相互作用をあきらかにすることから出発しなければならない。かかる問題意識をふくむ歴史学の方法論が、まさに「帝国史」ではないだろうか。冒頭で、私の研究テーマが近代日本における国家と社会の性格を理解することに足しになりうると述べたのは、このような理由があったからである。

要領を得ない文章で遠回りをしてしまったが、この研究は、韓国と日本における歴史や社会を、わずかではあるが「普遍主義」的に解釈することに役立つだろうと、私は内心期待していた。左派であれ右派であれ、第二次世界大戦以後の韓国と日本の歴史研究は、特殊性を強調する一国史的な偏向から脱することにほとんど失敗してきた。植民地が介し、複雑に絡まっている韓国と日本の歴史研究は、今後は偏屈な特殊主義の視座から脱皮し、新たな「普遍の世界」に向かうべきである。私にとって日文研は、そのような研究を遂行する使命を帯びている研究機関であるようにみえた。既往の研究においてそれができなかったのなら、果敢に既往の枠組みを脱ぎ捨てるべきだと思っていた。

二

とても自由で余裕のある生活を楽しむことができた日文研での一年間の滞在は、私には恩恵深い恵みの時間となった。研究所は、外国人研究者たちにも快適な居住空間や広くて静かな研究室、そして多くの蔵書を保有する図書館を提供してくれた。あたえられた環境にふさわしい水準の高い研究を遂行したとは決していえないが、この恵まれた時空間ですごした経験が未来の私をさらに豊かにしてくれるということについては、今でもなお少しの疑念も感じていない。

とりわけ、私にあざやかな記憶として残っているのは、三人の研究者との特別な出会いである。一人は日文研で、もう一人は京都の市内で、そして最後の一人は日文研の図書館で本を通じて出会った。まず一人目は、日本宗教学を専門とする日文研准教授の磯前順一先生である。私は折よく立命館大学でおこなわれていた磯前先生の大学院授業に参加することができたが、そこで多くのことを学び、また共振しあうことができた。二人目は、立命館大学名誉教授の西川長夫先生である。西川先生の「国民国家論」に関する著作はすでに韓国でも広く知られているが、日本滞在中にかれの理論をさらに深く理解することができるようになった。最後に、図書館で出会ったのは、沖縄に滞在し平和運動をおこなっているアメリカ人、ダグラス・ラミス（Duglas Lummis）氏である。かれの本を通じて、日本の「戦争と平和」について、より多くのことを学ぶことができた。この三人は、日本の歴史と社会を特殊なものとして解釈しようとしなかった。そして、韓国の植民地経験についても、決して開かれた姿勢を失うことはなかった。かれらとの出会いは、私の日文研に対する記憶をいつまでもかがやかせてくれるだろう。

他方で、日本での経験が積み重なっていくことにつれて、日文研に対する私の印象には、ある微かな影が落とされていくようになった。その影は、恵みの時空間のなかでおこなわれていた幸せな交流が投げかける強烈さとコントラストを成しながら、いっそう濃くなっていった。私にとって日文研は次第に、俗な言葉でいえば、「俗世とかけ離れた」世界にみえはじめたのである。都心から遠く離れた山の中腹に寺院のごとくひっそりとたたずむ空間的な環境をいうのではない。むしろ、日文研が進めている深奥な人文学研究に対する印象をいわんとするのである。日文研では、哲学・文学・美学・文明交流史・生態学・医学史・経済史・社会史・音楽史・宗教史などの分野において、深い理解をえようとする研究が進められている。一見すると、怪異で秘密めいた日本の伝統文化を対象としている研究だからというわけではない。日本特有の奇異な世界、特殊性の世界のみをあつかっているのではないか、という疑問を拭い去りきれないのである。一日も早く俗世、いい換えれば普遍性の世界に戻ってくることをただ願うのみである。あるいは、日文研に対する自分の印象がまちがっていただけだろうと、それから私が思いなおすようであってくれればと願っている。

ずいぶん前から私は、「植民地認識のグレーゾーン」という概念を用いて、朝鮮近代史の研究を一国的で民族主義的なまなざしから脱却させることに努めてきた。韓国における植民地期をめぐる認識の基本的な枠が「民族主義」と「近代化」という二つの概念にもとづいているということ、それゆえにこれらの概念ではとらえそこなってしまう認識論的な「グレーゾーン」が存在するということを指摘したのである。別言すれば、支配と抵抗という二項対立的な図式では把握しえない植民地認識のグレーゾーン、それはまさに「抵抗と協力が交錯する地点」、もしくは「動揺する地点」でもあったということになる。

植民地被支配者の日常が動揺そのものであったとするならば、逆に支配する者の態度や心理ははたしていかなるものだったのだろうか。抵抗と協力のあいだで動揺する被支配者たちは、支配する者たちを映す鏡である。私は日本の人文学、そして近代史研究とは、まさにこのような問題を解釈するものであるべきだと思っている。しかし俗世から離れた日文研、また日本の人文学では、その役割を引き受けることはできないだろう。

三

京都や奈良、それから大阪と神戸が周辺にある日文研での生活は、旅に対する私の期待感を呼び起こした。時間のあるときに、または韓国から訪問客がくるたびに、私は京都周辺のいろいろなところを旅行しようと努めた。ところが、京都と奈良、そしてその周辺にある古蹟や遺跡は、まるで空の星のごとく多かったので、私は「空の星を数えることは決してできない」という挫折感を早々とあじわわざるをえなかった。

もちろん京都で感じたこの楽しい挫折感のためではないが、私は一方で、日文研に滞在する期間中に日本にあるいくつかの特定の地域を旅する計画を立てていた。それには二つの意味合いがあったが、旧藩閥の本拠地と原子爆弾の被爆地を訪れてみることであった。この計画は、日本近代化の「はじまりとおわり」への好奇心によるものであった。明治維新の主役となった二つの藩閥、すなわち長州藩の本拠地だった萩、薩摩藩の本拠地だった鹿児島、そして二つの被爆地、すなわち広島と長崎を、私の長距離旅行計画の目標にしたのである。私は日本に滞在していた一年のあいだに、萩や広島、そして長崎を旅することができた。また、帰国した翌年（二〇一一年）の一月に鹿児島の遺跡を踏査し、当初予定していた計画を達成した。

今は閑寂な田舎になっている萩と鹿児島からは、なるほど明治維新を主導した旧武士たちの壮大な気運を、ぼんやりとしているとはいえ、いまだに感じとれるような気がした。だが、どこにも、かれらが導いた「暴走機関車」、すなわち疾風怒濤の近代化がまねいた戦争と植民地支配に対する反省を感じとることはできなかった。このような残念さは、広島や長崎でも同様であった。被爆の経験が侵略戦争に対する反省や責任につながっていくことはなく、その莫大な犠牲が原爆への根源的な反対として結ばれることもなかった。単なるおぼろげな「哀悼やメランコリー」だけは存在したが、それは方向を見失った無責任にすぎないものであった。

二〇〇七年の秋、韓国で日本の平和憲法を守る会、「韓国九条会」が創立された。「韓国九条会創立準備大会」において、私は「日本の平和憲法を守ることの意味」という題で基調講演をおこなった。内容は、おおよそ次の三つの主張から成る。まず、日本の平和憲法には、日本の侵略と植民地支配によって被害を受けたアジア太平洋地域における諸国家の平和への念願が反映されている。また日本の平和憲法は、東アジア、さらには世界の平和を希求する民衆の念願が反映されている、平和のための権利章典であり国家間の契約なのである。二つ目に、国家の対外暴力を禁ずる日本の平和憲法は、近代国民国家の権能を否定するものであり、その意味で近代を乗り越えた脱近代的な憲法であるといえる。最後に、平和憲法を守る運動は、平和を根本的な価値とみなす東アジア市民社会の形成を通じて、「平和の東アジア共同体」を構想する東アジア連帯運動へと高められていくべきである。

要するに、私にとって日本の平和憲法を守るということは、日本の戦争責任と植民地支配の責任を問うことであり、それをもって自国の平和や世界の平和を鼓吹することでもある。よって、先述の四つの土地をめぐることは、私にとって日本平和憲法の起源を探ることとなった。日本の特殊性をみつけだすのではなく、日本が世界に寄与しうる普遍性の手がかりを模索することになったのである。萩と鹿児島、広島と長崎は、私にとっては日本が普遍主義の世界に足を踏み入れるための大きな扉であるかのように思われた。

鹿児島を訪問してまもなく、二〇一一年三月一一日に日本で起こった事件は、全世界の人びとを驚愕させた。とてつもない規模の津波は大自然のむら気だとしても、福島における原子力発電所の爆発事故はどう理解すべきなのか。前代未聞の原子爆弾の被爆によって大きな傷を受けた日本で、なぜふたたびこのようなことが起こったのか。「軍事的な核」ではない「平和的な核」なら大丈夫だという思考そのものに、深刻な問題が内包されていたのではないだろうか。

「日本人の犠牲」は「軍事的な核」によるものであったが、近代化のための速度戦には「平和的な核」が必要になることもある。しかも、それはエコでコストも安いエネルギーだろう」。このような原子力の平和的利用に対する安易な思考は、いったいなにに由来するものなのだろうか。私の考えは、次第に自分の広島と長崎への旅行の記憶にさかのぼっていった。広島と長崎についての日本人たちの記憶は、ほんとうに、自国民たちの犠牲に対する哀悼のみで埋めあわされるべきであったのか。むしろ、その犠牲は侵略戦争によって誘発されたのであり、その侵略戦争の背景には、暴走する日本の近代化があったのではないか。だとすれば、つまり日本人たちの被爆が自国中心の安易な近代化がもたらしたものであるとすれば、自国民の犠牲に対する反省は、「平和的な核」の利用というような暴走する近代化を肯定する姿勢そのものに関する省察へと開かれていくべきであったのである！

二〇一二年、韓国では、「脱核運動」を前面に掲げる緑色党が創立された。私ももちろんよろこんで緑色党の党員になった。だが、韓国の東南海岸と中国の山東半島には、十数機の原子力発電所が並んでいるだけでなく、さらに増えていくみこみである。もし、もう一度、そのうちのいずれかの原子力発電所で事故が起きてしまったら、それは東アジア全域に破局的な影響をもたらすものになってしまう。脱核運動が一国的な次元を乗り越える地域的な連帯運動になり、またグローバルな生態・平和運動にまでつながっていかなければならないのはこのためである。これと同様に、日本の広島と長崎は、同時に「全世界の人びとの広島と長崎」でもあるのである。

四

ガラパゴス（Galápagos）をごぞんじだろうか。南アメリカの東太平洋にあるエクアドル領の諸島で、チャールズ・ダーウィンの進化論研究に大きな影響をあたえた島としてよく知られている。では、「ジャラパゴス（Jalapagos）」は？　これは、ジャパンとガラパゴスをかけあわせた造語で、日本が南米の離れ島のようにみずから孤立して、世界の流れから背を向けていることを指摘する語である。たしかに、日本の政治は逆走する自動車のごとく後退りしているようで、経済もバブル崩壊以来、生気をとり戻すことができず、長きにわたって沈滞をくりかえしている。このような現象は日本の孤立主義と閉鎖主義に由来するという指摘は、ある程度の妥当性をもっている。さりとて、これからもあいかわらず日本の特殊性を強調し、日本だけの閉鎖的な世界のなかに閉じこもっていってはならないだろう。

東アジアの周辺国では、日本政治の右傾化に対する危機感が高い。アメリカも、日本政治の右傾化が巻き起こすかもしれない東アジアでの政治的な対立を警戒している。日本の経済的な沈滞は、構造的な危機へと転換しつつあるかのようにみえるが、これはまた周辺国の経済にも危機感を高めている。このような日本の政治経済的な危機の状況は、ただ一国的な危機にとどまるものではあるまい。普遍主義的な立場にもとづいた東アジアの地域的な協力が、もっと深められていくべき理由はここにある。

同様に、日本の平和憲法の起源を探ることとは、日本が世界の平和に貢献しつつ普遍主義の世界に進んでいく道でもある。日文研における日本文化の研究は、このような形で日本の普遍性を見出し、日本が世界の平和と繁栄に寄与しうる道を模索しなければならない。そのような努力こそが、日本が「ジャラパゴス」にならない道、そして孤立した楽園への転落を防ぐ堂々たる道でもあるはずである。

訳者解題

1

「韓国歴史学界の異端児」、「ソウル大学国史学科の突然変異」――本書の著者である尹海東がそのように呼ばれるのを、私は韓国で幾度か耳にしたことがある。おもに「植民地近代（colonial modern）」という概念を用いて韓国近現代史の研究にとり組んできた尹海東は、本書に収録されている論考を読んでもわかるとおり、植民地の経験を普遍の次元で解釈し、それにもとづいて人類社会の新たな展望を切り開くことを目指している。そのためにかれは、帝国日本の圧倒的な暴力のなかであらゆる政治的権利にきびしい制約を受けていた植民地朝鮮の鬱屈した日常のなかに、かえって「政治的なるもの」、すなわち「公共性」の痕跡を見出すという、きわめて大胆かつ逆説的な仕事を進めてきた。近代国民国家を樹立することができず、帝国日本の臣民としての地位しかあたえられなかった被植民者たちの日常から「政治」の可能性や「公共性」への志向を読みとることは、「政治」や「公共性」に対する根本的な再考へと読者をいざなう。植民地朝鮮の研究を通じて新たな政治の審級を確保するためには、なによりもまず、近代的な認識の枠組みを相対化しなければならないからである。

尹海東の議論のこのような急進的な面は、民族主義や一国史的な認識の枠組み、さらには実証主義など、近代の理念と方法論を固守してきた旧来の韓国の歴史学界にとっては、じつに受け入れがたいものであった。「異端児」や「突然変異」といった異名がつけられたのもそのためであろう。しかしながら、過去の複雑多岐にわたる事実を詳細に検討することで、現実の矛盾を突破する思考の動力をえるとともに、あるべき世界を素描することこそが歴史家の責務なのだとすれば、尹海東がそのように呼ばれること自体が、「アイロニー」としての近代を示しているといえよう。「近代を構成する「過去」さえもが、近代的な概念の解体・再構成を経なければ説明できなくなった、というジレンマ」(二一一-二一二頁)が、こんなところにも顔をのぞかせている。

本書は、その尹海東が、おもにここ一〇数年間、韓国の歴史学界にみられる民族主義や近代至上主義を批判しつつ、新しい植民地認識の必要性を唱えた論考を精選し、まとめたものである。誤解をおそれずいうなら、「異端児」「突然変異」としての尹海東の仕事は、韓国の植民地史研究の地形図を完全に塗り替えたともいえる。同意しようがしまいが、尹海東以降の研究者たちは、かれが提示したいくつかの概念、とりわけ「植民地近代」との格闘を避けて通ることができなくなった。韓国の植民地史研究は、既存の親日／反日、支配／抵抗といった二項対立に対する懐疑とともに、植民地と近代をめぐるパラダイムの転換を余儀なくされている。その議論を先頭で牽引してきた尹海東の論考を日本の読者はどのように評価するだろうか。訳者たちは期待と不安が入り交じった気持ちで翻訳作業を進めた。

2

二〇〇二年、「植民地認識の「グレーゾーン」」（本書第二章）が『現代思想』に掲載されたことを皮切りに、尹海東の文章は日本語にも多数翻訳されるようになった（巻末の日本語著作一覧を参照）。その議論は、おもに朝鮮史研究者たちの反響を呼び、激しい論戦が交わされることもあった。ただ、日本の学界に尹海東の方法論と意図の全体像が明確に伝わっているとは思えない。以下では、おもに「植民地近代」と「植民地公共性」の議論を中心に本書の内容をまとめながら、著者が描く植民地朝鮮の姿と普遍性について述べたい。

まずは、著者の略歴を、韓国の現代史とともに手短にふりかえっておこう。尹海東は一九五九年、韓国の慶尚南道にある陜川《ハプチョン》郡に生まれた。その翌年には、自由党政権の不正選挙に抗議する学生や市民による「四月革命」が起こる。これによって当時の大統領李承晩が下野するも、そのわずか一年後、植民地期に日本の陸軍士官学校を卒業し、満洲国軍で将校を務めたという経歴をもつ朴正熙がクーデタを起こし、軍事政権が成立することになる。国家権力を掌握した朴正熙は、「韓国的民主主義」という独特の理念と反共主義を旗印にして、帝国日本の総動員体制を彷彿とさせる強力な近代化・産業化政策を推進した。一九六五年、国内の大規模な反対運動をおさえつけて、植民地問題を棚上げにした日韓基本条約を締結し、その後一九七二年には、全国に非常戒厳を宣告していっそう過酷に民主化運動を弾圧することで、独裁権力の基盤をさらに固めていった。一〇代の尹海東が生きたのは、社会のあらゆる矛盾が、経済発展というかけ声の前で沈黙するほかなかった「圧縮成長」の時代、いわゆる「維新体制」期であった。

尹海東がソウル大学の国史学科に入学したのは、「維新体制」の幕切れが近づいていた一九七九年のことである。同年一〇月、朴正熙は側近に暗殺され、韓国は大きな混乱期に入るが、一年後、またも軍部によるクーデタが起こる。首謀者は「新軍部」勢力を率いる全斗煥《チョン・ドゥファン》であった。軍事独裁を拒否し、民主化を要求する学生や市民の声は巨大な抗議デモのうねりに発展するが、八〇年五月、全羅南道の光州で軍による残忍な民間人大量虐殺が強行されるなど、短かった「ソウルの春」

は幕をおろした。そして苦痛と死に満ちた民主化運動が、八〇年代全体を通してつづいていく。そんななか尹海東は、一九八六年、韓国近現代史の新たな認識と大衆化をスローガンに、いわゆる「左翼」の歴史学者たちを中心に創立した「歴史問題研究所」に、幹事・事務局長として参加する。

このように、尹海東は軍事独裁時代に少年期と青年期をすごしながら、歴史を武器に果敢に現実に切りこんでいった。ソウル大学大学院に進み、韓国近現代史研究を本格的にはじめた尹海東は、一九九一年に「日帝下物産奨励運動の理念とその展開（일제하 물산장려운동의 이념과 그 전개）」という修士論文を書き上げたのにつづき、民族主義的な観点から叙述された『親日派九九人（친일파 99 인）』（トルベゲ（돌베개）、一九九二年）および『清算できなかった歴史（청산하지 못한 역사）』（青年社（청년사）、一九九三年）の編集作業に主導的に参画し、研究者としてのスタートを切る。

これら若き日の著作は、当時の歴史学界を貫いていたエトスとしての「民衆・民族主義」の強い影響のもとで執筆された。一九八〇年代なかばの韓国の歴史学界では、変革の主体としての民衆・民族と階級の問題を結びつけることがもっとも重要な課題だと考えられていた。それを代表する理論に「資本主義萌芽論」や「内在的発展論」などがある。これらの理論は、世界史的普遍としての発展段階論を朝鮮史の特殊な状況のうちに見出す一方で、その内在的発展の萌芽が、帝国主義の侵略によって抑圧されていく過程を解明しようとした。内在的発展論は、植民地にされた過去の克服を目指すとともに、現実の体制に対する抵抗の精神を育んだという点においては大きな意義があったが、他方で、近代的な発展を肯定し、統一された国家の確立を歴史の使命とすることで、民衆・

民族の多様なエネルギーを「国民形成」に回収させるという面があったことは否めない。

尹海東は、そのような雰囲気のなかで研究者として研鑽に励みながらも、ひそかに「絡みあうアイロニーの世界」、つまり近代そのものに対する深い疑問もいだくようになったという。とくに、当時歴史問題研究所で頻繁にくりひろげられた若手の日本人研究者たちとの議論は、民族主義に対するかれの素朴な考えを大きく揺さぶったようである。李承晩や朴正熙が推進した「官辺民族主義」と、反体制的な知識人たちの「抵抗民族主義」とのあいだには、いったいどれほどの距離があるのだろうか。さらに、八〇年代後半以降、現実の社会主義国家が次々に崩壊していき、社会変革の展望が消え失せてしまったかのように感じられた時期に、逆説的にも、韓国の社会運動は最高潮に至った。こうしたことは、かれが進歩や発展といった価値を重視する内在的発展論をふくめ、近代歴史学の認識論や方法論一般に対して抜本的な再検討を加える仕事に着手するきっかけになった。

自分が生きている世界を説明してくれる理論に重大な欠陥が発見されたとき、その齟齬に耐えてこそ研究者は成長できるだろう。「歴史の終わり」が迫り、確固なものと信じてきた自分の足元が崩れていくなかで、三〇代の歴史学者尹海東は、模索の時期を迎える。九〇年代なかばから五、六年間、西欧における社会科学の古典的なテキストはもちろん、最新の思潮に至るまで、広範囲にわたる読書を一心不乱につづけたという。民族主義や近代的な思考が現実の諸問題を打開し、未来のビジョンを提示する能力を失いつつあると判断した尹海東にとって、それでも類的存在としての人間の生の意味を、自分の研究対象である植民地朝鮮から問うていくための忍耐の時期だったともいえよう。本書に収録されている九編の論考は、この時期の忍苦の結実にほかならない。本書は、単なる韓国民族主義批判の書ではない。とりわけ、韓国の知識人による韓国民族主義批判を歓迎し、それに便乗する向きすらある日本の知識界とジャーナリズムの一部の傾向については、細心の注意を払うべきであろう。

3

ところで、「植民地がつくった近代」とはなにか。近代と植民地については、西欧からはじまった近代が全世界に拡大していくなかで植民地とされる地域があらわれた、と一般的に理解されている。その場合、植民地は近代の下位に位置づけられるか、付随的な結果ととらえられる。このような認識を覆すために尹海東が提案するのが、「植民地がつくった近代」、すなわち「植民地近代」という概念にほかならない。これは、「普遍＝近代／特殊＝植民地」の優劣関係に異議を唱えようとする、いわば「方法的概念」である。

尹海東にも少なくない影響をあたえた西川長夫は、「資本主義は、地上人口の圧倒的多数にたいする、ひとにぎりの「先進」諸国による植民地的抑圧と金融的絞殺とのための、世界体制に成長転化した。そしてこの「獲物」の分配は、世界的に強大な、足の先から頭のてっぺんまで武装した二、三の強盗ども（アメリカ、イギリス、日本）のあいだにおこなわれ、そして彼らは、自分たちの戦争に全地球をひきずりこむのである」というレーニンの言葉を引用しながら、さらに「植民地を主体にして植民地の側から考えることと」によって、その「植民地的抑圧」の実状をあきらかにすべきだと強調した（『〈新〉植民地主義論』平凡社、二〇〇六年、一三頁）。「地上人口の圧倒的多数」を占めていた「植民地を主体にして」歴史をとらえなおすという西川の発想は、尹海東の「植民地近代」の問題意識と非常に似ている。このような問題意識からすれば、植民地はもはや近代の陰画などではなく、むしろ近代の中核なのであり、かつ近代を産み落とす母胎にもなるのである。したがって「植民地近代」は、近代に対するメタ批判という性格をもつ。「あらゆる近代は、すべからく植民地近代である」（一二〇頁）。

本書第二章の「植民地認識の「グレーゾーン」」は、尹海東がこのような問題意識を明確な形で示した最初の論考であり、二〇〇〇年の発表後、韓国の歴史学界で大きな反響を呼んだ。収奪と抵抗の対立として植民地朝鮮の歴史を語ってきた既存のナイーブな視点を批判し、帝国と植民地における「相互作用」の領域を浮き彫りにしたことは、いまだに斬新さを保っているといえる。尹海東によれば、その相互作用は、近代的合理性の発現と展開をめぐって進んだ。尹海東の理論の核心には、近代的合理性が植民地朝鮮でも広がっていたという主張がすえられているが、ここでいう近代的合理性とはマックス・ウェーバーの議論を参照したものである点に注意を喚起しておきたい。

周知のようにウェーバーは、「脱呪術化」と合理性の増大による社会の分化を近代資本主義社会のおもな特徴だと考えていた。尹海東は、統監府および朝鮮総督府による地方行政の実施過程と、それがもたらした地域社会の変化をたどった博士学位論文で、近代的合理性が網の目のように民衆の日常に浸透していくさまを実証している（『日帝の面制実施と村落再編政策（일제의 면제실시와 촌락재편정책）』ソウル大学国史学科博士学位論文、二〇〇四年。のち『支配と自治（지배와 자치）』歴史批評社（역사비평사）、二〇〇六年）。それによれば、帝国日本が導入した「面制」および官僚行政（非人格的支配、文書主義）は、質的な時間と空間の観念の代わりに量化・均質化した時空間を拡散させることによって、生活の「脱呪術化」と計算可能性、さらには近代的個人の形成、そして大衆の創出にも大きな影響をおよぼしたという（この点については、宮嶋博史ほか編『植民地近代の視座』（岩波書店、二〇〇四年）所収の「植民地近代と大衆社会の登場」を参照）。その過程で、既往の村落と内部組織は急激な変化の波をかぶり、人びとの生活は資本主義的な市場原理にとりこまれていった。

このような社会システムの近代的転換は、広く知られているように、文明化の名のもとで進められた。ただウェーバーは、合理性が人びとに「非合理性」を強いると考えていた。近代的合理性は、たとえば、今までの生活を維持できる報酬がえられればそれで満足していた人びとに、できるだけたくさん労働し、もっと報酬を増やしていこうとするような思考を植えつける。このような思考は、資本主義以前の生からすれば、むしろきわめて非合理的な考え方である。近代的合理性が植民地朝鮮に蔓延していく過程の裏には、人間の生活の非合理的な再編という暴力が充満していたのである。帝国日本は、清潔、勤勉、節約など、近代的個人の美徳を被植民者たちに強制したが、それによって伝統的な共同体はどんどん瓦解していった。のみならずその近代的合理性は、無意識のなかへと沈潜していき、欲望の対象そのものと化していく。帝国日本の各種の政策だけでなく、戦争にまで動員されていく植民地朝鮮の人びとの姿も、このような近代的合理性や社会の分化という観点から考察すべきである。また、植民地期の抵抗と協力の経験は、解放後も韓国人の内面に「植民地分裂症」として残される。

もちろん、植民地朝鮮でも近代性をめぐる多様な欲望がみられるという指摘は、さほどめずらしいものではなく、最近の韓国の学界では、むしろその点を強調する研究が多いようにも思われる。とりわけ、英米圏の学界から提示された「植民地近代性（colonial modernity）」の概念は、文化史や社会史研究の進展とともに、九〇年代なかば以降さかんに議論されるようになった。だが、本書の序文でも述べられているように、方法的概念としての「植民地近代」は、植民地朝鮮に近代性を見出したり、その屈折した様相をあきらかにしたりすることを超えて、近代に対するメタ批判と新しい政治の可能性を問おうとするものである。尹海東が、「抵抗と協力が交差する地点」の指摘にとどまらず、そこから「「政治的なるもの」としての公的領域」（六八頁）を積極的に構成していこうとするのはそのためである。

4

それにしても、はたして植民地朝鮮から「公的領域」の存在を読みとることはほんとうに可能なのだろうか。植民地という暴力がみなぎる場所において、近代市民社会と民主主義の基幹となる公共性を論ずるのは、やはりあまりにも乱暴なのではないか。だが、尹海東の唱える「植民地公共性」なるものは、まさにその近代市民社会と民主主義における公共性の言説を批判するために考案された概念である。尹海東は「植民地公共性」の意味をくわしく論じた別の論考で、自分は公共性を「商品に対するマルクスの隠喩」の延長線上でとらえる、と述べている（「植民地近代と公共性」島薗進・磯前順一編『宗教と公共空間』東京大学出版会、二〇一四年、一九四頁）。マルクスは、商品の分析を通じて、実体としての商品の中身——それに投入された労働の量と価値——を測定するのではなく、なぜ労働はみずからが生産した商品によってしか社会的性格を確証しえないのか、というその商品形態のプロセスから生じる効果を究明しようとした。

尹海東はこれを応用し、「植民地公共性」を実体ではなくあくまで「隠喩」として用いる。つまり「ある固定した社会的実体ではなく、「社会的なるもの」が「政治的なるもの」に転換するさいに引き起こされる政治的効果を指し示す」（同、一九四頁）ために「植民地公共性」という領域を設定するのである。「植民地公共性」の議論は、非合理的な近代的合理性への欲望と、それによって抵抗と協力のあいだで動揺せざるをえなかった民衆の日常、いわば植民地朝鮮のグレーゾーンから、「自由への志向」(同、一九六頁)を導きだそうとする。その「社会的なるもの」の例として、本書では「行政官僚的な領域」、「経済的な領域」、「宗教的な領域」、「文化的な領域」、「集合的運動の領域」、「下位地域的な領域」をあげているが、これらは「日常において政治的な性格を喪失した領域である」ものの、「あるきっかけで私的な特性が公的なものとして浮上する瞬間、つねに「政治的なるもの」とぶつかってしまう」(一〇六頁)。このような動きは、植民地権力を「転覆させる力はもっていなかったが、植民地権力との対峙線を引くこと」によって「政治の領域を拡大」していく効果をもっていたのである(七〇頁)。「植民地公共性」という権利なき者たちの権利への希求は、今日における公共性と市民社会の貧弱さに対して、新たな民主主義の倫理として吟味してみる価値があるのではないだろうか。植民地の経験を、特殊なものではなく、普遍的なものとしてとらえなおしていくことの意味は、ここで明確になるだろう。

このように、公共性が機能不全におちいっているところにこそ存在する「植民地公共性」は、民族主義の理念にもとづいては概念化することができない。なぜなら、第五章と第六章で強調されているように、韓国の近現代史にみられる民族主義は、有機体論・原初論的な民族認識に拘泥していたため、かえって個人の自由と民主主義を抑圧する要因としても機能してきたからである。尹海東は、そのような民族認識から決して自由ではなかった社会主義の言説もまた、同様の問題をかかえていると指摘する。さらに、民族主義が普遍性と特殊性の両方にまたがっていることを勘案すれば、民族主義の閉鎖性を乗り越え、「前進的で開放的な民族主義へと変えていくべきだという主張」(一六九頁)も、ある種のトートロジーにすぎないということがわかる。鎮められてしまった「民衆的な民族主義がもつ爆発力」(一九八頁)——色川大吉の言葉でいえば「未発の契機」ということになるだろうか——をよみがえらせるためには、まず民族主義を規定している普遍と特殊の連環を断ち切らなければならない。

くりかえしになるが、これは単なる民族主義批判とはその性格と意図を異にするものである。尹海東のねらいは、民族主義をより高次のレベルで思考することにある。民族主義の矛盾した逆説から普遍性を引きだすといった序文での言葉は、そのような意味で読むべきである。尹海東が、近年植民地認識をめぐって日韓の学界で激しい論争を呼び起こしている朴裕河の『帝国の慰安婦』(朝日新聞出版、二〇一四年)について、韓国の民族主義批判に急いだあまり、北朝鮮の飢饉や日本の「在特会」など、東アジアのさまざまな人権問題をおろそかにしてしまったのではないかと指摘するのも、同様の文脈による批判であろう(「朴裕河著『帝国の慰安婦』の読み方」『新しい歴史学のために』二八九号、二〇一六年)。

ここからも推察されるように、その高次のレベルとして想定されているのが「東アジア」であり、具体的な方法として、第八章で「トランスナショナル・ヒストリー」が論じられている。「トランスナショナル・ヒストリー」は、「植民地近代」の問題意識を拡大したものと思われるが、「超領域政治体」としての帝国と植民地の相互作用、その通時性と共時性の側面がいっそう強調されている。「収奪論」と「植民地近代化論」という、韓国の歴史学界で厳しい対立をつづけている二つの植民地認識のあいだで、一国史的・近代主義的な視角が共有されていることを批判し、それに代わる歴史叙述の代案として、「トランスナショナル・ヒストリー」という「歴史的志向」の意味を検討している。「トランスナショナル・ヒストリー」は、近代歴史学の認識論・方法論と格闘しつづけてきた尹海東の目下の到達点だといっても差し支えないだろう。

ただ、東アジア論の流行は、むしろそれに対する疲労感を学界におぼえさせたような側面がなくもない。尹海東の議論に対しても、国民国家の上層に東アジアを構想するものにすぎないという批判がなされたこともある。しかしながら、尹海東の述べる「トランスナショナル・ヒストリー」とは、「ナショナルな実態的基盤を認めた上で、トランスナショナルな状況をとらえようとする」(三〇六頁)ものである。その意味では、国民国家を越境しようとするこころみというより、現実の国民国家に拘束されながらも、それらのあいだを民衆の連帯という低い地点からくぐり抜けようとするある種の歴史学的実践だといえる。私たちは、その終着点において、申采浩が夢みたような「世界市民社会」を想像することもできるだろう。

5

ここまで述べてきたとおり、尹海東は「帝国主義支配の抑圧と葛藤、抵抗、協力、同化、交流といった両民族のあいだに起こるさまざまな相互作用」(二七九頁)を読みなおし、そこから新しい政治の可能性を発見することに邁進してきた。植民地は、一方的な関係ではなく、さまざまな矛盾が絡みあう世界だったのであり、被植民者はいうまでもなく、たとえば第四章で紹介されている植民地官僚の例をみてもわかるとおり、帝国の支配者たちもまた、さまざまな欲望と亀裂をかかえた、「植民地近代」の生み落とした存在だったのである。

尹海東のこのような歴史理論は、現実の韓国社会や東アジアの諸問題に対しても示唆するところが多い。帝国日本の朝鮮植民地支配がその後の韓国社会にもたらした傷痕のなかで、代表的なものとして「分断」と「植民地分裂症」をあげることができるだろう。これらを本書における尹海東の議論をもとに考えてみたい。

まず「分断」について。韓国の民族主義が強い影響力を保ちつづける上で、分断という悲劇を克服し、民族の「統一」をなしとげなければならないという信念は、きわめて大きな影響力をおよぼしてきたといえる。これに対して尹海東は、「統一」ではなく「脱分断」を主張する。「統一」は、欠如と未完の感覚をともなうものである。したがって「統一」を主張する論理は、現在の韓国社会の課題として、その欠如を埋めることができる民族の統一を達成し、未完の近代国民国家を建設しなければならないのだと力説する。しかし尹海東によれば、それは韓国と北朝鮮という現に存在する「二つの国民国家」とその敵対関係を無視する観念的な態度である。「統一」が国民国家を再生産するもうひとつの暴力的統合に帰結してしまう事態を避けるには、まず「脱分断」、すなわち敵対関係を払拭し、互いを認める段階を経なければならない、というのである。換言すれば、「脱分断」の論理は私たちに、反共主義をはじめとする冷戦的思考から脱皮することを要求する。「統一」の過程は、かならず「脱分断」の認識をふくむものでなければならない。要するに、北朝鮮と韓国の民衆が互いを深く理解することが先決であるのだ。植民地支配が残した最大の課題である「分断」と「統一」は、そのように近代における国民国家と民族主義の論理を乗り越えるものになってこそ、東アジアのみならず、世界史的にも大きな意義をもちうるものとなるだろう。

つぎに「植民地分裂症」の問題だが、これはいわゆる「親日派清算」の議論を手がかりにして考えることができるだろう。「植民地分裂症」の解消は「親日派」を「清算」することによって可能になる、というような言説は今もなお根強い。第三章「親日と反日の閉鎖回路からの脱出」において尹海東は、「「親日派」の「清算」が、「民族」という曖昧模糊とした対象への帰属意識と忠誠の誓約を強要する」(一一一頁) と批判しながら、「親日」を「協力」とその「責任」の問題としてとらえなおすことを主張する。そして、帝国日本による近代的合理性の強制と社会の分化は、植民地朝鮮のほとんどの人びとを「統治行為に対する「協力」」(一〇七頁) へと追い立てた、と指摘する。

この「協力」という概念は、尹海東の議論を考える上で非常に重要なので、以下で少しくわしく述べておきたい。

植民地朝鮮におけるほとんどの人びとが統治行為に協力したとしながらその責任を問うというのは、一見すると奇妙な論法にみえる。このような理解は、つまるところ、植民地支配という構造の問題に「協力」の責任を収斂させてしまうのではないだろうか。法外に暴力的で野蛮な植民地支配のもとで、それに「協力」すること以外に植民地朝鮮の民衆たちになにができただろうか。にもかかわらず、尹海東は、植民地支配とは――あるいは国民国家一般もまた――被治者の「協力」をえてこそ成立するものだという。だとすれば、「協力」は植民地支配を構成する重要な政治的な行為となる。くりかえすが、「抵抗と協力が交差する地点」において「政治的なるもの」は生じる。「協力」の責任を問うとは、その政治的責任を問うということを意味する。

さて、それでは政治的責任とはなにか。ウェーバーは、政治的行為にはかならず二つの倫理の問題が絡んでくると考えた。すなわち「信念倫理」と「責任倫理」である。「信念倫理」とは、ある行動における動機を重視するもので、その信念が正しければ、たとえ意図せぬ結果をまねいたとしても、それは行為者の責任ではなく、不正な世界や他者たち、またはそのような不正な世界をつくった神の責任となる。これに対して「責任倫理」とは、結果を自分の行動の責任としてすべて受けとめる姿勢をいう。正しいと思っておこなったことが思わしくない結果につながってしまうということは、私たちの日常でもしばしばある。世界の不完全さは動機と結果の不一致をもたらし、真の正しさを決定不能の領域に追いやる。

ところでウェーバーは、政治にたずさわる者なら「責任倫理」に徹するべきだと主張する。道徳的責任ではなく、少なくとも政治的責任を考えるときは、たとえば「私はそのような結果を予想しなかった」と弁解しても通用しないという。政治的責任とは、「汝は悪に対して暴力をもって抵抗しなければならない。さもなくば、悪の蔓延は汝の責任となるであろう」といったような非合理的な律法をも丸ごと引き受ける「責任倫理」にもとづいている。「責任倫理」においては、世界の矛盾は己の行動を歪めてしまう外部的な原因などではなく、自分の行動がまねいた結果となるのであって、不正な世界を嘆くより、それをみずからの行為の結果として引き受けるような態度が求められる。別言すれば、「信念倫理」は道徳に関わるものであり、「責任倫理」は政治に関わるものであるということである。

解放後の韓国社会では、「親日」の問題はもっぱら「信念倫理」の文脈で語られてきた。支配体制に対する協力は非道徳的な行為だと認識されてきたのである。しかしながら、道徳と政治は分けて考えなければならない。尹海東は、ヤスパースの議論にしたがって責任の範疇を四つに分けるとともに(「法的責任」、「政治的責任」、「道徳的責任」、「形而上学的責任」)、「親日」と「反日」をめぐる閉鎖回路から抜け出し、植民地支配に対する協力行為がもたらした政治的効果を考えるべきだという。その政治的効果については、まず法的責任を問うことができよう。これは朝鮮の併合や戦争の遂行に協力した責任を指すが、植民地支配および戦争を支持したという点で、国際法的責任の対象になるだろう。

すでに述べたとおり、政治的責任は結果に対する責任を意味する。すなわち、協力という政治的行為が、どのような結果をもたらしたのかを厳しく突きつめるのが政治的責任の問題意識となる。したがって、これは法的責任の範疇とかさなるが、「親日」的な行為を道徳のレベルで追及することとは、その趣旨を異にするといわなければならない。ここで「信念倫理」的な論理は退けられ、もっぱらそれぞれの行為がもつ政治的効果が問われるようになる。植民地支配と戦争に協力したという事実は、世界や他者といった構造の責任ではなく、己の行為の結果として引き受けなければならない。この政治的責任は、さらに形而上学的責任、すなわち生き延びた人たちの恥の感覚につながっていく。

だが、このような政治的責任の追及は、あまりにも過酷ではないだろうか。「完全な国民にも完全な敵にもなることができない人間」(一〇八頁)たちの「協力」行為を、その結果においてのみ判断することは、かれらが置かれていた植民地という状況を無視することになりかねない。責任とは、自由が存在する場合にのみ問われるべきものだからである。とはいえ、そのような見解は、植民地における「政治的なるもの」の可能性を否定するものにほかならず、それゆえ、かえって自由そのものの意義を極端に縮めてしまう。このような論理は、ある結果を自分の自由とは無関係な構造の問題に転嫁するのみならず、行為者の主体性をも抹消する。世界の矛盾から目をそむけず、その責任を自分のものとして背負うためには、たとえ行為に至る過程において少しも自由がなかったとしても、つねにすでに自由な主体でありつづけようとする決意をもたなければならない（柄谷行人『倫理21』平凡社、二〇〇〇年）。植民地支配と戦争に「協力」した責任を帝国主義という構造に還元し、その道徳的責任だけを論じたり、あるいは民族の名のもとで責任の有無を判定したりすることは、このような政治的責任と自由のあり方を放棄すると同時に、結局は構造の矛盾をも残存させることになってしまうだろう。

政治的行為に随伴する「責任倫理」は、じつはこの自由への意志を問うているのだが、だとすれば、政治的責任とは、植民地朝鮮の民衆の「協力」行為のみにかぎられるものではないということがわかる。自分を被害者と想定し、軍部や政治家を糾弾することによって戦争責任や植民地支配責任を忘却してきた戦後日本の国民にも、いつか政治的責任が厳しく問われる日がくるだろう。世界のあやまちに対する反省を拒む者は、その者自身がそのあやまちと直接関わっているわけではないとしても、政治的責任から逃れることはできない。

6

以上のように、尹海東は韓国社会を支えてきた論理（民族主義、近代化の完遂、統一の実現、親日派の清算）を根底から批判し、その基盤を提供してきた近代歴史学を脱構築しようとする。私にとって尹海東は、己が属している共同体の感覚に背馳し、その共同体とのあいだに齟齬をきたそうとする、いわばコスモポリタンのように思われる。ここでいうコスモポリタンは、たとえば、共同体から離れて自由に行動することができる国際人というような存在とはまったくちがう。それは、拒否しえない共同体への帰属を強く意識しながらも、共同体の論理に埋没することなく、単独者としての自由で孤独な思考をつづける者のことである。その意味で尹海東は、みずから「異端児」、「突然変異」の道を選んだともいえる。普遍性は、そのような異端の思考によってこそ展開されうるだろう。

もちろん、「植民地近代」や「植民地公共性」、あるいは「植民地国家」など、植民地を中心に近代の歴史をとらえなおそうとする尹海東の議論については、さまざまな反応がありうると思う。実際、韓国でも尹海東は多くの批判を受けてきた。そのひとつに、尹海東の議論は時期尚早だというものがある。まずなすべきことは、植民地支配や朝鮮戦争、分断、軍事独裁など、痛みと傷跡に満ちた韓国の近現代史を癒すことであるはずなのに、尹海東は大きな議論ばかりを好むという批判である。しかしながら、そのような韓国近現代史の認識は、ある特定の目的に向かって歴史を推進させることを強調し、したがって現実を単なる過渡期ととらえてしまうことになるのではないだろうか。その結果、現実における矛盾、抑圧、不条理などは隠蔽され、進歩と発展の神話だけが温存される。尹海東の思考は、それに対して、むしろ現実のゆがみやきしみのうちに深くもぐりこみ、そこで苦悩することを志向する。「植民地分裂症」にあえぐ場所でこそトポスとしての普遍性がよみがえりうるのだ。韓国人あるいは日本人として「植民地近代」を共有する訳者たちも、尹海東の論考から、現実と向きあいながら歴史を語ることの大切さを教えられた。近代の呪縛から切り離されるとき、現実は私たちがそこから跳躍すべきロドスとして立ちあらわれるだろう。

本書の翻訳を三元社に推薦してくれたのは、国際日本文化研究センター教授の磯前順一氏である。尹海東の議論に深い関心を寄せてこられた磯前氏は、日韓両国でさまざまな作業を共同で進めておられるが、氏の尽力によって尹海東の議論がまとまった形で日本に紹介されるようになったということを記しておく。三元社の石田俊二氏の厚意で本書が企画されたのは随分前のことだが、訳者たちの怠惰さのせいでかなりの時間がかかってしまったことをお詫びしたい。また、訳者たちの未熟な翻訳の校閲と編集にたずさわってくださった上山純二氏に心から謝意を表する。

なお本書には、すでに日本で発表されている論文がふくまれているが（日本語文献目録を参照）、本書に収録するに当たって、表現や用語の統一など、大幅な校正を加えたことを断っておく。

訳者を代表して、沈熙燦

【日本語著作目録】

●「植民地認識の「グレーゾーン」――日帝下の「公共性」と規律権力」藤井たけし訳、『現代思想』三〇巻六号、二〇〇二年五月【本書第二章】

●「植民地近代と大衆社会の登場」河かおる訳、宮嶋博史ほか編『植民地近代の視座――朝鮮と日本』岩波書店、二〇〇四年

●「日本帝国の国民統合と植民地朝鮮」朴美貞訳、『立命館言語文化研究』一九巻一号、二〇〇七年九月

●「植民地官僚から見た帝国と植民地」小志戸前宏茂訳、『東洋文化研究』一一号、二〇〇九年三月【本書第四章】

●「トランスナショナル・ヒストリーの可能性――韓国近代史を中心に」裵貴得訳、『季刊日本思想史』七六号、二〇一〇年六月【本書第八章】

●「言葉の難しさ――近代国家と「協力」」『日文研』四五号、二〇一〇年九月

●西川長夫・尹海東「〈対談〉日韓併合一〇〇年と「新植民地主義」――新しい政治倫理への対話」洪宗郁訳、沈熙燦解説、『東アジアの思想と文化』第三号、二〇一〇年一〇月

●「読むことの快楽と思惟の悩ましさ――桂島宣弘『동아시아 자타인식의 사상사』(論衡、二〇〇九年)を読む」鄭栄桓訳、『東アジアの思想と文化』第三号、二〇一〇年一〇月

●「植民主義と近代」瀧澤規起訳、『「韓国併合」100年を問う』岩波書店、二〇一一年。

●「ジャラパゴス、あるいは孤立した楽園?――わたしのみた日文研と日本」沈熙燦訳、『日文研』五〇号、二〇一三年三月【本書第九章】

●「「植民地近代」と宗教――宗教概念と公共性」沈熙燦訳、磯前順一・尹海東編『植民地朝鮮と宗教』三元社、二〇一三年

●「民族主義は怪物だ」原佑介訳、『東アジアの思想と文化』第五号、二〇一三年七月【本書第五章】
●「植民地近代と公共性――変容する公共性の地平」沈熙燦訳、島薗進・磯前順一編『宗教と公共空間』東京大学出版会、二〇一四年。
●「日本の解釈改憲、平和憲法、東アジア」沈熙燦訳、『思想』一〇九五号、二〇一五年七月
●「韓国における植民地国家と植民地の「グレーゾーン」」蒋允杰訳、『史潮』七八号、二〇一五年一二月
●「朴裕河著『帝国の慰安婦』の読み方」沈熙燦訳、『新しい歴史学のために』二八九号、二〇一六年一〇月

著者紹介

尹海東（ユン ヘドン）
1959年韓国出身。ソウル大学大学院国史学科で博士号を取得。現在漢陽大学比較歴史文化研究所教授。韓国近代史、東アジア史研究。著書に『脱植民主義想像の歴史学へ（탈식민주의 상상의 역사학으로）』（プルン歴史（푸른역사）、2014年）、『近代歴史学の黄昏（근대역사학의 황혼）』（チェクグァハムケ（책과함께）、2010年）、『植民地近代のパラドックス（식민지근대의 패러독스）』（ヒューマニスト（휴머니스트）、2007年）、『支配と自治（지배와 자치）』（歴史批評社（역사비평사）、2006年）、『植民地のグレーゾーン』（歴史批評社（역사비평사）、2003年）など。共著に『植民地朝鮮と宗教』（三元社、2013年）、『植民地公共性（식민지공공성）』（チェクグァハムケ（책과함께）、2010年）、『歴史学の世紀（역사학의 세기）』（ヒューマニスト（휴머니스트）、2009年）、『植民地近代の視座』（岩波書店、2004年）などがある。

訳者紹介

沈熙燦（シム ヒチャン）
1980年韓国出身。立命館大学大学院文学研究科で博士号を取得。共著に『戦後史再考』（西川長夫ほか編、平凡社、2014年）など。おもな論文に「回帰する〈新世界〉――植民地朝鮮の三・一運動と公共性の脈動」（『アリーナ』第19号、2016年）、『屠所の糞と「ポピュリズム」の行方――韓国小説『糞礼記』を読む』（『日本研究』第53集、2016年）、「明治期における近代歴史学の成立と「日鮮同祖論」――歴史家の左手を問う」（『立命館史学』第35号、2014年）などがある。

原佑介（ハラ ユウスケ）
1980年日本出身。立命館大学大学院先端総合学術研究科で博士号を取得。共著に『戦後史再考』（西川長夫ほか編、平凡社、2014年）。おもな論文に「「引揚者」文学から世界植民者文学へ――小林勝、アルベール・カミュ、植民地喪失」（『立命館言語文化研究』第112号、2013年）、「害虫たちのジェノサイド、益虫たちのユートピア」（『生存学』第9号、2016年）などがある。

植民地がつくった近代
植民地朝鮮と帝国日本のもつれを考える

発行日　二〇一七年四月二五日　初版第一刷発行

著者　尹海東
訳者　沈熙燦／原佑介

発行所　株式会社 三元社
〒一一三-〇〇三三
東京都文京区本郷一-二八-三六 鳳明ビル
電話／〇三-五八〇三-四一五五
ファックス／〇三-五八〇三-四一五六
印刷
製本　モリモト印刷 株式会社

© YUN HAE DONG

ISBN978-4-88303-437-6
http://www.sangensha.co.jp